続
現代の俳人像

東 京 四 季 出 版

続　現代の俳人像❖目次

合谷美智子　あいたに・みちこ　10
秋尾　敏　あきお・びん　12
浅井愼平　あさい・しんぺい　14
朝妻　力　あさづま・りき　16
浅沼　璞　あさぬま・はく　18
天野小石　あまの・こいし　20
綾野南志　あやの・なんし　22
石井いさお　いしい・いさお　24
石渡　旬　いしわた・しゅん　26
伊藤伊那男　いとう・いなお　28
稲畑廣太郎　いなはた・こうたろう　30
井上弘美　いのうえ・ひろみ　32
井上康明　いのうえ・やすあき　34
今井　聖　いまい・せい　36
岩岡中正　いわおか・なかまさ　38
岩垣子鹿　いわがき・しろく　40
上田日差子　うえだ・ひざし　42
上野貴子　うえの・たかこ　44
江崎紀和子　えざき・きわこ　46
榎本好宏　えのもと・よしひろ　48
遠藤若狭男　えんどう・わかさお　50
尾池和夫　おいけ・かずお　52
大井恒行　おおい・つねゆき　54
大木あまり　おおき・あまり　56
大木さつき　おおき・さつき　58
大久保白村　おおくぼ・はくそん　60
大高　翔　おおたか・しょう　62
大竹多可志　おおたけ・たかし　64
大谷弘至　おおたに・ひろし　66
大橋　晄　おおはし・あきら　68
大山雅由　おおやま・まさゆき　70
大輪靖宏　おおわ・やすひろ　72
小川軽舟　おがわ・けいしゅう　74
小川晴子　おがわ・はるこ　76
奥坂まや　おくざか・まや　78
奥名春江　おくな・はるえ　80
小澤克己　おざわ・かつみ　82
小澤　實　おざわ・みのる　84

恩田侑布子　おんだ・ゆうこ　86
櫂　未知子　かい・みちこ　88
角谷昌子　かくたに・まさこ　90
加古宗也　かこ・そうや　92
梶原美邦　かじわら・よしくに　94
片山由美子　かたやま・ゆみこ　96
勝又民樹　かつまた・たみき　98
加藤三辰　かとう・さんしん　100
加藤房子　かとう・ふさこ　102
鹿又英一　かのまた・えいいち　104
河内静魚　かわうち・せいぎょ　106
川口　襄　かわぐち・じょう　108
河村正浩　かわむら・まさひろ　110
河原地英武　かわらじ・ひでたけ　112
菅野孝夫　かんの・たかお　114
岸本尚毅　きしもと・なおき　116
岸本マチ子　きしもと・まちこ　118
岸本葉子　きしもと・ようこ　120
櫛部天思　くしべ・てんし　122
河野　薫　こうの・かおる　124
神野紗希　こうの・さき　126
古賀雪江　こが・ゆきえ　128
小杉伸一路　こすぎ・しんいちろ　130
後藤立夫　ごとう・たつお　132
酒井土子　さかい・どし　134
坂口緑志　さかぐち・りょくし　136
佐々木建成　ささき・けんせい　138
佐藤文香　さとう・あやか　140
佐藤博美　さとう・ひろみ　142
佐藤文子　さとう・ふみこ　144
佐怒賀直美　さぬか・なおみ　146
佐怒賀正美　さぬか・まさみ　148
しなだしん　しなだ・しん　150
柴田多鶴子　しばた・たづこ　152
島津余史衣　しまづ・よしえ　154
清水和代　しみず・かずよ　156
鈴鹿　仁　すずか・めぐむ　158
鈴鹿呂仁　すずか・ろじん　160

鈴木しげを　すずき・しげお　162
鈴木すぐる　すずき・すぐる　164
鈴木節子　すずき・せつこ　166
鈴木太郎　すずき・たろう　168
すずき巴里　すずき・ぱり　170
仙田洋子　せんだ・ようこ　172
染谷秀雄　そめや・ひでお　174
高﨑公久　たかさき・こうきゅう　176
髙田正子　たかだ・まさこ　178
高野ムツオ　たかの・むつお　180
髙橋道子　たかはし・みちこ　182
高橋睦郎　たかはし・むつお　184
髙松文月　たかまつ・ふづき　186
髙柳克弘　たかやなぎ・かつひろ　188
武田伸一　たけだ・しんいち　190
千田百里　ちだ・ももり　192
津川絵理子　つがわ・えりこ　194
筑紫磐井　つくし・ばんせい　196
辻　恵美子　つじ・えみこ　198
辻田克巳　つじた・かつみ　200
対馬康子　つしま・やすこ　202
手拝裕任　てはい・ひろたか　204
寺島ただし　てらしま・ただし　206
照井　翠　てるい・みどり　208
遠山陽子　とおやま・ようこ　210
鴇田智哉　ときた・ともや　212
德田千鶴子　とくだ・ちづこ　214
戸恒東人　とつね・はるひと　216
鳥居真里子　とりい・まりこ　218
鳥井保和　とりい・やすかず　220
永方裕子　ながえ・ひろこ　222
中尾公彦　なかお・きみひこ　224
ながさく清江　ながさく・きよえ　226
長島衣伊子　ながしま・えいこ　228
中西夕紀　なかにし・ゆき　230
中原道夫　なかはら・みちお　232
長嶺千晶　ながみね・ちあき　234
仲村青彦　なかむら・あおひこ　236

夏井いつき	なつい・いつき	238
名村早智子	なむら・さちこ	240
行方克巳	なめかた・かつみ	242
西村和子	にしむら・かずこ	244
二ノ宮一雄	にのみや・かずお	246
野木桃花	のぎ・とうか	248
能村研三	のむら・けんぞう	250
橋本榮治	はしもと・えいじ	252
長谷川櫂	はせがわ・かい	254
花谷　清	はなたに・きよし	256
原　雅子	はら・まさこ	258
はりまだいすけ	はりま・だいすけ	260
東　良子	ひがし・よしこ	262
久行保徳	ひさゆく・やすのり	264
檜山哲彦	ひやま・てつひこ	266
平田繭子	ひらた・まゆこ	268
深沢暁子	ふかざわ・あきこ	270
福井隆子	ふくい・たかこ	272
福神規子	ふくじん・のりこ	274
冨士眞奈美	ふじ・まなみ	276
藤田直子	ふじた・なおこ	278
藤本美和子	ふじもと・みわこ	280
坊城俊樹	ぼうじょう・としき	282
坊城中子	ぼうじょう・なかこ	284
星野高士	ほしの・たかし	286
細谷喨々	ほそや・りょうりょう	288
堀本裕樹	ほりもと・ゆうき	290
本田攝子	ほんだ・せつこ	292
正木ゆう子	まさき・ゆうこ	294
松浦加古	まつうら・かこ	296
松尾隆信	まつお・たかのぶ	298
松岡隆子	まつおか・たかこ	300
松本三千夫	まつもと・みちお	302
黛　まどか	まゆずみ・まどか	304
岬　雪夫	みさき・ゆきお	306
満田春日	みつだ・はるひ	308
水内慶太	みのうち・けいた	310
宮谷昌代	みやたに・まさよ	312

村上喜代子　むらかみ・きよこ　314
本井　英　もとい・えい　316
森　潮　もり・うしお　318
森岡正作　もりおか・しょうさく　320
森須　蘭　もりす・らん　322
森田純一郎　もりた・じゅんいちろう　324
矢須恵由　やす・やすよし　326
山尾玉藻　やまお・たまも　328
山川幸子　やまかわ・ゆきこ　330
山﨑十生　やまざき・じゅっせい　332
山下知津子　やました・ちづこ　334
山田貴世　やまだ・たかよ　336
山田佳乃　やまだ・よしの　338
山中葛子　やまなか・かつこ　340
山西雅子　やまにし・まさこ　342
山本つぼみ　やまもと・つぼみ　344
山本比呂也　やまもと・ひろや　346
横澤放川　よこざわ・ほうせん　348
吉川禮子　よしかわ・れいこ　350
吉行和子　よしゆき・かずこ　352
和田華凜　わだ・かりん　354

掲載者略歴　i

表紙絵＝山本美智代

凡例

＊本書は、小社刊『現代の俳人像　戦前・戦中生れ篇』（二〇一二年）の続編として、月刊『俳句四季』連載企画「今月の華」の二〇〇七年一月号～二〇一八年七月号掲載分をまとめたものです。なお、すでに正編に収録されたもの、および、諸般の事情から記事の著作者ならびに著作権継承者に掲載許諾をいただけなかったものは除きました。

＊本文の内容については、誤りと思われるものや表記統一が必要な場合を除き、原則初出時のままとしました。

＊巻末には掲載者略歴を付しました。

続　現代の俳人像

神々の面を売る店枇杷咲けり

合谷美智子

古都アンティグア (La Antigua Guatemala)

マヤ文明で知られるグアテマラには二度訪れる機会を得ました。二十年前、古都アンティグアに英国人の家を借りて住んでいた友人宅に滞在したのが最初です。一七七三年の大地震までグアテマラの首都であったアンティグアは美しい町で富士山に似たアグア火山が目の前にあります。二度目に訪れたのは二〇〇八年「有馬先生と行く中米俳句紀行」というＮＨＫの企画でした。

町の遺跡の修復は進んでおらず、友人の借りていた家の隣も廃墟となった修道院でした。遺跡の隣に住むことになったのはとてつもない大きな歴史に繋がりながら生きているという実感を得る貴重な体験でした。中庭に面した大きなテーブルにはいつもヨーロッパからの異邦人たちが集まります。

新年のパーティには大使夫妻も参加され、国際色溢れる魅力的な体験をしました。

古代マヤ文明は天文学や建築の高度な知識、ゼロの発見、マヤ文字、そして非常に正確な暦を持っていたことで知られています。マヤ文明突然の崩壊は未だに謎です。マヤ最大最古のティカル遺跡はフローレスの密林にあります。現在の首都グアテマラシティから、十八人乗りチャーター機に乗りこみ四十分余で到着しました。十二月末でしたがむっとした密林特有の湿気は強烈でした。プロペラ機から降りるとそこはジャングル。吼え猿の呻る中を進むとピラミッドは忽然と現れます。ピラミッドは天地冥界を結ぶ聖なる山の象徴です。二度目に訪れたのは十一月でしたが空気がさらりとしていたのが印象的でした。

織物と刺繍にも特色があり、町の中央にある洗濯場には色鮮やかな衣装を着たマヤ先住民族の女性が集まります。宗教上写真を撮られるのは魂が奪われるとしてカメラを向けられることに強い嫌悪感を示します。事故も多いので危険と友人に聞かされました。日本の絣に似た織物がありますが、元々、日本の絣は中米から日本に渡ってきたものでした。

【私の愛蔵品】
アンティグアのホテルのブティックで求めた木彫りの天使
手触りも何もかもが素朴で向かい合っていると心がやすらぐ

岬からはじまる戦後秋つばめ

秋尾 敏

かけがえのない場所

平成十三年秋、摩文仁の丘にて。

ニューヨーク同時多発テロ直後の沖縄は、ツアーのキャンセルが相次ぎ、どこも閑散としていた。前年に整備された沖縄県平和祈念資料館も、人はまばらであった。摩文仁の丘には木々が鬱蒼と生い茂り、砲弾に撃たれ、焼き払われた戦後の光景は遠い過去のことになっていた。だが、日本の戦後は、戦火で草木を失ったこの丘から始まったのである。

沖縄を初めて訪れたのは昭和三十九年、中学二年のときであった。私の通っていた千葉県の中学校と、沖縄の那覇中学校との交歓会が行われたのである。当時はまだパスポートも検疫も必要な時代であった。晴海から「波の上丸」に乗って三十時間。着いた沖縄では道路の右側を車が走っていた。通貨はもちろんドル。摩文仁の丘に高い木々はなかった。それは、砲撃や火炎放射で焼き払われたためなのであった。宿泊先の家族から島の歴史を聞き、沖縄は独立すべきだと考えたが、人には言わなかった。その交歓会は、沖縄の本土復帰を促すためのものだったのである。

昭和六十三年、再び沖縄を訪れたときには、摩文仁の丘に緑が甦っていた。「再会や緑の島に緑生う」がそのときの句である。私もまたこの旅で、句作を再開する決心をした。

平成六年に出張で訪れた沖縄には台湾資本が入り、新しいリゾート地として生まれ変わろうとしていた。タクシーに、摩文仁の丘へ、と告げると、沖縄にはもっと良い観光スポットがあるよ、と言われてうろたえた。島を挙げて、新しいリゾート地としての沖縄のイメージを作り出そうとしている最中なのであった。

偶然なのであろうが、人生の節目節目で沖縄に行き、世界観を深めている。沖縄は、私にとってかけがえのない場所である。

【私の愛蔵品】
蓄音機　ヴィクトローラ・クレデンザ
1920 年代の銘器（アメリカ製）

人は愛《かな》し死へ疾走するトマト

浅井愼平

時計とベッドの間

朝、早かった。

鏡に映る全身裸の姿を見た。

一瞬、誰だと訝った。筋肉が削げ、小柄で、無防備な少年が立っている。ぼくだった。何も思考していなかった。彫像のようだった。彫像であったなら傑作かもしれないが生きたままだった。白い秋の風のように淋しかった。何かを変えようとして青いタオルを首に巻いた。シャワーを浴び、庭に出てデッキに立った。透明な光に包まれた。何かが変わるわけではなかった。

裸のまま部屋に戻り、音楽を聴いた。マリア・カラスの唄うジャコモ・プッチーニの歌劇『トゥーランドット』の「誰も寝てはならぬ」と喜歌劇『ジャンニ・スキッキ』の「わたしのお父さん」。歌は部屋を駆けめぐり、開け放たれた窓を抜け、青く晴れた雲へ抜けていった。ぼくは素肌に赤いセーターを羽織り、パーコレーターに珈琲豆を入れガスコンロに乗せ、火を付けた。

余生という文字が頭に浮かんだ。

そうか、いまは余生なのだ、と思った。

ふいにムンクの絵が見たくなり、地下にある書庫に向かった。

エドヴァルド・ムンクの「時計とベッドの間の自画像」という作品を思い浮かべたのだ。若い日に旅したヨーロッパで買い求めたムンクの画集が書庫のどこかにあるはずだ。

何故、その絵を見たくなったのだろう。時計とベッドの間という言葉の暗示が気になったのだろうか。その絵には壁に掛った時計とベッドの間にじっとこちらを見ている晩年のムンクの姿が描かれている。ムンクは何を見つめていたのだろうか。

結局、ムンクの画集は見つからなかった。

流れ去る時間ととどまり変貌する空間。

ぼくもまたムンクと同じように時計とベッドの間に立っているのだと思った。

昼になって赤く熟したトマトを食べた。トマトは甘く、塩っぱく、喉を下りていった。

【私の愛蔵品】
鉱物少年時代に蒐集した水晶

15
Setagaya-ku
Kitazawa
2-15
P 24h
格安
左折

長けたるは風に残して嫁菜摘む

朝妻 力

俳句は生き物

子どもの頃、山野にある食べられるものは何でも食べた。例えば、茅花のまだ出ていない穂はガムのようだし、茅花の根っこは齧ると甘い。虎杖や酸葉は少し酸味があり、水分が多いので水代りに齧っては吐きだす。果実では桑、がまずみ、一位の実、茱萸、通草、胡桃、椎、山葡萄など数え切れない……。

薺、芹、松露、水菜（うわばみ草）、蕨、薇、茸などは季節になると竹籠を提げ、それなりの装備をして出かける。母が料り、父が美味いと言ってくれることが嬉しかった。

掲句は吟行の途中の一景。先般『伊吹嶺』という句集を上梓したのだが、何人かの方が、「〈風に残して〉に優しさを感じる」などと感想を寄せてくれた。多くの句の中から掲句を選んで頂いたのはとても有り難いのだが、「残した理由」を考えると、少々複雑な気持になってしまう。

山菜は芽が出て、葉が五六枚揃ったころが美味い。茎が立っても先端の葉の軟らかいうちは食用になる。特に嫁菜は浸しにしても、胡麻和えにしても絶品である。しかし成長と共に葉や茎が堅くなり、食用に適さなくなる。掲句の嫁菜は茎が伸びすぎていた。つまり、食えないから摘み残したというのが真相。

そしてもう一つ。嫁菜は秋になると薄紫の花を咲かせる。これがいわゆる野菊と呼ばれる草花の一種。「野菊」という唱歌で、「きれいな野菊うすむらさきよ」と歌われているのは嫁菜に違いないと秘かに思っている。同類の野紺菊は花蕊が大きく、花片が反る分、気品と清楚さにおいて嫁菜に劣る。ともあれ、秋には句材になってくれというのが摘み残したもう一つの理由であった。

摘もうとした嫁菜から手を離すと、ゆらゆらと揺れた。この揺れようを「風に残して」としたのが真相。作者の優しさなどと言われると気恥ずかしい。が、俳句は生き物。手を離れた途端にいかようにも解釈されてしまう。そんなものなのかも知れない。

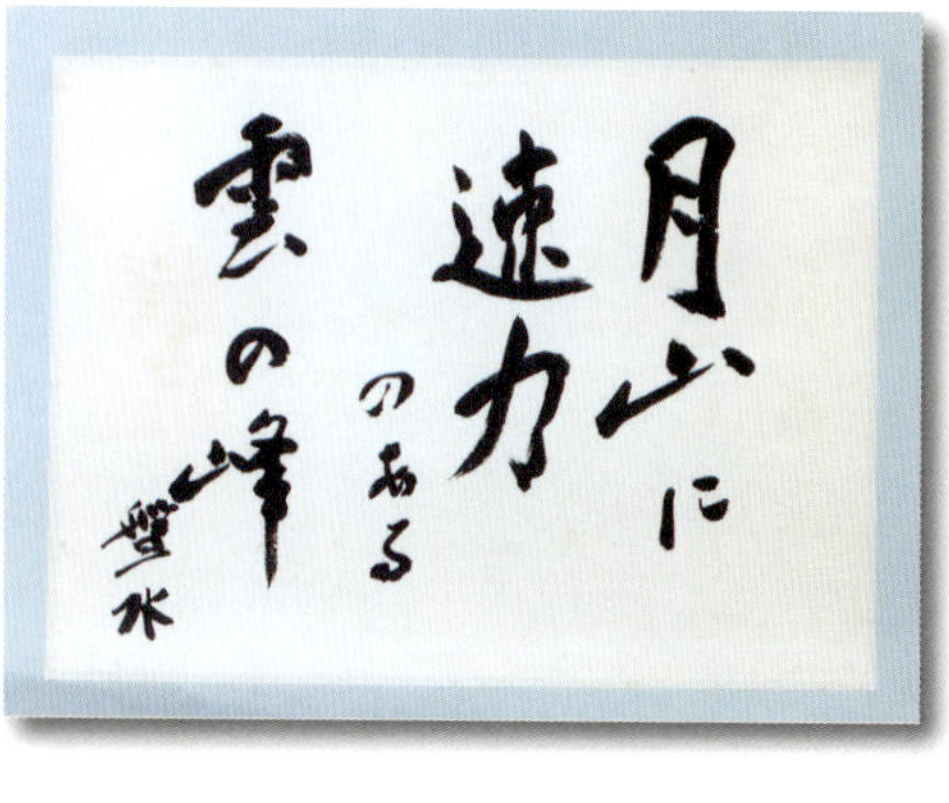

【私の愛蔵品】
皆川盤水の色紙
「月山に速力のある雲の峰　盤水」

きよしこの夜の浴槽たたきける

浅沼 璞

レノンの忌

今春、十六年ぶりに俳句・連句論集を上梓した。いとうせいこう氏の『想像ラジオ』も十六年ぶりの小説というが、彼がその間さまざまな活動をしていたように、愚生もけして遊んでいたわけではない。と言いたいところだが、いとう氏の直訳『セケン・ムナサンヨー』（角川書店）などに触発され、井原西鶴のことばかりあれこれ考える年月だった。

十六年前というとちょうどミレニアム。世間は色めきたち、それに便乗するかのように前著『「超」連句入門』を刊行した。それが昨年たまたま絶版となった。くしくも新著『俳句・連句 REMIX』（東京四季出版）が続編的一巻となったわけだけれど、前著にはさまざまの思い出がある。たとえば二〇〇三年某日「週刊読書人」を開くと齋藤愼爾氏による拙著評が目に飛びこんできた。曰く「山頭火からジョン・レノン、つげ義春までの言葉を引き、脇から付けすすめる『架空連句』の試みのユニークさ云々」――刊行後三年にして漸う我が意を得たりと思わず横手を打った記憶がある。ためしにジョンの架空連句を引こう。

薄紙のやうな夜更けの並木道　中西ひろ美
ママドントゴー・ダディカムホーム　ジョン

名曲「マザー」（一九七〇年）の一節である。ジョンの俳句志向はつとに知られているけれど、このように七七音の付句としてサンプリングしてみるとそのことがよくわかる。

掲出の拙句も斯様な流れにのって詠んだものだが、いきなり「サイレント・ナイト」を歌う設定ではない。まずはシャンパンの酔いに紛れ、浴槽で三拍子をとりつつジョンの遺作「ハッピー・クリスマス（戦争は終った）」を歌う。周知のように十二月八日「レノンの忌」は真珠湾攻撃の日でもある。そんなやるせない年の瀬、平和を願った「きよしこの夜」なのである。ジョンの声は永遠に濡れている。

【私の愛蔵品】
ギブソン ES－335
（ブラック・スパークル）

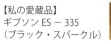

船内をご見学いただけます。
氷川丸 重要文化財へ
MARU YOKOHAM

草鹿や立夏の雨に矢を放つ

天野小石

鎌倉初夏

「草鹿《くさじし》」は、一一九三年（建久四）に源頼朝が催した大規模な軍事訓練「富士裾野の巻狩り」を起源としているという。鹿を射損なう者が多く、草を束ねて鹿に見立て、それを射る訓練をさせたのが始まりで、現在は板で鹿をかたどり、綿を被せた上に革や布を貼り、鹿の姿を模して的としている。頼朝の武術師範を祖としている弓馬術礼法小笠原流の方々が流鏑馬と共に継承し、毎年五月五日に鎌倉宮において行われている。鎌倉宮は明治初期に後醍醐天皇の第一皇子護良親王を祭神として創建され、「草鹿」は昭和初期から行われるようになり、鎌倉に夏を告げる行事の一つとなっている。

　この鎌倉宮の奥に実家があるため、私はしばしば「草鹿」を見に行く。「草鹿」は射手の格好良さもさることながら、的の鹿が何とも可愛くて哀感を覚える。五月五日は割と晴れる日が多いのだが、この句を詠んだ年は結構な雨が降っていた。嵐ともなれば中止するのかも知れないが、そのくらいの雨では決行される。射手も的も雨に濡れながら、神事は粛々と進められる。その矢が放たれた厳かな瞬間、この句を得た。縦に降る雨と、その中を横に貫いて行く矢の構図を意識して詠んだ一句。第一句集の『花源』に収録し、多くの方から評をいただいたことが嬉しい思い出となっている。

　今、私は杉並区高円寺に住んでおり、職場の神田神保町との行き来で終わる日常ではなかなか自然と触れ合うことは少なく、俳句もいつの間にか机上で記憶を辿りながら詠んでいる。その点鎌倉には自然が溢れ、歴史や文化と相俟って詩心を刺激してくれる。鎌倉を訪れることが脳の切替スイッチとなり、私は日常から解放され、作句モードというか創造モードに入って行ける。いかにその創造モードに没入出来るか、それが良い作品の誕生にかかっているように思う。何か一つ切替スイッチを持つことが物作りの秘訣かも知れない。

【私の愛蔵品】
縁あって譲り受けた鈴木真砂女の道行

国境の街に銀河を見て眠る

綾野南志

赤い夕日

平成二十四年、早稲田エクステンションセンターの「村山吉廣先生と行く中国東北の旅」に参加した。たまたま母が奉天女学校卒業でその地方の話も度々聞かされていたので、満更無縁の旅ではないと思って出掛けた。飛行機で瀋陽（奉天）へ飛び一泊。母の母校も無事残って中学校として使用されているのを見届け、バスで鴨緑江上流に回り込み、国境の河沿いに下り旅順に到るという旅だった。対岸は北朝鮮である。夜になると大河の向こうは闇一色で、時折、自動車の灯が走るのが見えるくらいで人気はない。丹東で一泊。国境の街である。人口三百万の中都市であるが対岸は相変わらずの闇である。この地は中国と北朝鮮を繋ぐただ一つの橋があり列車も通っていて北鮮の要人の中国訪問の際のルートでもある。彼方は闇、此方は不夜城の都市というコントラストをなしている。東京の夜空では全く見えない銀河が鮮やかに天に懸かっていたのだった。

この丹東には北朝鮮経営のレストランがあって、国連から経済制裁を受けている北鮮の外貨を稼ぐ唯一の土地でもあるらしい。闇を潜って北鮮の美女たちがやって来てサービスするそのレストランで我々は食事をとった。しかしその美女たちの愛想のないこと、無性に腹が立ったことを覚えている。もっとも我々が日本人と知ってのことだったかもしれないが、あちらにも接客業がないわけでなし、その素っ気なさは際立っていた。その後、直接その彼女たちではないかも分からぬが、挙って集団脱北したとニュースが流れた。私には何となく納得するものがあった。彼女らの硬い表情裏に隠された西側の民主主義への憧れは彼女らにとって甘い蜜のようなものだったのであろう。

　中国で言う東北地方、つまり満州は赤い大きな夕日がよく似合う。

満州の夏落日を見とどける
曠野に日沈めその夜の天の川　南志

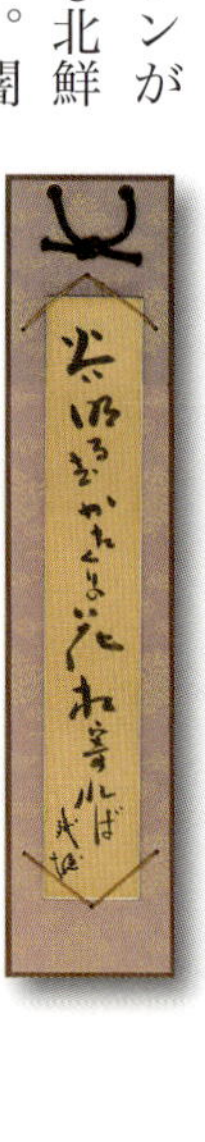

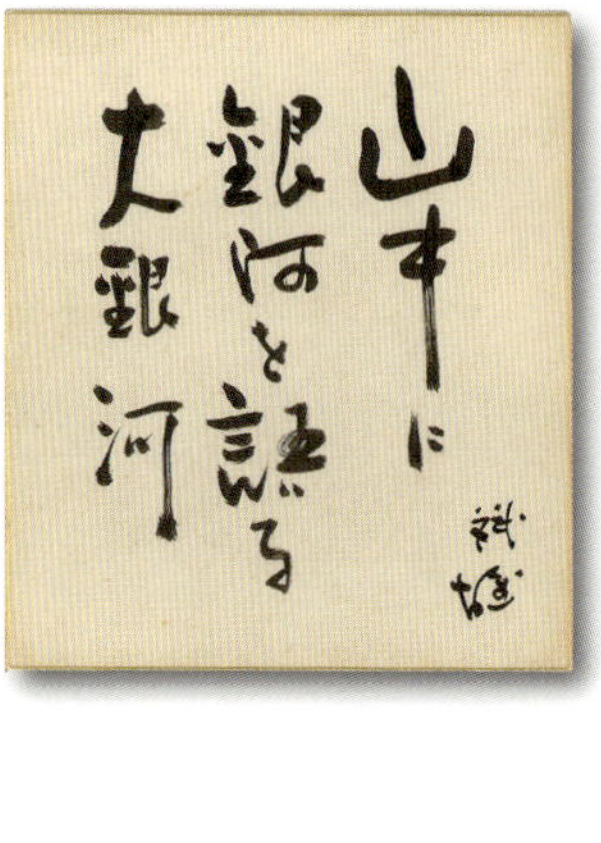

【私の愛蔵品】
中島斌雄の短冊と色紙
「谷明るむかたくりの花相寄れば　斌雄」
「山中に銀河を語る大銀河　斌雄」

お中道雪の輪雪の富士を巻く

石井いさお

句の裏

六年後に東京オリンピックが開かれるとか、富士山が世界遺産に登録されたとか、明るいニュースが昨年は相次いだ。

若い頃は登山が大好きでよく夏山に登った。八ヶ岳などは三回も登った。まだ俳句はやっていなかったのでスポーツとしての登山であったが、松虫草の群生を美しく見たのも八ヶ岳だった。

剣岳の長次郎の谷の雪渓を詰めた時などは、夏なのに一日中雪を踏みしめていた記憶がある。大石が不規則にバウンドして落ちてきたこと、熊と至近距離で遭遇したことも思い出だ。

そういう訳で初学の頃は山の句をよく作った。

鞣めされて白糸の滝落ちにけり
滴りの遅きは遅き間を保つ
美しき花畑見ず峰行者　いさお

俳句は山口誓子を師と仰いだ。直接の添削は憚られたので、新聞の投句を通じて誓子俳句を独学した。

お中道雪の輪雪の富士を巻く　いさお

「天狼」に入門して六年目、右の句が中日新聞の年間最優秀句に選ばれた。俳評は「お中道の雪は富士山をぐるっと回っている雪の輪である。この句は雪の輪を詠って富士の巨体を表現している」というものであった。

富士山の五合目辺りは積雪と地肌との境目になる。特に主張もなく、ただその事実だけを写生した句であったが、先生に「富士の巨体を表現している」と鑑賞していただき目から鱗であった。それまで、句の持つ意味ということを考えず多作しているだけであったが、「ああ、俳句というのはこのように写生の裏に主張がなければいけないのか」と、俳句観が一段深まった記念の作となった。それ以来、シンプルで深く、をモットーに、対象の裏まで見る努力を続けている。

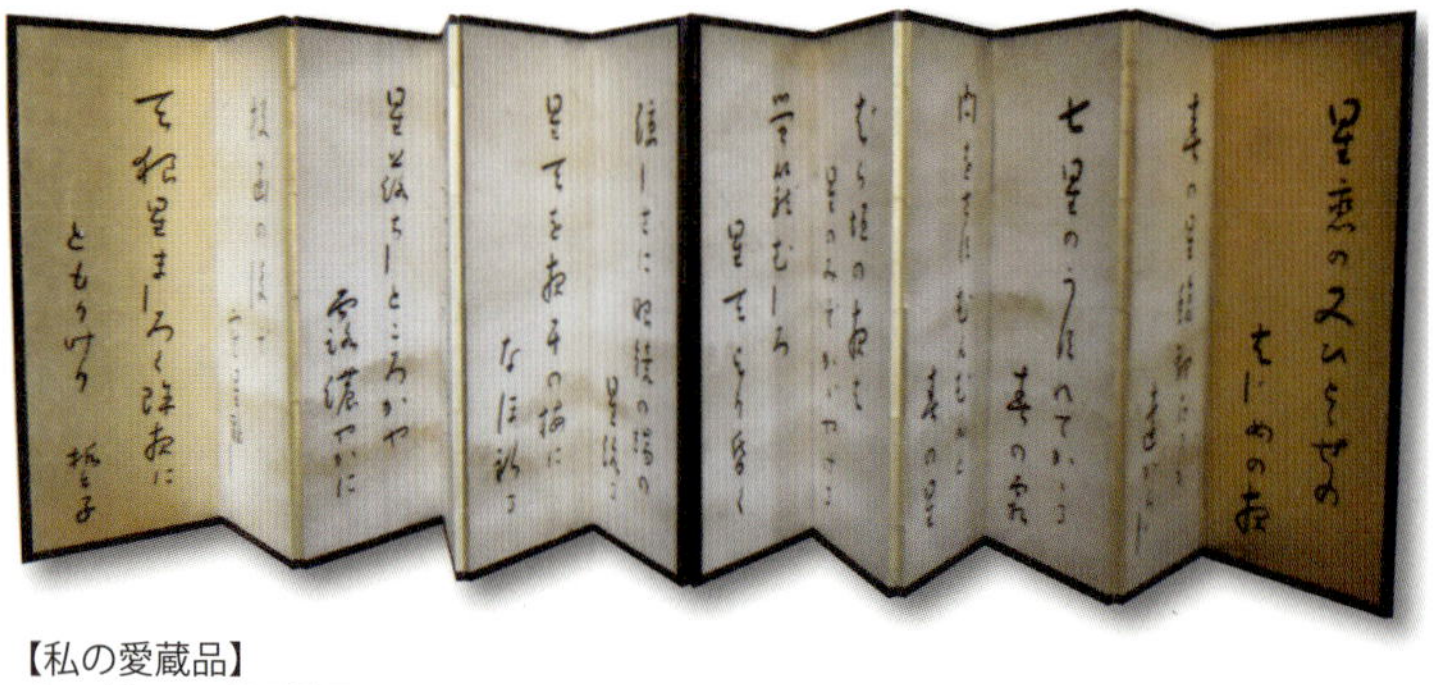

【私の愛蔵品】
山口誓子の「星戀屏風」

MIKIMOTO PEARL ISLAND
120
ミキモト真珠発明120周年
2013 10/13
ミキモト真珠島

夕蟬の空を冷やしてゐるごとし

石渡 旬

俳句は賜り物

　夏から秋に移る季節、言い換えれば、盂蘭盆を過ぎてから九月初旬の頃。厳しい残暑も暮れ方になると、湿気の無い涼しげな風が心地よく吹き始める。そんな時刻に、欅の高い所で油蟬が乾いた声でカラカラと鳴いて、涼しさを増幅するような景を醸し出す。なんとかこの情景を一句にしたいものと思いながら数年の歳月が過ぎていた。

　掲句を得たのが平成十二年の八月中頃、日中の暑さも収まり、近くの公園を目指して歩き始めた時に、街路樹の欅の天辺近くから、前述の油蟬の声が降って来たのである。この日は良く晴れていて、気持ちの良い夕方であった。公園の方へ歩きながら「夕蟬の」「夕蟬や」と口ずさんでいるうちに、湧き出るように「空を冷やしてゐるごとし」の言葉が出て来て一句になったのである。毎年のように作りたいという思いを持ち続けていたのに、長い間出来なかったことが不思議に思える瞬間でもあった。この月の定例句会が八月二十日に行われ、主宰の特選にも入り、高得点を得た事を今でも昨日のようにはっきりと思い出すことが出来る。このような体験はこれだけではなく、幾度か経験をしている。

「俳句は賜り物」とよく中戸川朝人主宰が私たちに言われていた。それは、あらゆるものを含めた自然と、濁りのない心を持って向かい合った時、自然の方からこちらの方へ近寄って来てくれるという事でもあったような気がする。俳句を初めて四十年、三十七歳という遅い出発であった。定年を迎えた平成七年九月、きっぱり仕事を断ち、俳句に専念することとした。俳句馬鹿とまでは言えないが、私なりに勉めた結果が「賜り物」を授かる幸運に出会えたのではないかと思っている。そんなふうに思える句をいくつかあげてみたい。

花神楽いつしか足を踏み鳴らし
日脚伸ぶ大きな川を渡りけり
松島は松の花より明けにけり
昼蛙夜蛙与謝の昔より

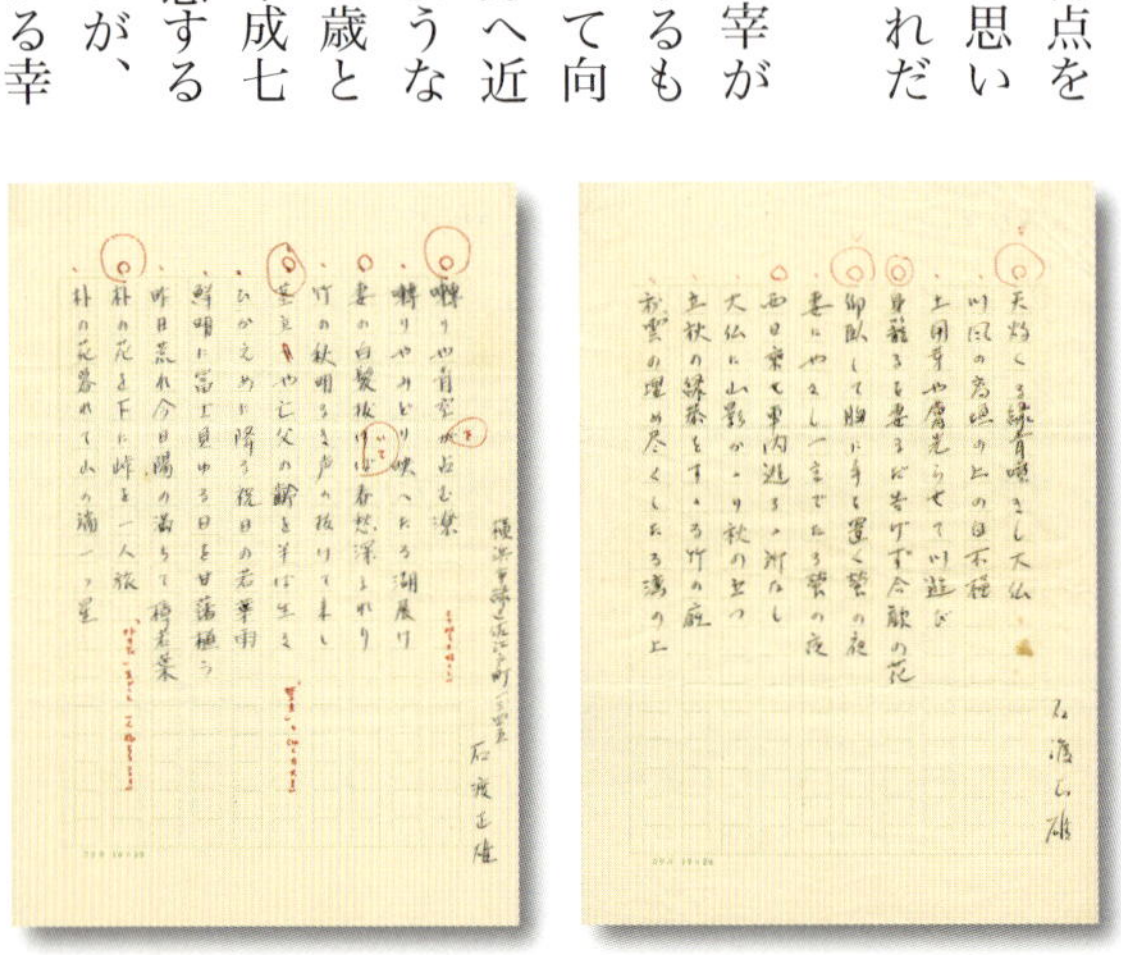

【私の愛蔵品】
大野林火の「濱」に入会し、添削を受けたときのもの
今も大切にしている

知命なほ草奔の徒や麦青む

伊藤伊那男

覚悟の気持

平成十五年五月、五十三歳の頃、神田神保町に立飲みスタイルの居酒屋を開いた。それまでのざっと三十年間を証券・貸金など金融業に携わってきたので、突然の異業種への転進に、家族はもちろん、友人、句友もあっけに取られたようだ。三十代の終り、バブル経済突入の頃、不動産会社の出資による大口不動産融資を専門とする金融会社（いわゆるノンバンク）の設立にヘッドハンティングされ参加することとなった。急成長のあと、膨らみきった風船に針を当てたように会社は弾け飛び、私が最後の社長を務めて精算手続きを完了した。その後半年ほど毎朝寺に通い、読経や墓地の草毟りなどをして、妻からは「家の庭の草毟りが先でしょうに……」と歎かれたものだ。

若い頃から飲み歩き、食べ歩きが好きで、家でも時々台所に立ってはいたが所詮は素人である。当然皆からは先行きを危ぶまれる出発であった。冒頭の句はその頃作ったものである。「草奔《そうもう》」とは「①草の生い茂った所。くさはら。くさむら。②民間。在野。」とある。「草奔の臣」という言葉もあり、これは官に仕えない民間に在る人のことで、三回の転職を経て元の木阿弥となり、異業種へ踏み込んだ覚悟の気持が口をついて出た句である。

今もって決して儲ってはいないが、店は今年十一年目に入る。何とかやってこられたのは結社内外を越えた俳句仲間がいたことである。毎日誰彼となく訪ねてくれることが支えであり励みであり、刺激である。そうした仲間を中心に平成二十二年、俳誌「銀漢」を創刊主宰することとなり、三年目に入った。「禍福はあざなへる縄の如し」というが、人生とはまさにそういうものだと思う。還暦をとっくに過ぎてしまったが、相変らず草奔の徒である。

【私の愛蔵品】
井上井月の軸（部分拡大）
「蟷螂やものものしげに道へ出る　井月」

ホール

父も又早世の人獺祭忌

稲畑廣太郎

子規と父

平成六年九月に行われたある句会の時に兼題句として詠んだ句である。御存知のように九月十九日は正岡子規の命日で、ホトトギス系の句会では九月に「子規忌（獺祭忌）」が兼題に出ることが多い。掲句のモデルは勿論私の父親であるが、私が大学生の時の昭和五十五年九月九日に、四十九歳で病没している。別に特別な思いでこの時この句を詠んだ、という記憶はないのだが、今思い出してみると、この句を詠んだ年の一月九日に私の長男が生まれたのだが、私の父の誕生日が昭和六年一月九日で、年号が昭和と平成で違うだけで、それ以外全く同じ年月日の生まれなのである。そんなことも無意識のうちにこの句となって完成されたのだろうか。子規は三十五歳（満三十四歳）、父は四十九歳、かく言う私はこれを認めている平成二十四年十月三日現在で五十五歳。子規とは、下手すると親子でも成り立つような年齢差になってしまった。もっとしっかりせなあかんな、と思う今日この頃である。この句はその後「ホトトギス」雑詠欄に投句し、平成七年三月号で汀子選三席に掲載された。それを御覧になった読者の方々からも反響があり、最初は私も意識していなかったが、だんだん自分でも気に入る一句となっていった。

平成十九牛に、私の初めての句碑を、当時稲畑汀子が主催する、戦後生まれの俳人のみがメンバーである句会「野分会」が建立して下さるという話になり、八月五日、兵庫県神戸市にある六甲山の頂に程近い、私も子供の頃夏休みには避暑で滞在していた稲畑家の山荘の、道路に面した一角に完成したのである。勿論句はこの獺祭忌の句で、考えてみると、父はこの山荘を甚く気に入り、夏の暑い時期長期間此処に滞在していて、会社へも此処から通勤していたのを思い出す。最近は残念ながら私も東京在住となり、何となく家族もこの山荘と皆疎遠になってしまい、句碑だけがどっしりと鎮座している。

【私の愛蔵品】
新約聖書と趣味のプラモデル

母の死のととのってゆく夜の雪

井上弘美

十一年目の雪

母が交通事故に遭ったとき、私は春休みの勤務校にいた。四月四日、京都は桜の季節を迎えてのどかに明るい日だった。バイクに跳ねられたということだったので、骨折でもしたかと思って病院に行くと、手術室で母は耳から血を流しているのだった。

以来、母の病院生活は十一年に及んだ。

意識不明の昏睡状態を脱するのに数か月を要し、命は保ったものの、いわゆる半植物状態で、口からの飲食はおろか寝返りをうつことも出来ない。二度の手術によって言語機能も失った。何を語り掛けても不思議そうな表情で私を見つめるばかりで、時折、記憶の底から思い出をたぐり寄せるように、微笑んで見せる。言語を失った世界とはどういう世界なのか。記憶というものが存在するのかどうかもわからない。人は言語によって過去を追想するからだ。もし、過去と未来を失ってしまって、今という時だけを生きているのなら、決して見捨てないということを、言葉ではなく身をもって伝えねばならない。そう思い定めての歳月が始まった。

母が事故に遭ったのは六十一歳、私が三十八歳の時である。その翌年の秋、第一句集『風の事典』を上梓した。第二句集『あをぞら』に収めたのは、以後十年の歳月である。最初の数年は、母を支えなければと気負っていたけれど、そのうち、私が母を支えているのではなく、母が私を支えているのだと気が付いた。すでに父を失い、一人になってしまっていたからだ。すべての機能を失って、ただ命だけが存在している、その純粋な命の有りようを美しいと思うようになった。

母が亡くなったのは一月三日。夜になって雪が降り出した。「死もまたととのってゆく」と思った瞬間に、降り出した雪に母が荘厳されてゆくことを思った。この句は第三句集、『汀』に収めた。母の十一年と、私の十一年はこの句をもって終わった。それは母の胎内にいるような歳月だった。

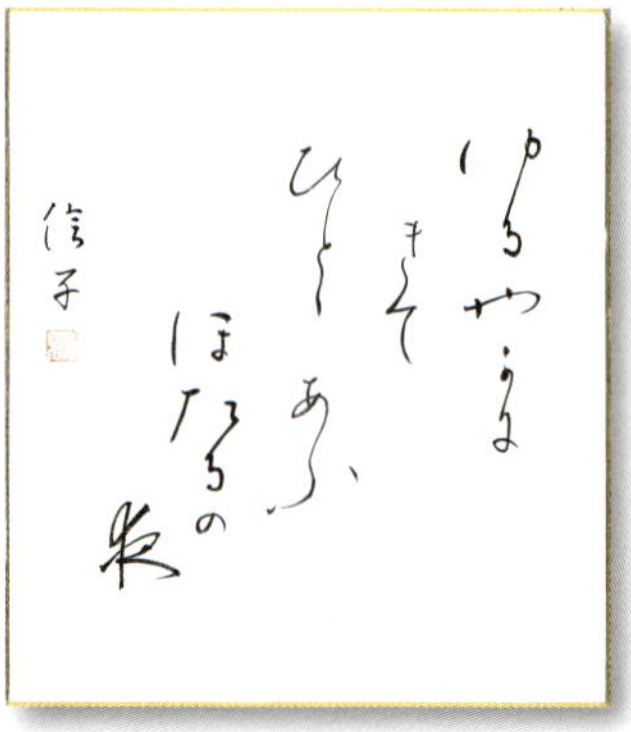

【私の愛蔵品】
桂信子の色紙
「ゆるやかにきてひとゝあふほたるの夜　信子」

春眠の覚めぎはに見し峰の数

井上康明

ブルーシート

山国甲州に生まれ約六十年。四歳の頃、両親とともに甲府に住み着き、長じて学校を終え地元の教員になった。やがて文学館に転勤、父母をあの世に送り、定年の前年までつとめ、退職した今もその地に住んでいる。その間、常に三千メートル級の山々に囲まれて暮らしてきた。現在の住まいからも西の方角に、南アルプスが屏風のように立っている。甲斐駒ヶ岳、鳳凰山、農鳥岳といった峰々は、毎日の暮らしとともにある。

二〇一一年三月十一日、東日本大震災が起きた。衝撃的な映像がテレビに映し出され、三月、四月と呆然として日々を過ごした。五月初旬、仕事の関係で仙台を往復することがあった。一人の上司とともに甲府から東京へ出、東北新幹線に乗って仙台へ向かった。大宮では空は薄雲に覆われていたが、白河のあたりでは一面の植え田に白雲が浮かび、濃い青空が覗いた。

仙台は快晴だった。新幹線が駅に入っていくと、左手に鉄塔が立つ小高い緑の丘があった。その丘から海の方を見ると、海岸線の町が広がりその向こうに海が見える。しかし、ある筈の町は津波で失われ、今までは見えなかった松が枝を伸ばしているのがところどころ見えるという。そのことを、仙台在住の作家の文章で私は予め読んでいた。仙台駅は壁面が破損してブルーシートで覆われ、揺れているシートの下を人々はあわただしく行き交っていた。私たちは、仙台駅に隣接するホテルの喫茶店で人と面会、用談を終えてあわただしく帰途に就いた。二時間ほどの仙台での滞在の間、雑踏の向こうに失われた町があることがしきりに思われた。仙台、東京、甲府、その日見た雑踏も一瞬にして失われるのではないかと思ったのである。

甲府に帰って、数日後の句会のため「春眠」という題で句作した。そのとき、今までに見た数々の雪嶺が記憶の底から蘇ってきたのである。

【私の愛蔵品】
- 「雲母」500号　昭和34年1月号　表紙：朝井閑右衛門
- 「雲母」昭和35年3月号　飯田龍太選作品欄予告掲載号　表紙：関根将雄
- 「雲母」昭和35年4月号　飯田龍太選作品欄創設号　表紙：関根将雄
- 30年来使用するパイロット万年筆

石垣の構造

返球の濡れてゐたりし鰯雲

今井 聖

野球との縁

どういうわけかこれまで野球に縁があった。高校は鳥取県立米子東高校。甲子園出場は春夏併せると二十回をゆうに超える。高校野球では地方の名門といってもいい。もっとも最近は私立勢に押されてめったに出ないが。

僕は六十五期生。この学校は旧制米子中学の頃から野球に力を入れていたらしい。入学すると新入生は必ずグラウンドに集められて、竹刀を提げた応援団の先輩による校歌と応援歌の指導を受けた。

僕が入学したのは昭和四十一年だが、その五年前には春の選抜で、小さな大投手宮本洋二郎を擁して選抜準優勝。宮本は卒業後早稲田の主戦として活躍、その後プロに進み巨人と広島で活躍した。

僕は二浪のあと足掛け七年も大学にいて二十七歳で私立横浜高校に就職する。こちらは地方の名門ならぬ正真正銘の日本の野球名門校であった。

横浜高校出身では選抜優勝投手永川英植が既に有名であった。永川はヤクルトスワローズに入ったがプロでは成功せず、引退後肝炎で早世した。僕が就職してすぐ愛甲猛、そのあとも続々と続き、現在でも大リーガー松坂大輔を筆頭に西武の涌井、ロッテ成瀬、ソフトバンク多村らが名を連ねている。

最近の変りだねは上地雄輔。高校の控え捕手から芸能界に入った。テレビで観るままの明るいお調子者で野球部のユニホームのまま僕が顧問をしていた俳句同好会の卒業写真にちゃっかり皆と肩を組んで写っている。

僕自身は学生時代は剣道をやったが、野球は草野球程度。それでも学校のグラウンドで放課後生徒たちとよくソフトボールをやった。

自分の授業の空き時間に受け持ちクラスの体育の授業に乱入して代打で出たこともある。

その高校も去年定年退職した。

これからどんな野球との関りが待っているのかちょっと楽しみにしている。

【私の愛蔵品】
乙羽信子さん愛用の遺品の灰皿
新藤兼人監督を赤坂のご自宅まで車でお送りした折、頂戴した

春の海かく碧ければ殉教す

岩岡中正

純粋なもの

「代表句」というより、私の好きな句のひとつで、私なりの青春の一句である。平成十二年の作で、天草は本渡のキリシタン館吟行の折、踏絵の資料を見て外へ出て、山上から藍より深い天草の春潮を見た瞬間にできた句である。両親がミッションスクールの教師で、私も二十代三十代は熱心にプロテスタントの教会に通っていたこともあって、五十代にはしきりに信仰と殉教の句を詠んだ。純粋な信仰というより、俳句という詩的表現から信仰を詠んでいたのであろう。掲句もまた、深々とした春潮の紺色に殉教を選んだ人々への共感を詠んだものだが、ここではやはり信仰より美意識の方が先行している気がする。いま読んでみると、「かく碧ければ」という高揚感にこめられた私なりの青春に、すこし面映いような懐かしいような思いがする。同時作やその後の作品に、

春疾風天草四郎陣中旗

踏絵ふまざれば獄門ふめば地獄

絵踏してユダとなりたる人の文

などがある。また、天草の大江や崎津の教会にも心ひかれるものがあって、クリスマスの頃一泊で訪れたりもした。

聖樹に火ともしてことば地に満てよ

さらに、平成十四年から十九年にかけて、機会を作っては島原の原城址を訪れたものである。それは、花石蕗や葉鶏頭が美しい秋が多かった。

信仰のたとへば甘藷《いも》のかたちかな

ハライソへハライソへかまつか真つ赤

烏瓜板倉内膳正《ないぜんのかみ》無念

イエスには復活木には返り花

石蕗の黄を見て信仰に近くゐる

そのほか、

ガラシャ廟綿虫ほうと放ちたる

ひそかなるものに花野と信仰と

などもこの頃の作品で、いずれも、ひたすら純粋なものを求めて止まない私のロマンティシズムの発露なのかもしれない。

ラフカディオ・ハーンや夏目漱石が教鞭をとった旧制第五高等学校（明治22年竣工）
現在五高記念館として一般公開されており、筆者が館長を兼務したこともある

コーヒーの真下の街の冴返る

岩垣子鹿

とある日のとある街角

月の半ばに恒例となっている十人ほどの私的な句会がある。いずれも句歴三十年から四十年の猛者たちで、弛んだ句や甘っちょろい句は出せない。前もって兼題が出てはいるがほとんどが席題即吟の句会である。

その句会の、とある日の午後、少し早目に大阪の街に出た。二月も半ば過ぎだったと思うが、昨日まで、ちょっと暖かかったのにまた寒さがぶり返したように風の強い底冷えのする日であった。

御堂筋から心斎橋へ枯れた銀杏並木を少し歩いて、行きつけの喫茶店の二階に座った。

心斎橋筋と千日前通りの交差するこの角の茶店は私の俳句製作工場の一つで、大カップ一杯分のコーヒーで句帳の数行は埋まる。

その日も定席で、行く人、来る人、交差点での人の動きを見つめていた。何事もないように時間が過ぎてゆく。すると人の流れに乗って悠々とリヤカーを曳いて一人の男が来るのが見えた。心斎橋筋の華やかな人とは別に我が道を行くかのように悠然と来る。そしてそれが邪魔になったり人の迷惑になったりするような行動では決してない。流れに溶けこみ市民の一員として歩いているのだ。周囲の人も何事もないようにすれ違って行く。

これが都会なのだと思った。一人一人違った人生があるように一人一人の毎日がある。そしてお互いに干渉する事なく個人の自由を守り社会を支えているのが街だと思った。

襟を立てて信号を待つ中年、ブーツの上に半パンツの若い女性、そして何やら一杯積んだリヤカーを曳いてゆくオッサンの風景に熱いコーヒーの香りが揺れている。

寒そうな人たちも明日はまた春らしくなると期待していそうな顔をショーウィンドーに向けている。色々な表情を街が見せてくれる。「冴返る」という季題はリヤカーを曳くオッサンに授かったのである。

この一句を提げて句会に出たのは言うまでもない。

句会の後で

心にも正面ありぬ夜の桃

上田日差子

三鬼哀悼

話は私の誕生前後のことにさかのぼる。はや五十年も前のことである。

昭和三十六年九月二十三日、私は静岡県富士市にて生を享けた。生まれる前から名前が決まっていて、男ならば「爽《あきら》」、女ならば「日差子《ひざし》」であった。父・上田五千石の俳句の師である秋元不死男の命名である。

その命名をいただくまでには西東三鬼が関わるエピソードがある。父は昭和二十九年に不死男との出逢いによって俳句を志し、「天狼」に入会することで西東三鬼を識る。昭和三十二年、当時編集長であった三鬼の推挽により卒業論文を圧縮した「新聞俳壇論」を「俳句」に掲載していただくという好運を得る。

三鬼と不死男、父にとってはかけがえのない師恩であろう。私の誕生も近い頃、ある出版記念会に同席した母のお腹を見た三鬼は、不死男に「生まれそうだから早く命名を」とすぐに催促の手紙を出してくれたそうである。

ただ、三鬼はまもなく病床につくことになり入退院を繰り返すも、昭和三十七年四月一日に帰らぬ人となった。私の誕生後七か月余りのことであった。

三鬼が病床にて編んだ第四句集『変身』(昭和三十七年二月・角川書店刊)を父の蔵書から繙くと、そこには父の三鬼への敬慕の念が満ち溢れていたのである。まず表紙裏に貼りつけてあったのがこの一枚の葉書。

「前略　十一月九日退院しましたから　御安心下さい　今度の病気では秋元さんには大変お世話になりました　とにかくもう一ふんばりする積りです

赤ちゃん出来てお芽出度う　さぞ可愛いゝことでしょう、一ペン見たい。」

万年筆の筆致もあたたかい一葉である。句集『変身』には更に、三鬼の俳壇葬の通知と会葬御礼が貼りつけられ、昭和三十七年の三鬼からの賀状が挿まれている。この一書に託した父の思いを、今になって確かめている。

【私の愛蔵品】
・西東三鬼句集『変身』(昭和 37 年 2 月 28 日角川書店刊)
・扇「露更けて出でたる星の粒ぞろひ」父・上田五千石句集『田園』所収
　昭和 36 年 9 月 23 日、日差子誕生の夜の作だと言い、のちに父から手渡された

川風の方へと花野より一歩

上野貴子

生命の源

野山に自然に咲く花に魅せられてふと立ち止まる時、心を奪われるようにじっと見入ってしまうことがあります。次元の違う空間の絵画を見るようにそこに咲く花がその花の存在のみに留まらない、空想の世界へ誘われるかのようです。野山の花は、美しさに可憐な可愛らしさを感じさせてくれます。暖かな草の香りや風の優しさが、いつも花に語り掛けているようです。何かに悩んだり、挫折したり、先が見えないときに、ふと自然の声が聞きたくなります。人間の力の及ばない自然の声を心の拠り所として、都会の喧騒を飛び越えて、その声を聞きたいのです。

魂の叫びとでも言うような人間の葛藤から、いつも自然は救ってくれます。

その代りなのでしょうか。自然は時に予想もつかない恐ろしい顔を見せます。未曾有の災害もその一つ。怖いですね。拭い去れない自然の怒りを、私たち人間は改めて受け止めなければなりません。人が人であり、地球に暮らす生き物である限り、我儘に便宜ばかりを優先させてはいけないのかもしれませんね。

小さな野の花が一面に広がる美しい花野に立ち竦むような時、そこからふと我に返してくれるものは何か考えると、それは水の音だと思いました。生命の源である水の音です。野山の何処からか湧き出して来る水の音。それは人間の生命の源でもあるのです。この句はそんな思いから生まれました。とかく争い事の多い社会のどこかで、いつでも立ち竦み足を踏み出せずにいる人がいます。だれもがそんな小さな心の叫びを感じながら、流れる川の音へと一歩踏み出すことが出来たら、きっとそんな小さな一歩がやがて大きな足跡となって夢となって息づいて行けると思います。

この扇子に形を借りて少しでも誰かに私の想いが伝われば幸いです。ここにご紹介させて頂いた扇子が海を越えて、ハワイで行われたホノルルフェスティバルで平和文学賞を頂けたことを心から感謝し宝物としております。

【私の愛蔵品】
ホノルルフェスティバルで平和文学賞を受賞した扇子

朧夜の灯をひとつ消しひとつ点け

江崎紀和子

見あげた歳月

一枚の色紙を大切にしてきた物として紹介する。孟子の「我善く吾が浩然の気を養う」から引いた「浩然の気」。これを揮毫されたのは将棋九段の原田泰夫先生。

あとで知ったことだが、原田九段は三十歳代で日本将棋連盟の会長を務められた人格者で、俳句にもずいぶん親しんでおられたらしい。十年前に八十一歳で故人になられたとうかがっている。

『広辞苑』で、「浩然の気」を引くと「①天地の間に満ち満ちている非常に盛んな精気、②俗事から解放された屈託のない心境」とある。

今から十五年くらい前、NHK松山放送局制作の「俳句王国」に出演させていただいた。番組の出演者は、主宰役に鈴木真砂女先生、ゲストが原田泰夫先生。そしてテレビ番組に出演する緊張でかちかちになった五人の俳人である。私もその一人だった。まずリハーサルで、進行役のアナウンサーやアシスタントの声が頭の上を素通りするような案配だった。

そんななか、実に和やかな笑顔と明瞭なお声で自己紹介されたのが原田泰夫先生だった。初対面の緊張がまずほぐれ、真砂女先生のきちんと召されたお召し物にもやっと目がいくような気がしたのを覚えている。

その後の懇親会の席で、皆さんと今日、これからの一期一会を得た記念に差しあげたいと、配っていただいた色紙である。書かれてあることについてくわしく説明なさることもなかった。ただ、是非自宅に掛けて、ときおり見あげていただきたいとだけ仰った。

以来、わが家の座敷に不動の位置を占めている。いいことがあっても悪いことがあっても、何があろうと変わらず私の毎日を見守ってくれた原田先生の色紙である。

当時は駆け出しでがむしゃらだった俳句も、だんだん身に適う俳句であるようにつとめようと思うようになった。これも「浩然の気」を見あげた歳月から得たものである。

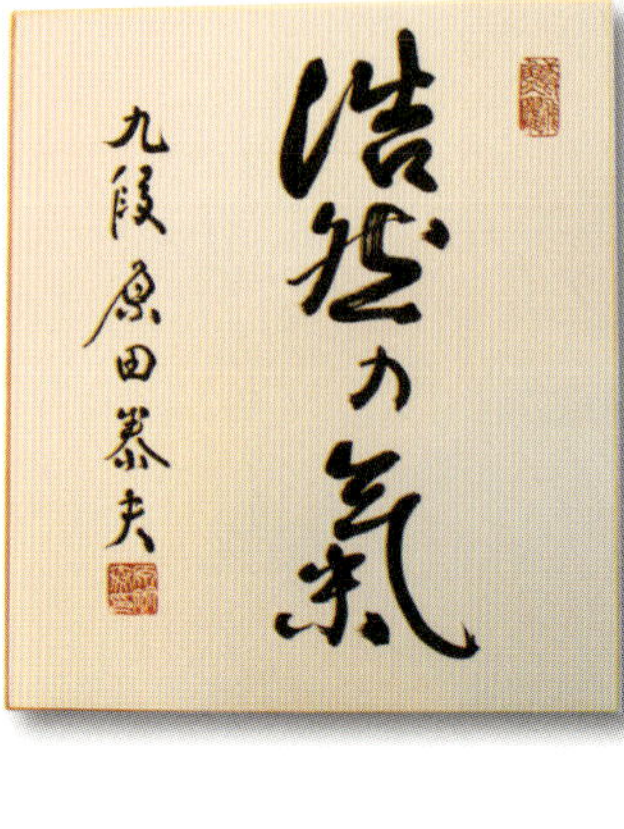

【私の愛蔵品】
原田泰夫九段より頂いた色紙

金亀虫アッツに父を失ひき

榎本好宏

最後の面会

母が大事にしていた荷物の中に、父の軍隊手牒《てちょう》はあった。この手牒は軍の下士官と兵が常に携行するものである。ところが、父は、昭和十八年五月二十九日のアッツ島の玉砕で戦死し、軍から家族に届けられた遺骨と称される白木の箱には、これまた白木の位牌しか入ってなかった。せめて軍は、出征の折、髪と爪を切って遺骨代わりにするのに、「それさえも入っていない」と祖母を嘆かせた。

戦中、戦後の父のいない母の苦労を一番知っている私は、母の大事にしてきた、この軍隊手牒を一度も見ないで過ごしてきた。

ところが、私の属する同人誌「件《くだん》」の縁で知り合ったドナルド・キーンさんは、父のいたアッツ島に米兵として参戦し、日本兵の最期をこんな風に聞かせてくれた。「手榴弾は敵に向けて投げるものだが、日本兵は自ら胸にかかえて爆裂させた」と。私の尊敬するキーンさんの一言、私の思いは少し安らいだ。

父の軍隊手牒を開いたのはそんな頃だった。当時国防色と呼んだ色の布に包まれた手牒には、甲種合格で何度かの予備役の訓練を受けたことが書いてあるが、俗に「赤紙」と呼んだ正式の召集令状は昭和十七年一月十四日に来て入営している。

当初は皇居防衛の高射砲部隊にいたが、順次、千葉の国府台基地を経て、最後の面会となったのは木更津だった。この折、父も母も最後と知っていて、母は新宿駅東口の街頭写真屋に撮ってもらった家族写真を渡し、父はいつもより多めの成田山の羊羹をくれた。

手牒には「十七年十一月三日東京出発、十一月七日小樽出発、同二十五日アリューシャン列島アッツ島上陸。同地守備」とあり、白い頁が続いて、最後に「昭和十八年五月二十九日アッツ島ニ於テ戦死」と印刷文字があるだけである。手許にある軍隊手牒と、母の渡した家族写真は、小樽港を出る折、軍により没収された物の一部と考えると、軍も本人も玉砕を承知のアッツ行きだったのだろう。

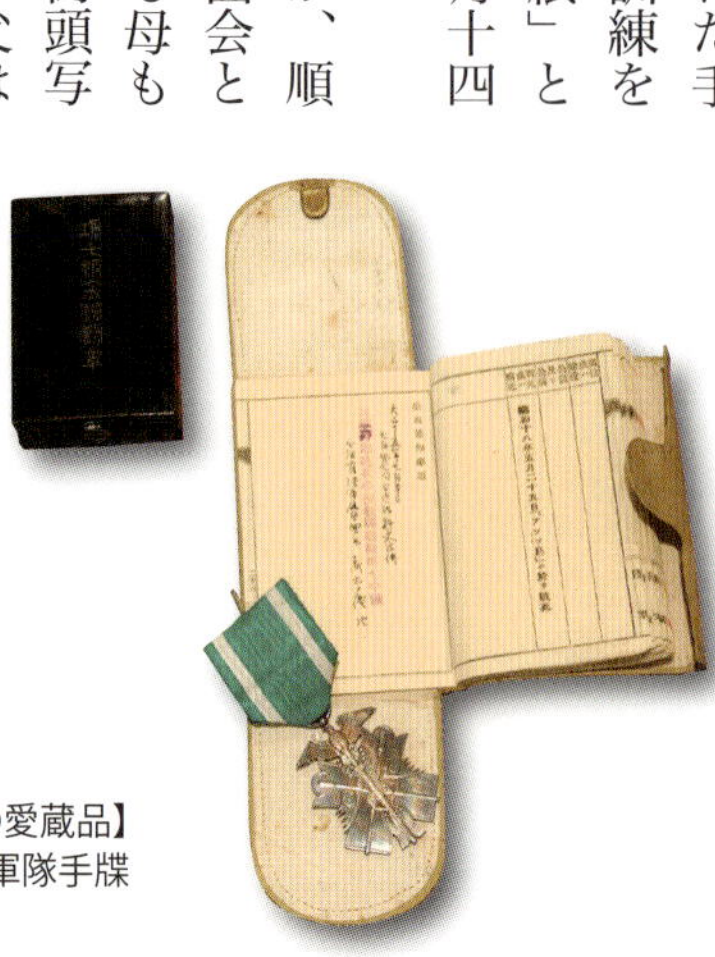

【私の愛蔵品】
父の軍隊手牒

ふるさとは歩くがたのし草ひばり

遠藤若狭男

山口誓子にはじめて出会えた日

　電電公社に勤めていた父は、当然のことながら転勤を免れなかった。子供どもは転校を余儀なくされた。中学二年生の時に福井市の成和中学校から小浜《おばま》中学校に転校したのだったが、若狭高校だけは三年間を過ごすことができた。そこで文学に目覚めたのだった。

　周知のことかどうか、小浜は「海のある奈良」と言われるように、国宝の三重塔をもつ明通寺をはじめ、多くの神社仏閣が点在している。神宮寺、羽賀寺、常高寺、若狭姫神社、若狭彦神社……このへんで止めるが、若狭高校から歩いて一分ほどのところに官舎があり、休みの日などは明治期の歌人山川登美子の生家の横を通って小浜城趾を訪れたりした。そうした中、中学三年生の時に「ともしびのほのかに点る路地裏をクラブを終えて友帰りゆく」が木俣修選に入り、高校一年生の時、

　われの吹くクラリネットに蝶の飛ぶ

が中村草田男に選ばれた。

　愛蔵品の『句集』は、山口誓子句碑建立記念俳句大会集として刊行されたものだが、高校三年生ながら兼題句として投句した、

　炎天下田を手放ししことのみ云ふ

が山口誓子特選に、そして「颱風過眼鏡拭ひて遠《をち》を見る」が入選になり、誓子先生から直接色紙をいただいたことを今も鮮明に覚えている。ちなみに入選句のほうは、山口波津女先生から特選として評価を受けた。その後「天狼」へ投句。もちろんいつも一句欄で、たまに二句欄に載ったこともあったが、大学二年生の時に俳句と別れた。とは言え、当時の「天狼」は今でも大切に保存している。

　それから五十年あまり経て、電電公社の官舎はとうになくなってしまったが、無性に小浜を歩きたくなる時がある。そんな時は山川登美子の生家の近くにある姉の嫁ぎ先に厄介になる。掲出句は、姉の家を出て、『万葉集』にも詠われた後瀬山《のちせやま》を振り返り見た時に生まれた一句。ふるさとは歩くがたのし……あらためてそう思わせられたのだった。

【私の愛蔵品】
「天狼」と『山口誓子句碑建立記念俳句大会集』

学校
学校

みちのくの地酒辛口春の雪

尾池和夫

無心の絵、無心の一句

一九九四年三月二十三日、京都大学理学部の研究室で猛烈に仕事している年度末で、フィリピンの事業計画を進め、ペルーの人の研究を支援し、日本の高性能地震観測網の設置計画を始動する準備をしていた。仙台で研究会を行い、京都に帰ってきて整理した中に、この一句が入っている。のちに第一句集『大地』の中に収めた。

金久美智子主宰が「氷室」を発行してそれに投句するようになった一九九三年三月が、私の俳句歴の始まりであり、この句は俳句を始めて一年後の作である。出張中の一夜を、ただ書き留めたのだが、いまだに口をついて出てくる好きな句の一つである。

句集が出たとき、茨木和生さんが基本がわかっていると評してくれて、俳句の基本とはそういうことかと、後追いで理解するきっかけとなった。言われて気づいたのは、季語と名詞と助詞一つだけで一句ができていることである。以後、学生たちに俳句を教えるときの例句となった。

高知の出身であるが、高知にいたのは十八歳までだから酒は関係なく私は酒に弱い体質である。それでもフィールドワークを主とする分野の研究者になって、各地の食べ物と合う酒をすすめられて味わう機会が多くなり、地元の暮らしに触れて愉しむ経験を積むことができたのである。俳句を詠みながら、その土地の歴史と暮らしを、大地の仕組みから理解しようという考え方に、今しっかりと結びついてきたと思っている。

ところで、掲載した絵は、私が芸術系の大学の学長になるという記念に、チンパンジーのアイが私のために無心に描いてくれた絵である。何の報酬もなしに無心にアイはこの絵を描いた。俳句も無心の一句がいつまでも残る句になるのだというおもいが、俳句を始めて二十五年になる今、ようやく理解できてきたと思う。

【私の愛蔵品】
「革命前夜」
作者はチンパンジーのアイ（京都大学霊長類研究所所属）
アイを研究する松沢哲郎さんと齋藤亜矢さんが付けたタイトル

されど雨されど暗緑　竹に降る

大井恒行

追憶の風景

自分で自分の句を語ろうとすると、いつも決まって曖昧である。しかも恥ずかしい。掲句は第二句集『風の銀漢』（書肆山田）に収めた句だが、すでに三十年以上も前のことで、上句から下五に到る一字空白が呼び出された在処さえ、定かには思い起こせない。だが、明らかに一字の空白は句法としても必要だったのである。そして、雨は降っていず、どこまでも空は蒼く澄んでいた。それも真昼、暗い部屋にぽつねんと僕はいた。それが現実だった。壮大なゼロと言われた一九七〇年安保闘争のその必敗も分かり切っていた時代、六〇年代末から露わになった思考は、自らが一生を賭けても闘わなければならない文化闘争としての俳句だったはずである。それを当時の坪内稔典は「過渡の詩」と規定してみせたのだ。さらに言えば、俳句に対する「過渡の詩」の在り様は、なお現在に生き続けている。

「天心の浜《はま》薔薇《なす》に朋たてこもる」「から泣きの天から泣きの草が生え」「針は今夜かがやくことがあるだろうか」などの句とともに、「されど雨」の句は、リアリズムを反転させざるを得ない反リアリズムの内実の問題に帰着している、と言っておこうか。

このことを、句集の跋文で、清水哲男が思いもかけぬ展開で、見事に言い当てたのである。加えて「されど雨」の句を抽いて最後に以下のように述べてくれたのだった。

もはや少年でなくなった者は、かつてそうして見えていたもののいわば貯金の利子をあやつって、質素に散文の世を生きていくしかないのだと思う。（跋「天と破調」）

清水哲男が、戦後少年時を過ごしたのは電気さえ通じていない山口県の山間部である。裏山には竹藪があったという。その山口をぼくは十八歳で出奔した。竹藪も、降る雨もはるかな風景である。「チェリー」を燻らしながら跋を書いてくれた清水哲男。その頃、ぼくもまた、「チェリー」を喫っていた。

【私の愛蔵品】
高屋窓秋最後の句集を作らせてもらった。第一声は「ぼくは自分から句集を出したいと思ったことは一度も無いんです」だった。

雛よりもさびしき顔と言はれけり

大木あまり

奇遇

東京から横浜の郊外に引越したばかりの頃、近くの森や雑木林をよく散策した。

ある日、農道を歩いていると、畑の隅に一枚の畳と女雛が捨てられていた。古びた女雛は、見るからにさびしげな顔をしていたが凜として気品があった。その雛が仰向けに倒れたまま心細げに空を見つめている。「畑に捨てないで流し雛のように川や海に流してあげればいいのに。いや、私が拾って行こうか」。子猫だったら即拾うのに、女雛を連れて帰るのを躊躇した。「雛を拾うと呪われる！」と祖母から聞いていたからである。私は女雛を畑に残して散策を続けたのだった。

夜、気になって畑に行ってみたが女雛の姿はなかった。哀れに思った誰かが女雛を連れて行ったに違いない。ほっとしたものの、自分の優柔不断さを悔いた。それからは、どんなに豪華で美麗な雛たちを見てもさびしい顔だと思うようになった。

さびしいと言えば、母や姉から「さびしい顔をしている。ことに寝顔がね」とよく言われた。子供心に、印象の薄い顔かもしれないけれど、「妖怪みたい！」じゃないから平気。ポジティブに受け止めた。俳句の仲間から「明るい性格なのに、さびしい顔ね」と言われた時も、最大の誉め言葉だ、これで雛の仲間入りができたと嬉しかった。

女雛がその後、どういう運命をたどったか、どうしているのか案じながら、「ゆきずりの古き雛ゆゑ忘れ得ず」という句を作った。女雛とは、たった一度の出会いだった。だからこそ「夕闇の膝をくづさぬ雛かな」「風聞くは雛の歳月聞くごとし」「雛より五人囃子が楽しさう」のような句が作れたのである。

冒頭の句は、病人の愁いを雛に託して詠んだ。この句を収録した句集『星涼』を出版した後、「あまりさんは、雛よりさびしい顔だけれど、雷神より強いから病気にも負けません」という差出人が分からない葉書がきた。もしかしたら、あの女雛から？　と思った。

【私の愛蔵品】
- ネコのブローチは読売文学賞（詩歌部門）を受賞したときの姉からのプレゼント
- モンブランの万年筆は友人のプレゼント
- 山カワセミの金細工を施した帯留母の形見

ぬかづけば遥かな日々やたかしの忌

大木さつき

忘れえぬ一句

今年九月二十八日は地球と月が最も近くなり、今年最大の満月が見られるという記事に釣られて、四年ぶりに浜金谷港に出かけた。

月の出は十七時十八分、すでに湾の中ほどまで進んでいる船の前方には、三浦半島に沿って薄雲がかかり落ちなんとする夕日が金色に燃えていた。その輝きと美しさにしばしデッキに立ち大きな真赤な夕日を見送ったと思った。ところが再び雲間から燃ゆる太陽が現れたのである。落日は雲間に再度全容を現ししばし真紅に輝き今度はすとーんと消えた。この雲の下、三浦半島の岬端なる三崎には私の師、松本たかし先生の眠る本瑞寺がある。今年は先生の六十回忌。昭和三十一年五月十一日に逝去されて以来先生のお墓に通い続けている。

平成十七年の五十回忌には、先生を慕う弟子たち七十余名が集い盛大な墓前祭が行われた。あの時、前日から泊まり早朝に城ヶ島に参じ、

松虫にさゝで寝る戸や城ヶ島　たかし

の大きな句碑を撫でながらしばし佇んだ。

私は先生の最晩年の弟子で昭和二十八年門下に入り、久我山で直接おめもじがかなったのが昭和三十年の秋。「こちらへいらっしゃい」、和服を召されて休んでいらした先生は「貴女おいくつ」「二十五歳です」。そして句会に出るよう勧めて下さったのに翌年五月に他界された。以後は学生時代から七年間、先生にご教授頂いていた亡夫・格次郎に三十五年学んだ。

たかしの墓前では、住職の奥様が墓碑を洗っていらしたので私は箒を借り墓前を掃かせて頂いた。掃いても掃いても鬱金桜は散り止まず、墓前の牡丹も二十花ほど咲き忌日にふさわしく華やいでいた。たかし墓碑の化粧砂は昨日届いたばかりまぶしい白さ。宝石のようだった。やがて墓前祭、その後追悼句会が行われた。追悼句会には七十余名が出句。この日、特別選者として星野高士先生をお招きしていたが、その特選一席に掲句が選ばれた。忘れえぬ一句である。

【私の愛蔵品】
松本たかしの絵皿
「雪嶺に三日月の匕首とべりけり　たかし」

TOKYO INTERNATIONAL
FILM FESTIVAL 2015
『ゴーン・ガール』原作者ギリアン・フリンの
ベストセラーを完全映画化
ちえりとチェリー
チェブラーシカ
動物園へ行く
パノラマ
Panorama
『ちえりとチェリー』
“Chieri and Cherry”

かたくなと思ひつつ居り炉に遠く

大久保白村

岐路

　この句は昭和二十七年作、「門前の小僧」時代の作品である。私はその年に立教大学を卒業した。今回の企画で写真を撮ることになり佳人同伴にて母校を訪れた。最初は在学時代によく仮眠に利用したチャペルで撮影して戴くつもりだったが工事中、イエス様は学生時代から不信心であった卒業生に堅く門扉を閉ざされていた。その為に小雨のキャンパスや学食などをさまよいつつ撮影した。

　俳句に詠まれている炉端には海上保安庁長官を辞任して郷里の熊本一区より立候補を決意した父を取り囲む同志の人々、その炉端から遠く離れて政界転出に批判的な息子という景色である。当時、一族に県会議長や商工会議所会頭を擁して意気揚がる炉端の雰囲気はかたくなな息子に関係なく盛り上がるばかりであった。かたくなな息子は秘書の一人に祭り上げられる危険から逃れて社会人としての生活を銀行員として始めることが出来た。

　父や秘書団の方々にとりその息子が数年後に銀行の組合活動で認められて専従執行委員として活躍するなどとんでもないことだった。私が職場復帰後大阪支店に転勤したのは大蔵政務次官（今の副大臣）など政界で着々と足場を固めていた父が頭取に直訴して東京の悪い友人から私を隔離したかったらしい。父の日記にその記録があることを没後知った。

　私は父が心配するほど銀行に睨まれることもなく昭和四十八年埼玉県上福岡市（現ふじみ野市）に開設する新店舗の準備委員長に抜擢されてさらに支店長としての初年度に既往の新店舗の成績を更新する成果を挙げた。今回ご披露する愛蔵品は支店長昇格祝いに大平正芳さんから為書でいただいた色紙である。世は自民党全盛時代、というより派閥政治の黄金時代である。この色紙をみて一番喜んだのは本人よりも大平派重鎮の父の方であった。支店長を最後に銀行を辞めて政界転身を考えたらどうかと。この色紙はその岐路にたたされる種になった。

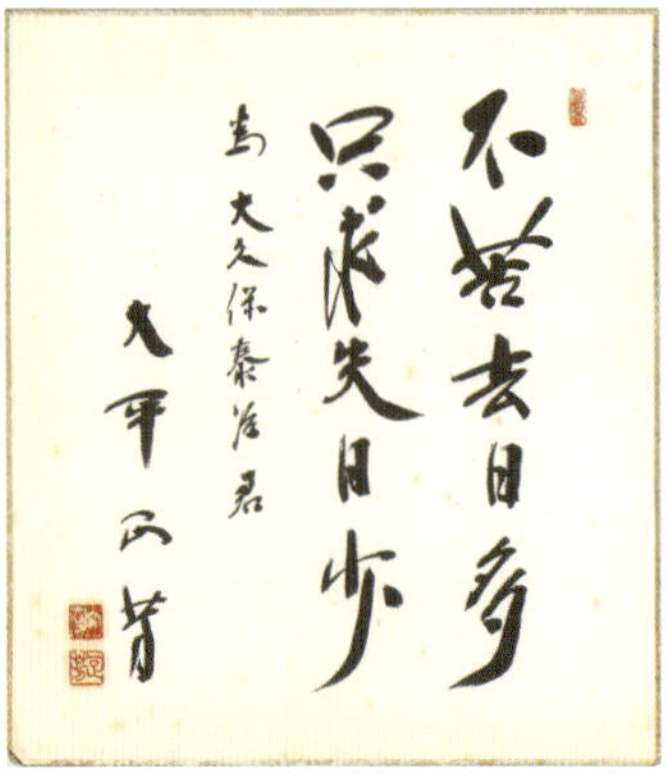

【私の愛蔵品】
大平正芳元首相より贈られた色紙
「不苦去日多　只求失日少　為 大久保泰治君」

実践！
バリアフリー講座

両翼は孤を愛しつつ鷹渡る

大高翔

鷹の目線

昨秋刊行の第四句集『帰帆』は、この句から始まる。二〇〇八年の対馬吟行で得た句だ。

対馬へは、発案者・越村蔵氏にお誘いいいただいた。もともとは金子兜太先生を囲む吟行として企画されていたものの、直前に文化功労者受章の朗報が入り、ご一緒できなくなったのは残念だったが、吟行参加者で兜太先生にお祝いのお電話を差し上げたりと、楽しく華やかな雰囲気に満ちた吟行だった。

故・伊藤通明先生が入念な下準備の上で、我々をご案内くださったことも忘れられない。俳句界の大先輩方との吟行は、緊張を伴いながらも、俳句の魅力、いや魔力を再確認させてくれた。当時四歳の娘を母に預けての二泊三日だったこともあり、思い切って参加を決めたのだが、参加できて幸運だったと今も心から思う。俳人の先生方から、作句の視点、幅広い語彙、句会のあり方までを、直に教えていただいた旅だった。

対馬はアカハラダカの日本一の飛翔地、と聞いてから、吟行のあいだ、空が気になって仕方なかった。はっきりとは分からなかったが、もしかしたらあれだろうか、と思う飛び方の鳥を一羽、見かけた。

そんな曖昧な目撃をした晩、初めての「帳面回し」に混ぜていただいた。津森延代氏の「墨を磨る雁の使ひのくるころか」と書かれた帳面が回ってきて、なにか鳥の句で継ごうかと思った時、脳裡に鷹が飛翔した。その羽ばたきを忘れないうちにと、墨を磨る間も惜しんで筆を執った。一気に書き始めると、通明先生が「おお、あなたは筆が早いな」と驚いてくださった。不思議なもので、句に成ってから鷹の姿が鮮明になった。あの鷹は、地上の我々を見ただろうか。

対馬の夜の帳面回しが生んだ一羽の鷹。あれから、目を閉じると、句が詠めなくて切羽詰ったわたしの頭上に現れる。そして、時々は鷹の目でこの世を見よと教えてくれる。

【私の愛蔵品】
『帰帆』刊行記念に友人たちより贈られた、「帰帆」が描かれている江戸時代の銀屏風をパネルにしたもの

職無きは羽毛のかるさ花の冷え

大竹多可志

自由になれた時

私はかつて、〈団塊の世代のひとり花の雨〉と詠った、昭和二十三年生まれである。平成十九年三月末、四十年間勤めた情報通信会社を〈退職の日のまぶしさや春疾風〉と詠い退職。〈ネクタイに用なき明日や花曇〉とも詠った。ネクタイと背広はサラリーマンの証であると同時に、それは気儘な生活を制限する枷でもあった。それを脱ぎ捨てた時、言いようのない身の軽さと、淋しさに襲われた。この一句は不安定な心の有り様を表現している。私は一生、代表句などという、大袈裟な俳句を詠む気などさらさらない。あるのは「常に生きる証の俳句を詠う」ことのみである。

あれから三年余、「俳句四季」に掲載していただいた、「自転車で行く『奥の細道』逆まわり」十五次、四十泊七十一日、一七〇〇キロの旅も多くの皆様の応援もあり、無事に完遂できた。

私が俳誌「かびれ」の三代目主宰を、先師小松崎爽青から継承して九年目になる。大竹孤悠が日立市で昭和六年に創刊した「かびれ」は、来年三月に創刊八十年を迎える。大戦を乗り越えた二人の先師、それを支えた多くの同人の皆様のご苦労は大変なものだったと思う。

「かびれ」創刊には悲話がある。それがこの大竹孤悠の七葉の短冊である。短冊の裏には「昭和五年四月廿日逝　女貞子五才　枕歌吟書　七葉ノ一」と記されている。貞子さんは生きていれば、私の叔母に当たる人である。

大竹孤悠・さき夫婦は疫痢により、一晩で愛娘、貞子さんを喪ったのである。大竹孤悠は『日立風土記』に「賀毘禮の高嶺」と記されている神仏習合の霊山にある貞子さんに面影の良く似ている七十二番仏にその臍の緒を埋め、俳道捨身と貞子さんの代償仏として「かびれ」創刊を誓願したという。特に〈春よ待て赤いべべ着て立たさうに〉は、子を一晩で亡くした親の悲しみの絶叫であり、この一句は私が小さい頃から父に幾度となく聞かせられ、初めて覚えた俳句でもある。この七葉の短冊は「かびれ」創刊の原点である。

【私の愛蔵品】
大竹孤悠の七葉の短冊

芋の芽の露とや言はんが汝が命

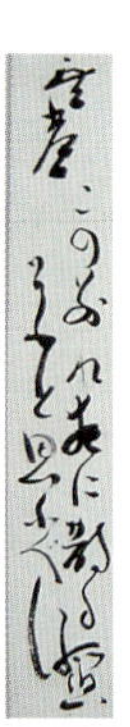
この別れ夜に散る花と思ふべし

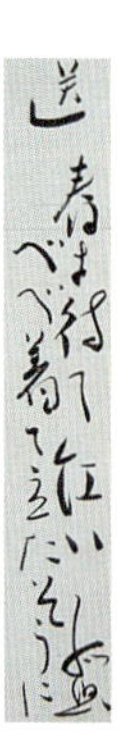
春よ待て紅いべべ着て立たさうに

叱られし後ろ姿よ春惜む

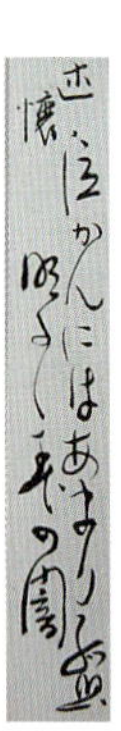
泣かんにはあまり明るし春の闇

行春の一人旅にて淋しかろ

小父達に負はれて渉れ花渡舟

波寄せて詩歌の国や大旦

大谷弘至

いや重け吉事

この国は激動の波にのまれ続けてきた。太古にはおそらく何もなかったこの列島にさまざまな人々が波を越えて渡ってきては、新しい文化をもちこんだ。文字、暦、音楽、鉄、稲作など、例をあげればきりがない。そうした状況は現代でも変わらない。むしろいっそう加速しているといっていい。日々、目もくらむばかりに新しいものが入ってくる。多様な文化やアイデンティティをもった人々の混沌とした集合が日本という国の姿である。

日本という国をまとめあげるとき、詩歌が大きな役割を果たした。『万葉集』における雄略天皇の国褒めの歌などがその好例である。宮廷における詩歌はたんなる貴族の優雅な言語遊戯だったわけではない。

しかし、それが為政者や一部の特権階級だけにとどまらなかったことが、この国が詩歌の国たる所以である。

ことに江戸時代に入ってからは、庶民にいたるまで詩歌が盛んになり、雪月花を愛でては詩歌を詠み、宴で酒を飲んでは詩歌を詠み、みずからの死に際しては辞世を詠んだ。

現在、日本における俳人の数だけでも二百万人とも三百万人ともいわれている。国民総詩人である。こんな国は他にない。

しかし一方で現実においては、この国の未来は不安だらけである。加速し続けていく社会の変化に対応できず、多くの人々が苦しんでいる。詩歌の国などといっている場合ではないのが実情である。

だが、だからこそ、せめて新年だけでもめでたい歌を詠もうではないか。それがこの混沌とした国を生きぬいた人々の知恵である。

新しき年の始めの初春の今日降る雪のいや重け吉事　大伴家持

生きることは苦しい。世の中は暗い。だからこそ人はよりよい明日を願って、めでたい詩歌を詠んできたのだ。私もそういう詠み人でありたい。

【私の愛蔵品】
「寒雷」復刊号

DAYO
ART
MUSEUM
館。
中。
POP

光源は灼熱にして寒の星

大橋 晄

愛犬と寒の星

父大橋櫻坡子は終生虚子の教えを仰ぎ「写生」一筋に徹し続けた。没後「雨月」を継承した姉敦子も、私もそれを基本としている。

平成七年夏、娘が子犬を貰ってきた。我が家の郵便受に「子犬あげます」とのチラシが入っていたのが発端だった。生後二か月の丸々とした黒い雌の柴犬系の雑種だった。早速「まる」と命名、少し大きくなった頃から専ら妻が、休日には家族全員での犬の散歩が始まった。その内に夜は私の担当となった。翌年その犬が五匹の子を産み、内一匹が順調に育って、二匹の犬の散歩が日課となった。

冬の夜の散歩は厳しいが、楽しみは星空を眺めること、十二月頃からオリオン座が美しい。三ツ星を取り囲む四辺形、その形が寒さの象徴のように見えた。

オリオンの天に張りつく寒さかな

平成十八年二月、前年の秋から体調不良を訴えていた妻の入院生活が始まった。五月に娘の発案で妻を驚かせようと、息子と三人で二匹の犬を病院に連れて行った。妻は大喜びで、その後看取りに行く度に「まるたちは私のこと分ったよね」を繰り返すのだった。

その後も夜の散歩で星空を眺めた。冬の南天の低い位置にはシリウスが際立っていた。

天狼星一点星座支えたり

またある夜ふと、人は寒の星を寒々と愛でているが、考えてみれば何億年前、その光源は灼熱だったのだとの思いに至った。

光源は灼熱にして寒の星

写生に徹すると自然に思いは巡るものだ。その後、犬の親子は順に亡くなり、今は散歩に出ることもなくなった。今頃は妻があの世で犬を可愛がっていることと思っている。

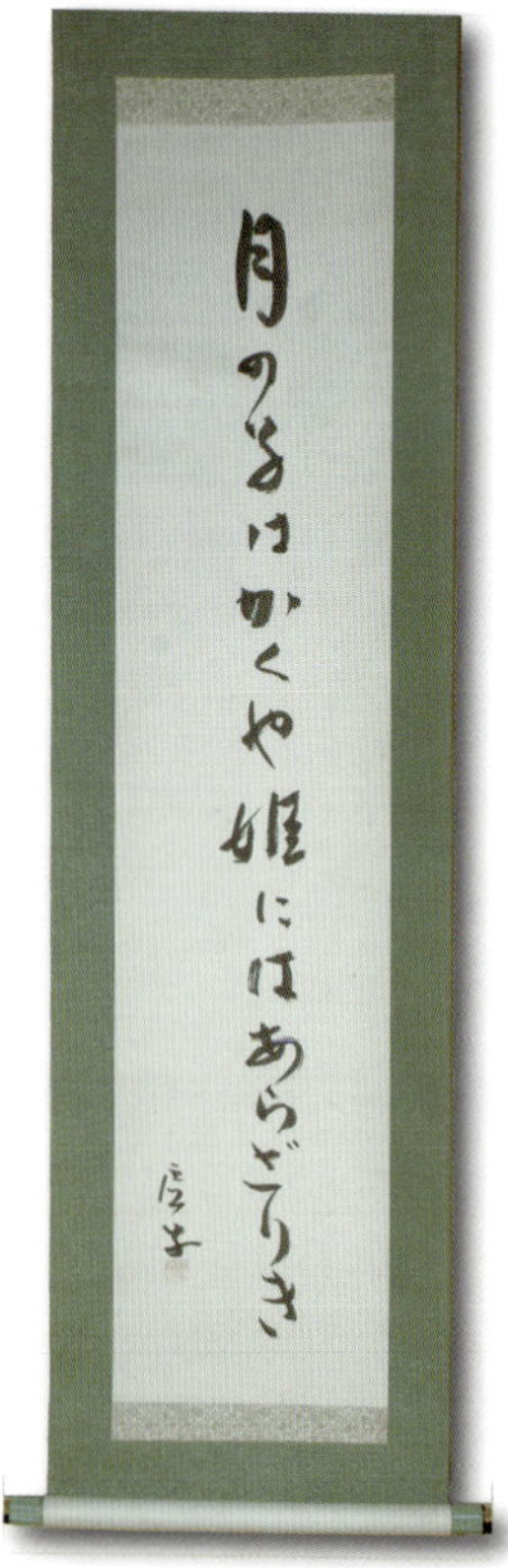

【私の愛蔵品】
誕生の折、高浜虚子より送られた句の掛軸
「月の子はかぐや姫にはあらざりき　虚子」

ながさるる快楽といふをあめんぼう

大山雅由

自然の流れに

誰でもその場所に出かけると俳句モードにスイッチが入るという場所をお持ちでしょう。車で一時間ほどの日高（埼玉県）の高麗人の里巾着田には、四季折々、幾度となく足を運びます。

水面をせかせかと動き回っているあめんぼうは、時折つうと流れては、すっといきます。その光景を目にした瞬間にふと授かるように浮かんだ句です。団塊の世代の魁である一九四七年に生まれ、学生時代に演劇の道に入って以来、紆余曲折はありながらも、自分らしさを探って肩肘張って生きてきた自分が、これからは自然の流れに逆らわずに生きていってもいいのではないかと思えた瞬間でした。昭和から平成へと時代が移って暫くのことでした。

角川照子・井桁白陶両師の薫陶を受け、十数年間続けてきた勉強会を基盤にして、二〇〇五年俳句誌「塊」を創刊し、この四月に五周年を迎えました。角川源義の「もどき精神」と、その源義の敬愛して止まなかった石田波郷の「俳句精神」「韻文精神」を仰ぎつつ精進したいものと願っています。

篁に一水まぎる秋燕　源義

この短冊は一九九五年、源義師没後二十年の論文コンクールで「俳句『もどき芸』論・考」が一位になって賞として贈られたものです。

雲幾重風樹幾群秋ふかむ　波郷

こちらは、昨年が石田波郷没後四十年に当り、清瀬市で「石田波郷俳句大会」を催行することになったのを機に白陶先生の所持しておられたのを衣子夫人より譲られたものです。

「石田波郷俳句大会」は、毎年波郷の命日に近い十月末の日曜日に開催されます。「波郷新人賞」の創設によって三十歳以下の若い作家の発掘にも力を入れています。いつか、清瀬が、小中学生から高齢の方々までが俳句を愛好する街として「西の松山・東の清瀬」と言われる日がくるのを、街の有志は夢想しています。

波郷句を胸の燠とす寒椿　雅由

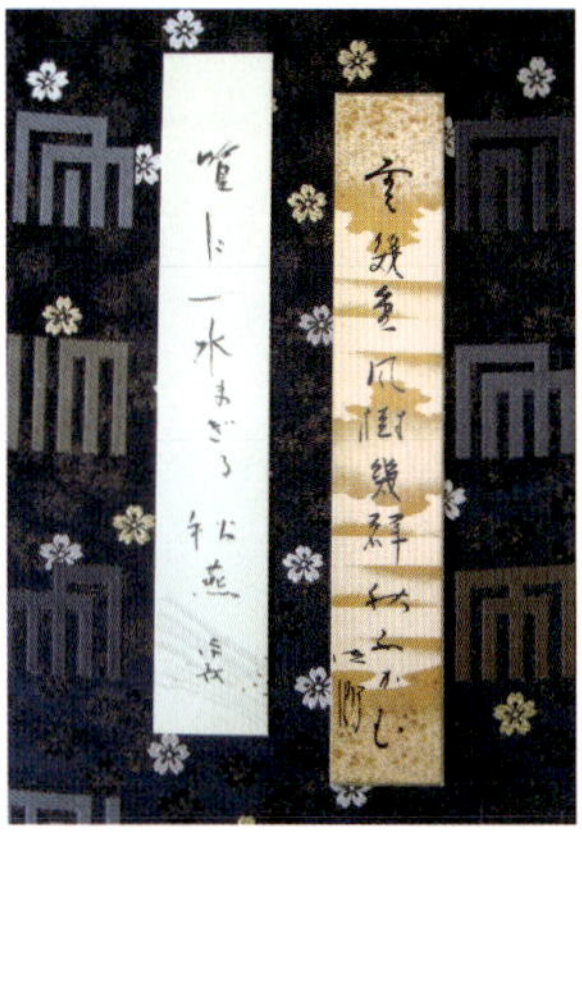

【私の愛蔵品】
「篁に一水まぎる秋燕　源義」
「雲幾重風樹幾群秋ふかむ　波郷」
（下の布は時代裂）

残雪の山より虹の生まれたる

大輪靖宏

美しく成長した光景

私は登山をしないので、山を征服するという感覚は持ったことがない。いつも遠くから畏敬の念をもって山を仰ぎ見ているのである。山を聖地として崇める風習があるのは、実感的に理解できる。

私の住んでいる鎌倉には源氏山とか鎌倉山とか呼ばれる山があるが、これは散歩コースという親しみはあっても畏敬の念とは異なる。やはり、山は高くないといけない。「山高きが故に貴《たつと》からず、樹あるをもって貴しとす」（実語教）という言葉があるが、畏敬の念は高いからこそ生じるのだ。

日本でいちばん高い山と言えば富士山だ。私は富士を見るのが大好きである。新幹線に乗るときは必ず山側に坐る。晴れた日だと富士がよく見える。また、東京や横浜へ行くときは、横須賀線が大船駅に入る直前に線路が高くなるが、そこから富士が遠く望める。富士が偉いと思うのは、平地から立ち上がってあの高さを保持していることだ。それだけにあらゆる方角から仰ぎ見ることができる。

その点、日本第二の高山である北岳は、南アルプスの山々の中にあって、人里からは見えないので、単に北にある山というだけの名しか付いていない。常念岳とか白馬岳とか御嶽山とか鳳凰三山とか、山には立派な名前が付いていることが多いが、それは人々が常に仰ぎ見るからである。北岳は気の毒だ。

下界から見上げてその偉容に打たれるのは、富士を別にすれば、北アルプスの山々だろう。特に残雪のころの北アルプスは素晴らしい。視野いっぱいに広がる厳しさに満ちた稜線といつまでも消えぬ雪、これらを見上げると、これこそが山というものだと思う。ある時、その姿に感動していると、背後の美ヶ原の方角に虹が立った。山とは反対側であったが、山々が私の気持に応えてくれたと思った。そして、いつしか私の心の中では山と虹とが一つの情景として溶け合い、確固たる記憶として美しく残った。

【私の愛蔵品】
金剛杵のコレクション

大人の方
芝生の中に
入らないでください

ことば呼ぶ大きな耳や春の空

小川軽舟

未知の言葉を求めて

藤田湘子が亡くなったのは平成十七年四月十五日。今年の春でもう七年になる。

湘子と最後に話したのは四月十日だった。「鷹」の後を託され、手つかずのままだった投句用紙を持って転勤先の関西に帰った。一か月遅れで五・六月合併号を出したのが、湘子亡き後の「鷹」の再出発だった。

この句は、その号に初めて主宰として掲載したものの一つだ。特に前書は付さなかったが、これは私の湘子に対する追悼句である。少なくとも「鷹」の仲間は、そう気づいて読んでくれたものと思う。

湘子は耳が大きかった。耳たぶの大きい福耳とは違う。耳そのものが大きく、まるですべての言葉を受け止めようとするかのように存在していた。耳の大きいことは湘子自身も自覚していたようだ。

わが大き耳羽搏つがに夜の雷　湘子

そう、湘子の耳は、未知の言葉を求めて今にも羽ばたかんばかりだった。

春夕好きな言葉を呼びあつめ　湘子

これは死の床での一句。春の夕暮は湘子のいちばん好きな時間帯だったと思う。畳の上で死にたいと病院から自宅に帰り、蒲団に身を横たえて起き上がることも出来ないが、大きな耳は天空に向かって言葉を呼ぶ。私の句は、その耳をシンボルとして、わが先生の姿を偲んだものである。

湘子の訃報を関西で聞いた私は、翌日、京都の平安神宮の枝垂桜を一人で見に行った。すぐに上京して先生の亡骸に会うより、そのほうが私の心に適った。

万年筆淋しくあらむ夕桜　軽舟

湘子はパソコンやワープロとは生涯無縁、原稿はすべて万年筆だった。大きな耳で呼びあつめた言葉が、万年筆の字になる。掲載した写真は湘子遺愛のモンブランと「湘子帖」と呼ぶ特注の句帖である。この万年筆は遺族から私が譲り受け、主をなくした万年筆が淋しがらぬよう、折に触れて使っている。

【私の愛蔵品】
湘子遺愛のモンブランと
特注の句帖「湘子帖」

現代俳句文學全集
昭和俳句選集
狩人

帰省せし子に注ぐ屠蘇や夫寡黙

小川晴子

三代の句縁

離れ住む息子たちが久し振りにお正月に集まる。主人が三人居るようで、私は忙しくきりきり舞いであるが嬉しい悲鳴である。

教はりし姑の手順に年用意　晴子

道具蔵から塗り物を出し、屠蘇揃い、お膳、雑煮椀、重箱を揃えるのは心踊る。息子たちは翌日のゴルフが楽しみのようだ。

あるときの羽子待ち遠く落ちもする　汀女

祖父の庭続きに住んでいた頃は、母の兄弟三家族が揃い賑やかなお正月だった。お元日の朝、祖母が買ってくれた羽子板と羽子の束や、奴凧が枕元に置かれていた。

弟や従姉妹たちとよく遊んだ。

祖母は凧揚げが得意で凧を巧みに操る姿がなつかしい。

初富士や母を珠ともたとふれば　汀女

初富士や身近に拝す畏けれ　濤美子

初日射す神の山より町明くる　晴子

最近は箱根でお正月を過ごす。祖母も箱根が好きでよく滞在した。箱根では駅伝の観戦に夢中で、小湧園ホテル前や芦の湖畔に早くから席を確保して応援する。時には雪混じりの足元の悪い日もあるが、走者の姿からエネルギーをもらい、胸が熱くなる。

中村汀女創刊「風花」は二〇一四年一月で七二九号になる。

二〇一二年六月に母が『芒野』を、私が『摂津』の句集を同時に上梓した折、「偉大な祖母、著名な母をお持ちで、これからも頑張って下さい」という手紙を頂いた。

私はごく普通の和やかな家庭に育ち、優しい祖母、母である。母と二人で句会などに行くと、よく「ご姉妹ですか」と声を掛けられる。母は「これは娘です。私は三月に九十歳になります」と誇らしげに言う。三代に亘る句縁に生かされている幸を有難く思う。

【私の愛蔵品】
市松人形
1900年生まれの祖母がお宮参りに着た着物を母も私も使った。京都の人形司「田中彌」でその着物で市松さんを作ってもらった、思いのこもった品である。

地下街の列柱五月来たりけり

奥坂まや

「取り合わせ」に開眼

五月初めのその日は、暑かった。

電車を降り、新宿の地下街へ出ると、半袖の綿シャツやTシャツで颯爽と歩いている若者たちの姿があった。その年初めて目にする、むきだしの若い腕は、勢いよく振られ、ほのかな汗の匂いとともに、地下を青々とした風が吹きわたるようだった。

いつもは単なる混凝土《コンクリート》製の柱としか見えていなかった列柱が、急に、ギリシャの神殿に端正に並んで、日に輝いている石柱のように感じられてきた。

五月だ、五月が来た！

俳句を始めて一年が経っていた。実際に作ってみると、俳句形式に対して様々な驚きがあったが、最大のものの一つが、「取り合わせ」というやり方だった。

季語と他のフレーズの関係が完全に切れているなんて、どういうことだ？

私はそれまでに、言葉のそんな使い方をしたことがなかった。言葉は意味を伝えるために使用する。言葉同士の関係が分からなければ、伝達不可能になり、言葉の存在価値はなくなってしまう。

現代詩はそこそこ読んでいたので、もし作詩の経験があったなら、そのような言葉の使い方もできたかもしれない。しかし、私が学生時代に書いていたのは小説だった。意味がちゃんと伝わらなければ、小説は筋を展開できない。

特に私が入会した「鷹」は、「取り合わせ」をぎりぎりまで離す「二物衝撃」を提唱していた。私は、「取り合わせ」を前にして途方に暮れた。

だが、地下街を歩いていた時に、私はあんなにも強烈に五月の到来を感じた。「取り合わせ」とは、これでいいのではないか。自分の感じたことに素直に、「列柱」と「五月」をぶつければ、いいのではないか

かくして一句となった「地下街の列柱五月来たりけり」は、私の初巻頭句となった。

【私の愛蔵品】
白亜紀の水が中に入っている半透明の石。振るとかすかな音がします。恐竜大好きな私へ句友からの贈り物。

一誠堂書店
AMOR LIBRORUM NOS UNIT
JAPAN

漁師らの声まで日焼してをりぬ

奥名春江

俳句のお陰

真鶴半島の西側の付け根に当たる湯河原町福浦、故中川一政はこの福浦港と集落を好んで描いていた。突堤に定位置があり漁師に「あんたの絵は分かんねえ」と言われるほど親しかったらしい。

福浦の名が示す通り昔は豊かな漁場で、八丁櫓を漕ぎ江戸まで魚介を運んだという。今は釣船と僅かな定置網、突堤の釣り人に磯遊びの家族がいるぐらいで至って長閑である。その寂れた風情が何とも懐かしく愛おしい。

今から五十年前、私は知り合いのないこの地に住まいを求めたが、何かと閉鎖的な土地柄に驚いた。時代を考えるとわからなくもないが、私は明らかに余所者であり折りにつけその視線を感じていた。若かった私も敢えてそこに馴染む気もなく、むしろ余所者の気楽さを選んだ。

だが、そんな私が十五年後に俳句を始めた事でその思いは一気に覆った。何といっても句材の宝庫、海、網小屋、市場、漁師と挙げれば切りがない。これまで見過ごしてきたものが俄に光りを帯びて映る。

今この土地で毎月二つの句会と時折吟行も行い、余所からの参加者も来ることで、「今日は句会かい」と声を掛けられる。吟行は八十人位になり、さまざまな質問などにも地元の方が好意的に応えてくれ有り難い存在である。

毎朝海辺を散歩していると「頑張るね」と漁師が声を掛けてくれる。日焼けした逞しい肌、そして日焼けしたとしか思えない嗄れた声で。

夏、お年寄りたちは、朝の五時頃には数人が浜に腰掛け海を眺めている。夕方も同じ、ほぼ日課のように。この土地に暮らしていれば孤立感は薄い。浜に行けば誰かいて、他愛もない話で小半日は過ごせる。

この風景の中にあれば鳶や鴉だって親しいと感じる。若い頃とは段違いの私の意識、俳句のお陰に他ならない。

【私の愛蔵品】
前主宰黛執から受け継いだ「春野」の看板
会員の方が彫ってくれたもの

新しき嶺あり胸に雪《そ》舟《り》蔵《しま》ふ

小澤克己

人生は旅、漂泊、そして舟

　近年わずかではあるが、「芭蕉に帰る」という声を聞く。これは結構なことである。むろん〈俳聖〉などと呼び、芭蕉を神格化し、奉ることでもなく、むしろ「芭蕉に学ぶ」という姿勢が望ましい。それによって、新しい俳句観が引き起こされるかもしれないし、現代の俳句の沈静に何らかの提議がなされるかもしれない。

　この二月に、拙著『「奥の細道」新解説』と続いて三月に、『芭蕉がやって来た　深川〜草加水路説』がそれぞれ出版される。前者はいままでの『奥の細道』の定説を踏まえたもので、けっして従来のものを破壊しようとは考えていない。むしろ、「再発見」「問い直し」等という観点から執筆したものである。現代哲学（思想）もまさに「再発見」「問い直し」の時代を迎えていると言われて久しいが、『奥の細道』にも同じことが言えよう。

　芭蕉が、道元の思想に影響を受けたという指摘は目新しいものではないが、『奥の細道』については、かなり濃厚。特に、〈舟〉に関わる視座には、注目すべき共通項がある。

　芭蕉の「風雅の誠」と、道元の「正法眼」とをつなぐ本質を、〈舟〉が象徴している。

　『奥の細道』にて、芭蕉はまず深川から舟で旅立って、結びの地・大垣から「又舟にのりて」と伊勢へと向かっている。始終を舟で結ぶことの意味は、禅僧が船頭になって此岸と彼岸を行き戻る喩えにも似ている。道元は「雲はしれば月めぐり、舟行けば岸移る」（都機）と言っている。舟がうごくのも、岸が動くのも、どちらも現実だという認識。さらに、「生というは、たとえば人の舟に乗れるときのごとし」と言い、「われ舟にのりて、この舟をも舟ならしむ」（全機）とも。これに芭蕉の旅という人生の漂泊観が重なる。『奥の細道』は舟運（水運）が、深川・石巻・酒田・敦賀という四辺形をなしているのも意味深い。「芭蕉に帰る」とは、舟にて人生と自己の意味を解くことだと言えよう。

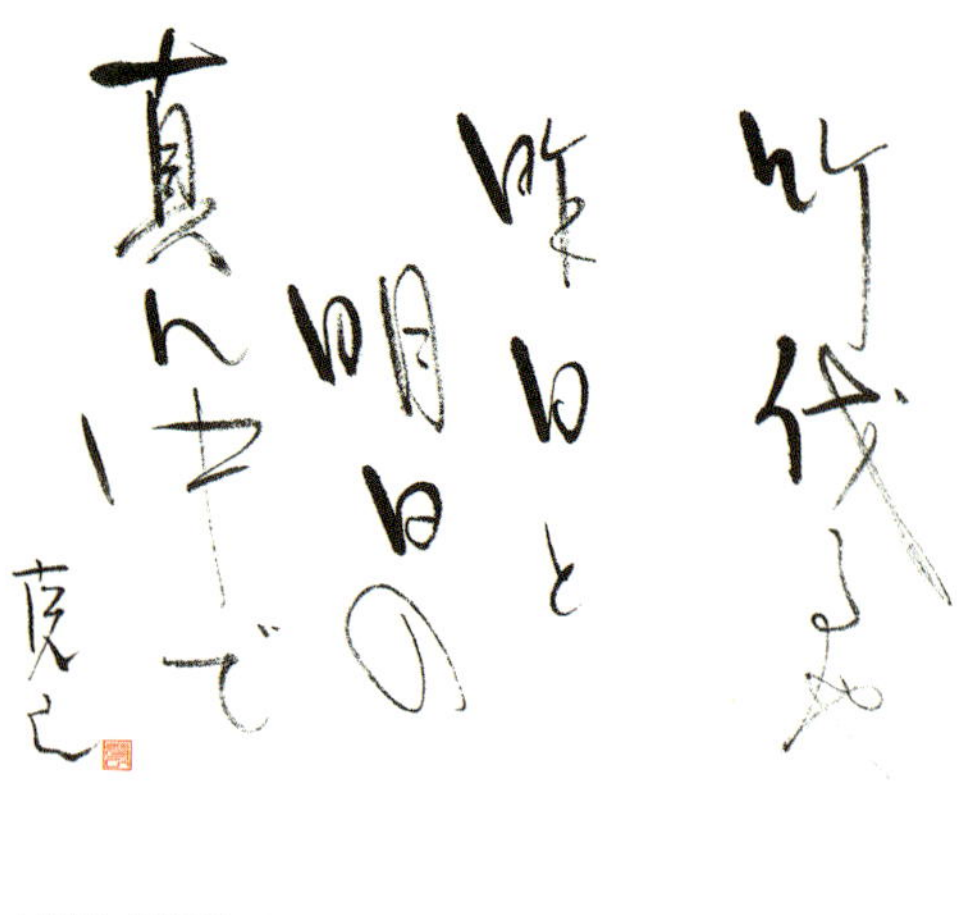

林中にわが泉あり初茜

小澤 實

うぶすなの一句

句集『瞬間』（平成十七年刊）の巻首に据えた一句である。平成七年作。

父が小学校の教員を務めていた関係で、成長期には長野県内の各地に住んだ。

長野市で生まれた。といっても、住んでいたのは郊外。一番古い記憶は家の近くの豚小屋で生きて動いている豚を見たことだった。

伊那谷の北の入り口、辰野町の田んぼの中に転居し、小学校に入学した。何年か繰り返して稲作をつぶさに見られたのが、よかった。機械化する以前の農業だったはずだ。

小学校三年生のとき、木曾谷の楢川村（現在の塩尻市）の小学校に転校した。夏休みの宿題は、山野を駆けずりまわって、薬草ゲンノショウコなどを集めること。それをしっかり乾燥したものを数キロ集めて提出することだった。集めても集めても薬草は乾かすと、ほんの数グラムにしかならなかった。

松本市の中学校に入学した。そして、大学を卒業するまで、松本で過ごした。俳句ともこの地で出会った。飛驒山脈に夕日が落ちるのを、数限りなく見た。もちろん特別な美しいものとしてではなく、ふだんのものとしてである。市内にはたくさんの湧水がある。水路にはいつも澄んだ水が流れ、水草は浅いみどりいろの長い葉をなびかせていた。これもまた当たり前のことと思っていた。

掲出句の風景は、実際にはどこにもない。ぼくの心象風景である。その材料は薬草を集めて歩きまわった木曾の林と通学の途上に見ていた松本の湧水。初茜は正月元旦の朝、空が赤くなって来ることであるが、身にしみ込んだ飛驒山脈の夕茜から生まれてきた、とも言えば言えるかもしれない。

結局、うぶすなの一句である。ふるさとのぶあつい山河がなければ、この句はない。ふるさとの老いた父母、そして仲間の顔がつぎつぎと浮んでくる。

【私の愛蔵品】
縄文土器片
幼いころに父にもらったもの
この不思議な風貌にずっと惹かれてきた

長城に白シャツを上げ授乳せり

恩田侑布子

優雅なおしっこ

「携行品　軍手、鎌」
とある。ぶっそうな山登りかも。でもいい。昨夏からアクシデントが続き、暮れにひどい風邪をひいたわたしは、お正月は駿河峰に登って新規まきなおしがしたかった。

　産女《うぶめ》観音の奥、茶畑のほとりで準備体操が始まる。今日のワンゲル仲間は十三人。産女は隣町でよく来るが、谷のどん詰まりから斜面に取りつくなんて考えたこともなかった。

「いい匂い、こんなとこにね」

　茶畑の隅の梅に送られて砂防堰の脇を上る。じゃばじゃば水がガレ場を駆け下り、雑木がとたんに四方から覆いかぶさって来た。一歩一歩に用心がいる。岩から岩への段差は股裂きになりそう。キナバル死の行軍か。立ち往生していると背中から声がかかった。

「恩田さん、リーダーの後ろに行って」

「はーい」そこはノロマの特等席。

　駿河峰に着く。風のない青空を椹《さわら》の秀《ほ》がはじいている。さあ、お弁当。包みをひろげる音にまじって沢音がした。Oさんがすぐそこで雉撃ちしている。ワンゲルに入った日、雉撃ちと花摘みを教わって心配した。いまは平気。子どもにもどればいい。衛生陶器よりも落葉に吸われてゆく水音はやさしい。

　下りは二万五千分の一の地図に鉄塔と電線の角度を照らして藪を進む。目にいきなり枝先が飛び込んで来た。歯朶の大群落だ。裏白を藪漕ぎする。松過ぎとはいえめでたい。

　下山後は宴会。藁科川の、木枯の森の前。吹きっさらしの川原でまるくなる。リーダーがリュックからフライパンを出し、白菜や葱をどんどん放り込む。川砂が風に巻き上がる。「蓋ないかな」「はい新聞」。山河をツマに飲む熱々鍋はとびっきりだ。戦中この村に疎開して〈夢に来し吉津乙女がかへりゆくわたり瀬かくせ藁科川霧〉と詠った中勘助がいま土手をやって来たら、にこやかに輪に加わるだろう。みんな自然のなかで平等になる。

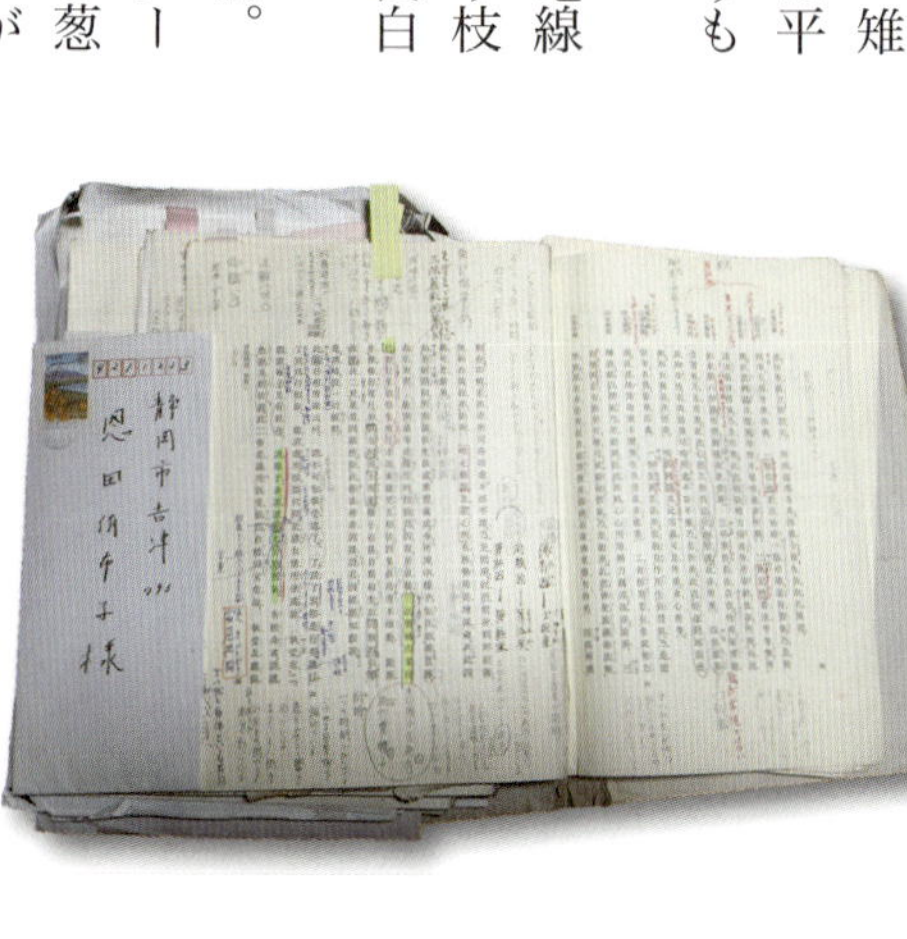

【私の愛蔵品】
太田久紀先生編註の『成唯識論』と芳翰
25歳から四半世紀にわたり講義を聞かせて頂きました

一瞬にしてみな遺品雲の峰

櫂　未知子

チャンス

「代表句、あります！」と胸を張っていえる作品があるなら、かなり幸せ。ところが、それらしきものはあるけれど、私には「色紙に書ける句がない」。知られるようになった句なら、幾つかある。発表当時、話題になった作品もある。しかし、「では、ご染筆を」などと請われた時に、いそいそと書けるものがない。どの句もちっともめでたくないからである。

ここに挙げた句も、やはり色紙には書けない。作品の出来としてはおそらく悪くはないのだろうが（その年、複数の人たちが絶賛してくれた）、どうしても短冊や色紙には書けない、そこが作者としては残念でならない。

頭を強打した結果、四か月寝たきりになってしまった母が急逝した後に詠んだ一句である。体は動かなかったが、母の意識は時々戻った。当時、私は足繁く北海道に通った。ともすれば忘れられがちな三姉妹の真ん中として、初めて母が自分のものになったような気がした。そして、「また来るから」と言って東京に私が帰った直後、姉からの叫びにも似た電話に呆然とした。

あの年は日本中暑くて、北海道も例外ではなかった。冷房もほとんどない中で終えた葬儀の直後、実家で姉と、母の眼鏡だの杖だのをぼんやりと片付けていた。その中で生まれたのが、この一句である。

肉親の生死が絡むと「俳句どころではない」と口にする人が多いが、実はこれは創作上のチャンス。悲しみは悲しみとして大切にし、俳人としてはクールなまなざしを保つ、これこそ創作の醍醐味ではないか。逆縁の場合はこれに当てはまらないが、順縁ならばせっかくの機会を生かしたい。俳句作品の中で、愛する人は永遠の命を保つからである。

【私の愛蔵品】
西誠人さんのキャットカーヴィング（木彫）
毛の１本１本が彫りこまれている

THE AGNES
HOTEL AND APARTMEN
TOKYO

湖凍るじりじり氷にのしかかり

角谷昌子

諏訪湖の草田男を偲ぶ

中村草田男は十代の頃、伊丹万作と出会ったことで、精神的苦痛から救われ、芸術面でも活路を見出すことができた。三十三年間の深い友情で結ばれた二人だったが、万作は終戦翌年、病篤く逝去してしまう。恩友万作の訃報を受けた時、草田男は「少年成《お》ひ長《た》ち五十の秋に満たずして」と詠み、悲嘆に暮れた。

傷心癒えぬ草田男は、木村蕪城の案内で、諏訪地方を訪れ、「無絃の楽」「続無絃の楽」などの群作を得た。そのときの句に「円湖凍てゝ方位東西相隣る」など諏訪湖の作がある。

草田男の面影を求めて、一月の諏訪湖に行ってみた。寒風の中、観光客も少なく、親子が不思議そうに岸辺から手を伸ばして湖の氷に触れていた。まだ御神渡りは見られなかったが、湖面は結氷し、湖に流入する河川も見事に白く凍っていた。湖の氷は底の方から幽かに青光りするようで、表面にはいくつもの亀裂が走っている。湖上に錯綜する無数の白い直線は楽譜のようで、草田男の「無絃の楽」のイメージが鮮やかに立ち上がってきた。

しばらく湖を見渡しているうち、氷に閉ざされる水の痛みを思った。そして詠んだのが掲句である。他にも「人ごゑの遠のく凍湖罅深し」「じんじんと鳥の影過ぎ結氷湖」「湖凍つるあまた音符を閉ざしては」など作った。

草田男にとって俳句とは、外界と内界を季語によって結ぶ二重の世界の結晶だった。芸術としての俳句に生涯を捧げ、近代化を推進しながら、西欧には無い一期一会の死生観、無常観を根本に抱いて句作に挑んだ。

草田男のように新しさを追求するため西欧の芸術を吸収することも大切だと思う。

ヴァンデ・ワラ氏（ベルギー、ルーヴェン大学日本学教授）の講演で、俳句もダンテの『神曲』など西欧の古典文学を取り入れてはどうかとの提言があった。吸い上げる水源が大きければ、俳句はもっと豊かになるだろう。「内容重視」とのワラ氏の言葉に、草田男俳句の充実性を再確認することができた。

【私の愛蔵品】
中村草田男の句集

花の雨熱きものいま身辺りに

加古宗也

花の句

日本人の心を詠うのには「雪」「月」「花」の三つの季語があれば足りる、といった人があった。大方の歳時記が、この三季語については他に比べ破格の数の例句を収録していることからも、この三季語の重さがわかる。私自身も何や彼やでこの三季語の俳句を他の季語よりも圧倒的に多く詠んでおり、中でも「花」は今になってみると驚くほど詠んでいる。今回、この小文を書くに当たって初めて意識したことだが、私自身がミーハー的に「花」が好きでありつづけたことは痛快ですらある。

「若竹」の発行所である富田潮児邸には、村上鬼城染筆の句襖があるが、その最初の一本が、

ゆさゆさと大枝ゆるる桜かな　鬼城

だ。そしてその句襖の正面の床には、これまた私の好きな富安風生の句幅を先日掛けた。

まさをなる空よりしだれざくらかな　風生

「空」や「桜」などを漢字で表記したものもあるようだが、この句幅は「空」以外全て平仮名で書かれており、そこを私は大いに気に入っている。その他、先師・富田うしほの

花散るや夕日に立ちし虫柱　うしほ

宇佐美魚目氏よりいただいた

東大寺湯屋の空ゆく落花かな　魚目

など、意外にたくさんの花の句を持っている。

私の句では前掲のもののほか

花冷ゆるとは太刀墳の太刀の嵩　宗也

がある。愛知県知多半島にある野間大坊の境内にある源義朝、つまり、頼朝や義経の父親の廟所で詠んだものだ。義朝は家臣の裏切りに遭い風呂場で斬殺された。そのとき「木太刀の一本もあれば……」と悔しがったといい、参拝者がいまも木太刀を奉納している。

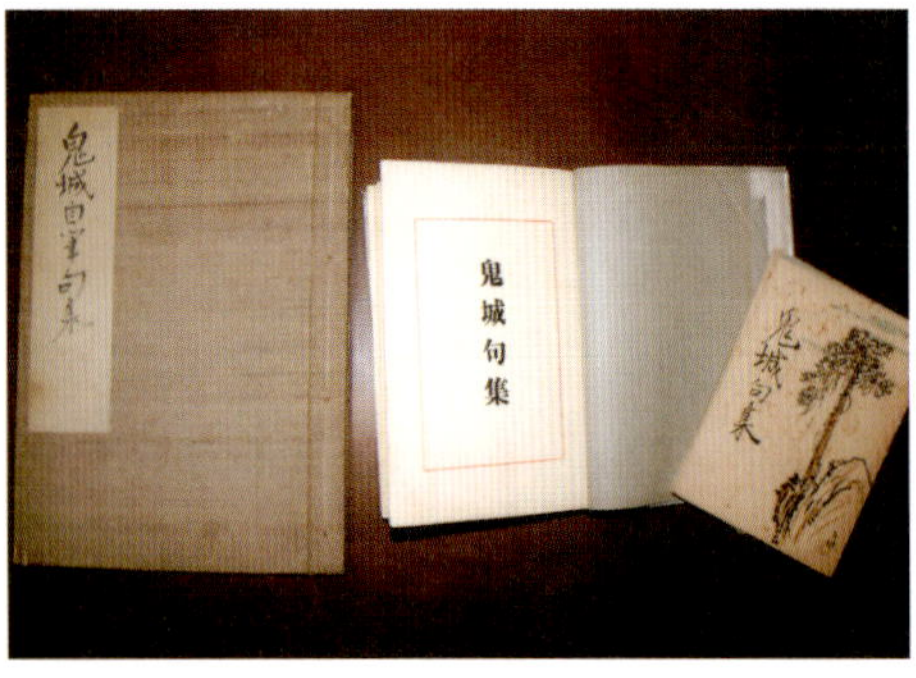

【私の愛蔵品】
左から『鬼城自筆句集』
『鬼城句集』（大正 15 年版）
『鬼城句集』（大正 6 年版）

館

あたらしい青空となる網戸買ふ

梶原美邦

転寝

人生にはいろいろな窓がある。これらは目の水晶体のように、過去と未来の間にある日常を切り取ってくる。静岡で単身赴任の一年研修が終わり、神奈川に帰ってくると、野球部の部長の任命が待っていた。その年の秋、関東大会で生徒たちが頑張り、断トツの結果をだした。

優勝の投手に殺到する小春

春の選抜に出場し、決勝で一打逆転と思った瞬間、準優勝が決定する好捕に阻まれてしまった。

負けちまつて球児は暑さ背負つてゐる

こんな縮図を内部に取り込んだせいか、静岡や千葉にある付属高校への転勤を繰り返し、鮭のように人生の下葉（肺の位置でいえば）期直前に神奈川に帰って来た。この「網戸」の句はその折に上木した句集『青天』より、長谷川櫂氏が新聞に採り上げてくださったものである。それを新エネ・省エネ機器の事務所がブログに、書家の水茎で掲載した。

なかなか働き者の子（句）である。

ある日、軽トラックがマイクで網戸を売りに来た。声を掛けようと思ったが、今はともかく、気分一新の窓が欲しいと思い直し、近くの何でも揃っている家庭用品の店に出掛けた。今までは顔がひとり歩きする表（面）の道を余所見しながら進んできた。

青空に表のありし辛夷咲く

これからの後半は、ありのままの自然に逢いにゆく裏（心）の小径に入っていきたい。そのためには、佳く物音が聞こえてくる窓を取り付けねばならない。

悪口のまるく聞こえてくる網戸

教員の行き着いた晩年の生活に移るのに、特に準備するものはない。ぶつぶつ言いながら網戸を入れ替えた。定年後、転寝から覚めて窓を眺めると、青空が嵌め込まれていた。もしかすると、私が買ってきたのは、あたらしい青空であったのかと、ふと思った。

晩年となる秋晴の裏に住む

【私の愛蔵品】
- 左の３つのメダルのうち中央が春の甲子園準優勝メダル、その左が関東大会優勝、右が準優勝
- 皿は八幡城太郎師筆になる「ぼうたんにときめきつつじにはイたず　城太郎」

断崖をもつて果てたる花野かな

片山由美子

一句の広がり

私にとって断崖のイメージといえば、エトルタなど、ノルマンディーの海岸のそれである。モネの絵で知られ、ルブランの「アルセーヌ・ルパン」シリーズのひとつ『奇巌城』の舞台ともなっているエトルタは、石灰岩質の真っ白な崖がそそり立つ景勝地である。断崖ぎりぎりのところを歩くことができ、海を覗き込むとまさに垂直の崖である。

この句からイギリスのセブンシスターズを思ったと言ってくれた人もいるように、フランスとイギリスの両岸は、切り裂かれたような景観を見せている。

そうした地形を思い浮かべて作った句であるが、書道の師である石飛博光先生が、盟友の金子卓義氏のことのように思えてならないとおっしゃった。石飛先生は故金子鴎亭の高弟で、ご子息卓義氏とは兄弟のような親しさであると同時にライバルでもあった。当時、六十代になったばかりのお二人は、書道界の将来を担う存在として注目されていた。ところが卓義氏は、リスク回避のために決断された心臓の手術で亡くなってしまったのだ。毎日芸術賞を受賞されたあと、益々の活躍が期待されていた矢先だった。私がこの句を発表したのはちょうどその頃である。それほど危険をともなう手術ではなかったはずなのに、卓義氏の人生は、絶頂期にさしかかろうというときに突然断たれてしまったのである。

俳句は作者の手を離れれば一人歩きをはじめ、このような読まれ方をすることもある。作者としては、叙景句に余分な思い入れをしないよう心がけなければと思うが、描かれた光景が読者それぞれの連想を呼び、世界が広がってゆくのは嬉しいことである。

私も卓義氏に親しくしていただいていた。卓義氏が某社の書道教科書を担当されたときには、手本教材として私の句を何句か書いてくださった。そういう方の死は、ことのほか衝撃であった。この句を見るたびに、卓義氏のことを思い出すのである。

【私の愛蔵品】
時計のコレクション

CLOSED
BOURBON HOUSE

水買ってをり雁が帰りゆく

勝又民樹

無常の定め

この俳句はちょっとした出来事で日曜の昼酒を子供たち三人と飲んでしまったときに授かった。日本酒の四合瓶一本を分け合い、あとは黒糖焼酎だけだったので、どうせ割るなら旨い水でということになった。風に当たりたい私が自動販売機まで買いに出たのである。近くの蛇階段（よく蛇が出たのでこの名になった）を降りて、水を買いに行くのだが、大船方面が一望でき、中々の景観である。

水を買っているとき、北に向かう雁の隊列に気がついた。この状況を五七五にしただけで少し気が引ける作品だが、俳句の神様は時にこんなことも許してくれるほど懐が深い。

そんな昼酒のきっかけとなった冒頭の出来事とは、愛犬の骨を庭先に埋め戻したことである。タローという柴犬だったが、十四年前に死に、晒しで包んで家族で庭に埋めた。ところがその十年後、家の建替えで重機が入ることになり、庭土も相当量を削り取るという。タローが廃棄場に捨てられるのは忍びないと掘り起こしたのである。家族五人で恐る恐る掘ったためか中々出て来ない。全てが土に還り、やっと鳥の骨のような小骨がぽろぽろ出てきて、小さなシャベルがコチンと当たったところに細長い頭蓋骨があった。形は図鑑で見るのと同じ、色は茶色だが、虫など付いていず、頭蓋骨と主だった骨をタワシでごしごし洗って天日に干した。干すと色は茶色から白に近くなり、そのまま建て直した後も家の中に保管しておいた。

今、アルピニストの野口健さんが南洋で日本軍の遺骨収集に努めている。戦後何年も遺族の手で行われていたが、今や日本人の多くが顧みなくなった。芭蕉の『野ざらし紀行』ではないが人も犬も同じく無常の定めだ。掲句は僕に、そんなことを思い出させてくれる。

ところで僕の愛蔵品は、虚子の掛軸で「露の幹静に蟬の歩きをり」だ。僕は税務会計が本業だが、税務調査が無事に済んだ後、京橋の画商からお礼にいただいたものである。

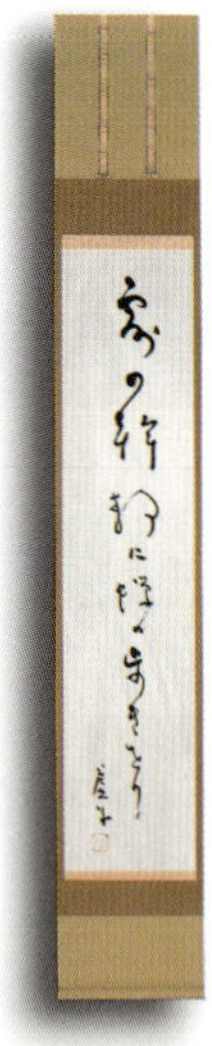

【私の愛蔵品】
高浜虚子筆の掛軸
「露の幹静に蟬の歩きをり　虚子」

銀嶺の出羽富士を背に春田打つ

加藤三辰

故郷秋田

大こぶし花になぞらふ里仕事　加藤吟嶺

農業の傍ら句作をしていた父の代表句である。昔の人は辛夷の花が咲くと、種蒔きや畑仕事の準備にかかるなど、自然を相手に雪解の様子などで、農作業の目安としたのである。

私の生まれたところは秋田県大仙市であるが、一キロも行くと秋田市となり、正岡子規の高弟であった石井露月の生家と「露月山廬」とは、二、三キロの至近距離にある。明治四十一年生まれの父は、露月が亡くなった昭和三年には十九歳だったが、俳句をやっていなかったようである。しかし昭和五、六年ごろに作句して、秋田県の全県俳句大会に応募したという。そして二、三度入選したのが俳句を始める端緒という。その句は、

鳥海の雪解けさかん閑古鳥　加藤吟嶺

大河の水辺に撓む猫柳

自分の句が活字になって新聞に出ると、若い頃の喜びは抑え難く、暫らく投句を続けたと句集『朴葉飯』に述べている。

生家の縁側から前に広がる約三十町歩の田圃の向うに、鳥海山（二二三六メートル）が望める。その姿「富士の如し」と正岡子規が『はて知らずの記』で述べているように、秀麗で別名「出羽富士」とも呼ばれている。

「大こぶし」の句はその後、昭和六十年に句碑に刻まれた。同時に句集『朴葉飯』も上梓した。父が亡くなってから、私は俳句を始めた。生前の父といつも俳句の話をしながら盃を重ねたが、もう少し若いうちに俳句を習えばと、今では悔やまれるのである。

朴落葉一人の径を振り向けり　加藤吟嶺

この句は父に頼んで掛け軸にしてもらった。

銀嶺の出羽富士を背に春田打つ　加藤三辰

掲句はそうした景の中から生まれた、私の第一句集の題名になったものである。なおこの「銀嶺」の句は今年の四月末、秋田に桜の咲く頃、父の句碑の傍に私の書（星巌）で「加藤親子句碑」として完成する。小公園も造り碑に芸術性を持たせたいと願っている。

【私の愛蔵品】　端渓の硯

秋の雲句碑に夜来の雨の跡

加藤房子

俳縁のよろしさ

江戸時代の箱根芦の湯に東光庵という文人墨客で賑わった庵があった。時代の変遷と共に荒廃し、昭和の頃にはその僅かな痕跡すら人々の記憶から消えようとしていた。この建物が約四億円の費用を掛け、当時のままに復元されたのは、この地に別荘を持ち、しばしば温泉と俳句を楽しまれた、中曾根康弘元首相の力が大きい。

　この芦の湯で毎年秋に行われる芦刈祭の一環として、東光庵俳句大会が開かれ、今年で十二年目になる。祭の大会委員長は、広重の浮世絵にも残る老舗旅館の「きのくにや」と「松坂屋」の主たちが交互で行い、第一回目よりの選者は、吾が師小枝秀穂女であった。東光庵主である元首相のお話しの面白さ、工夫されたイベントの魅力も大きい。百歳で亡くなった叔母が、この「きのくにや」の女将であった関係もあり、毎年出席するように努力して来た。

　朝九時から始まる俳句大会には、小田急線の始発で駆け付ける人も多いが、大方は前日から一泊しての出席となる。東光庵の庭には、古い碑が残存するが、中に藤沢の鴫立庵庵主の碑もあり、遠い昔の庵主たちの交流も偲ばれる。此処には当然、現東光庵主の句碑も堂々とある。

　五周年には、記念として当日句一句を募集した。その折一位に選ばれたのが右の句である。晴れて来た空の下、未だ濡れ跡の残る句碑の存在感に圧倒された。今にして思えば「雲」と「雨」で付き過ぎの感はある。ともあれ庵主賞として戴いたのが、下の色紙である。御高齢により昨年より御出席のなくなった庵主の記念として殊更大切に思う一枚である。

　師秀穂女が「秀」を終刊した折、続いての大会選者を、「松の花」の松尾隆信先生にお願いし、会は益々盛況である。今年の大会を楽しみに待っている。

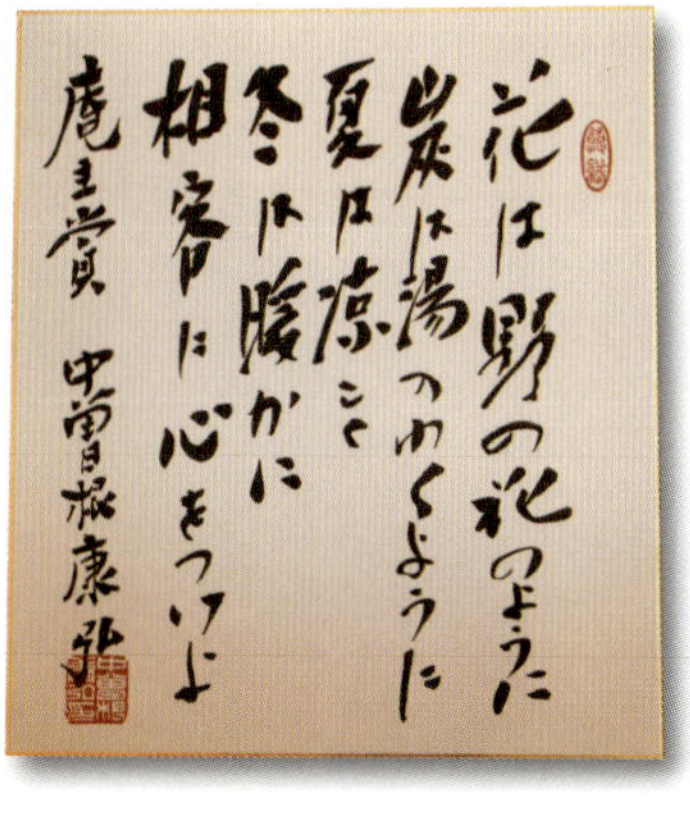

【私の愛蔵品】
東光庵俳句大会の折、庵主賞として頂いた色紙

寒稽古了え一介の勤め人

鹿又英一

剣の道

剣道を始めて五十年になるが、剣道を詠んだことはあまりない。剣道をやっているときは脳が俳句モードにならないから当然なのだが、掲句は私の数少ない剣道を詠んだ句である。しかしこの句とて、剣道そのものをストレートに詠んではおらず、寒稽古を終えた自分を客観的に眺めているにすぎない。

さて、鹿又家は代々剣道を続けてきた。

「伊達世臣家譜」という伊達藩士ひとりひとりを記録した書物が仙台市立博物館に所蔵されているが、そこに私のご先祖代々のことも詳しく書いてある。

元々は北畠顕家の家臣で、顕家が陸奥守兼鎮守府将軍に任じられた際に共に東北に下り、南北朝動乱後伊達家の家臣になり、以来伊達家に仕え、幕末には仙台城虎之間詰番士を勤めている。虎之間とは、番士（平侍）のうち藩主を警護する侍の詰める所である。

戊辰戦争後、伊達藩士は藩主から帰農を命じられ、北辰一刀流免許皆伝のご先祖も剣を鍬に持ち替え百姓になったが上手くいかず、祖父の代に新興地横浜に出てとび職になった。横浜港近くの貧乏長屋に暮らしていても、祖父は武士の気概を忘れず、喧嘩に負けて帰ってきた父に「勝つまで帰ってくるな」と木刀を持たせて家から叩き出したという。

その父が大事にしていた「大日本帝國剣道形」の教本が私の手元に残っている。

この中には、長岡藩剣術隊長として戊辰戦争を戦った根岸信五郎範士をはじめ、剣聖高野佐三郎範士、中山博道範士等、幕末から明治の剣豪が、綺羅星の如く並んでいる写真が掲載されており、一見の価値がある。

戦後GHQにより剣道が禁止されたため父は戦前に取った四段で終ったが、私は現在教士七段。地元の子供たちに剣道を教えながら元気に稽古が続けられるのはありがたいことである。私の下の娘も剣道をやってくれて、高校時代にはインターハイの神奈川県代表になるなど活躍している。

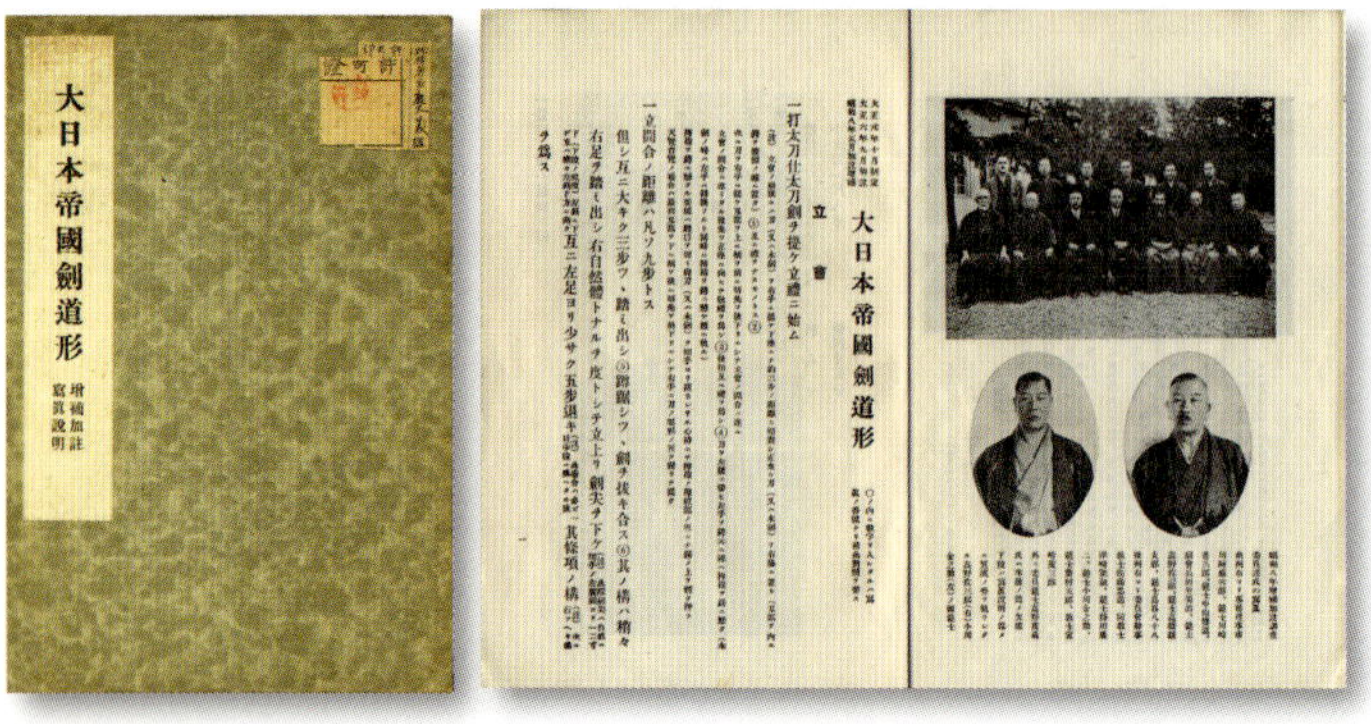

【私の愛蔵品】
「大日本帝國剣道形」

剣道場
神奈川
鹿又

蝶生まれまづ美しきものへ飛ぶ

河内静魚

蝶

春になると思うのは、春の美しさとかなしさだ。

　そんな思いは蝶への思いとかさなるようだ。羽化を果たした蝶は、いったいなにを思い、なにをめざして飛び立つのだろうか。そして飛ぶことは決められた本能なのだろうか。

　生まれるときには、人のように傍に親が見守っているわけではない。ぽつんと一人で生を育んでいく。つよくさびしい存在だ。そこには厳粛なる運命との闘いがある。闘いにやぶれることは即、死の世界が待つだけである。畢竟、孤独の闘いが誕生の証なのだ。

　羽化の蝶は、羽が乾き扇のように広くなると、もうすることは飛ぶことしかない。なにが見えているのだろうか。なにが聞こえているのだろうか。光が歓喜の舞台を用意しているのだろうか。

　そして舞台の幕が開く。

　飛び立つ！　なんのために！

どこへ！

一心に！　必死に！

本能か。意志か。

飛びゆく先は決まって春の美しい空間だ。

それは、あっけなく鮮やかな飛翔だった。蝶が蛹から羽化して歩き始めたかな、と思った瞬間に、一気に空へ舞い立ったのだ。その時、声にならない蝶の声を聞いたような気がした。そして蝶は力強く羽ばたくと、楽々と通りを越えて公園の方へ一心に飛んで行ったのである。

　こうして蝶の羽化に立ち会って、何かが生まれたかのようでもあり、また何かを失ったかのようでもあった。張り詰めた純粋な情熱の時間だった。

　ある日、ベランダのハイビスカスの植木に蝶の蛹を見つけたのが、そもそもの始まりだった。その日からずっと蛹を観察してきたのである。

　本当のことを言おう。美しいものへ飛び立ちたかったのは、実は私だったのだ。

【私の愛蔵品】
下甑島芙蓉布の手毬

ケヤキ
1111
KONA COFFEE

初燕羅漢に父の消息を

川口　襄

五百羅漢

川越市にある「喜多院」は、天長七年（八三〇）慈覚大師が創建したと伝えられる天台宗の古刹である。この境内に「五百羅漢」がある。五百羅漢のそもそもは、お釈迦様の入滅後、大いに乱れた仏法を正しい姿に戻すべく、インドで五百人の僧が集い寄り仏典の編集に当ったその一心不乱な求道の姿を現したもの。喜多院のそれは、中央に釈迦如来・文殊菩薩（獅子に乗っている）・普賢菩薩（象に乗っている）・地蔵菩薩などを置き、全部で五三八体が鎮座している。この五百羅漢は川越在北田島村の百姓で、後出家して志誠と称した人が、天明二年（一七八二）発願して建て始めたが、四十体ほどを作ったところで、不幸にもこの世を去ってしまった。この篤業に感じて遺業を継いだのが、喜多院の学僧の慶願・澄音・祐賢ら。五百体に近い残りの羅漢を完成するべく、近郷近在に浄財を求め、川越はじめ各地の講衆たちの協力を仰いで、五十年に近い歳月をかけて、ついに文政八年（一八二五）遺業を達成したと言われている。

ここの羅漢は石造りで、立像・坐像・臥像など各様の姿態がある。明治維新直後の廃仏毀釈により、羅漢の首から上が悉く切り払われたが、これが密かに隠し置かれ、後日繋ぎ合わされたとのことである。

囁き合ひ梅雨を楽しむ羅漢どち

羅漢様はそれぞれ豊かな表情を持ち、立ったり座ったり臥したりと、様々な姿態をしていつも私を迎えてくれる。羅漢様に取り囲まれて過ごす時間は、空想の世界に遊ぶことの出来る至福の時である。作句に行き詰まった時は羅漢様にお会いして励まされている。いわば私の作句工房でもある。加えて亡き父に似た羅漢様もおられ、父に会いたくなると必ず五百羅漢を訪れることにしている。

我に似し飲兵衛羅漢木下闇

喜多院の五百羅漢

百年の計しみじみと年の酒

河村正浩

この一冊で大発奮

良き本との出合いは、その本を読んだ人の人生観まで変えてしまうことがある。怠惰になりがちだった私の心を力強く引き上げてくれた一冊の本、それは黒田杏子著『金子兜太養生訓』であった。

帯文が傑作。小沢昭一氏は「『二度生き』てきた兜太先生が『三度生きる』人生養生訓、スゴイお方のスゴイ本」と述べ、永六輔氏は「食前・食後に一ページ。老前・老後に効果のある本」と述べる。あの豪放磊落な兜太氏、現在八十七歳と聞けば充分頷ける。

その内容は「長寿への意志を持つ」「俳句を生きる」「森羅万象あらゆるものから『気』をいただく」「日記をつけ続ける人生」「荒凡夫としてゆったりと生きる」の五章構成であるが、この章名を読んだだけでもすでに長生きの秘訣がうかがえるというもの。

朝起きるとまず一連の体操をする。その間に便所へ入る。更に竹踏みをし、シャワーを浴びる。次いでブランチ。時間をかけてゆっくり食べ、再び便所へ行く。午後一時半頃から夕方まで仕事をし、夜は一切何もしないで、のんびり食事しながらテレビを見る。そして十二時ちょっと前に寝床に入る。ベッドで深呼吸すればすぐ眠れる。この日課を必ず守っておられることに大きな驚きを持つと共に、一冊を通しての兜太氏の人生を楽しむ戦略的ともいえる生き方に共感したのである。

平成十五年四月、私は定年まで二年八か月を残し退職した。田舎にわずかな田畑山林を所有していることから、念願であった前読後耕（午前読書、午後畑）の日々を送ることにした。当初は順調であったが、忙しくなるにつれて農作業は持て余し気味、起床時刻も不規則、選句や原稿執筆はその日の気分次第。他の仕事が入ると翌日へ委ねてしまう。そんな成り行き任せの日々となりつつあった。

だが、この一冊で大いに発奮し、気持を入れ替えることができた。そして悔いのない日々を送りたいと改めて思うのである。

山口県下松市の正浩句碑

金亀虫潰れて青く光りをり

河原地英武

俳縁

わたしが「伊吹嶺」に入会したのは、創刊二年目の一九九九年のことである。当時の「伊吹嶺」は俳句結社のなかではかなり先進的で、俳誌のほかにウェブサイトを開設していた。なぜだか急に俳句が作りたくなって、インターネットで投句できそうなところを検索しているうちに、カラフルで活気の伝わる俳句サイトを見つけ（それが「伊吹嶺」だった）、無料の添削コーナーに一句を投じてみた。おどろいたことに、その日のうちに担当者による懇切なコメントと添削例が返ってきた。

しばらくして雑誌も取り寄せ、巻末の投句用紙を使って五句を送ったところ、その年の十月号に二句掲載されていた。冒頭の句はそのなかの一つ。栗田やすし主宰に採っていただいた記念すべき最初の作品である。うれしくて何度も何度もそのページを見直した。ただ、そのころは精励な会員ではなく、しばらく欠詠をつづけたりしていた。

二〇〇一年八月、インターネットの仲間で初の一泊吟行会をやろうということになった。パソコン画面で文字だけの付き合いをしていたメンバーとの初顔合わせである。集合場所である名鉄犬山ホテルのロビーに参上したとき、一部の人たちは落胆したそうだ。当時のわたしは露《ろ》草《そう》という俳号を用いていたが、それを「つゆくさ」と読み、楚々とした妙齢の女性を想像していたとのこと。この吟行会は最高に楽しかった。これを機にわたしの俳句熱はいよいよ高まり、居住地の滋賀県草津市から名古屋の句会に毎月通い、栗田先生の指導を受けるようになったのである。むろん、それからは一度も欠詠していない。

来年一月、「伊吹嶺」は創刊二十周年を迎える。その大部分の年月を「伊吹嶺」とともに過ごし、計り知れないほどの俳縁を得たことに感謝している。

【私の愛蔵品】
万年筆が好きである。手前の茶色の軸のペンは、栗田やすし先生から譲っていただいたもの。

奥穂高すでに晩夏の雲流れ

菅野孝夫

蟻となる

ときどき山に行きたくなる。山に行って疲れて帰って来る。

若いころ社会人の山岳会にはいっていて、積雪期の北鎌尾根や夏の南アルプスを北岳から聖岳の手前まで一週間かけて縦走したこともあったが、いまはだらしなくなってしまって、気分は昔のままなのに体がついていかない。以前なら夜行日帰りで十分だった山を二泊三日というありさまである。

七十三歳の夏、娘夫婦をガイドに常念岳から蝶ヶ岳に縦走した。北アルプスの一画にあるこの山は、梓川をはさんで槍や穂高とは少し離れているので、登りそびれていて、なんとなく気になっていたものである。

四十数年ぶりのアルプスであった。前の日安曇野で一泊して一日目は常念小屋まで四時間三十分。次の日は常念から蝶へまわり、三股登山口まで十時間二十五分の行程はさすがに応えたが、常念岳は堂々とした山容を誇っていた。息絶え絶えに登り詰めると、右から槍の穂に伸びる北鎌尾根、左に目を転ずると北穂高、唐沢岳、奥穂高、前穂高と懐かしい山々が目に飛び込んできた。

八月の山上は夏のさかりの暑さであるが、流れる雲はすでに秋の気配を漂わせている。ときおり吹きぬける風に、思わず立ち止まったりする。季節は確実に移って、私もいつの間にか「老人」になってしまっていたのだ。

この句は代表句といえる代物ではないが、今の私の気持が自然に言葉にされたような気がする。おいお前どうする、すぐ冬が来るぞ、と山に言われて、うろたえている自分がいる。

山登りは特別おもしろいものではない。決して楽しくもない。ただひたすら登って降りてへたばって帰ってくる。辛いばかりの山であるが、しばらくするとまた行きたくなるから不思議である。

山に入ると人は限りなく小さくなる。小さな蟻となって救われる。人間なんて大したもんじゃないんだと実感して解放される。

【私の愛蔵品】
愛蔵品というものは持たないが、若いころ使って捨てられずにいたアイゼン

現れて消えて祭の何ややかや

岸本尚毅

現れて消えるもの

　始まりがあることには、必ず終わりがあります。『平成狸合戦ぽんぽこ』というアニメ映画を見たことがあります。狸が人間に対して自分の存在を誇示するため、百鬼夜行の様相を見せるシーンがあります。人間たちは驚いたり、面白がって眺めたりします。狸の意図は、狸の偉大さを人間に知らしめることだったのですが、人間の反応は面白がる程度。壮大な妖怪のパレードも翌朝になると、跡形もなく消え去ります。狸であれ何であれ、祭だとか、何とか市とか、いろいろなイヴェントは、現れ、そして消え去ります。

　そういう自分自身もこの世に現れて消えるわけですが、「消える」ということだけを考えると、諸行無常のようで淋しい心持ちがします。そこで私は次のようなことを考えます。

　一つは、面白いことや楽しいことに必ず終わりがあるように、苦しい事態もいつかは終わるということです。永遠の苦しみはないということです。

　もう一つは「現れる」ということです。無から何かが現れないと、無は無のままです。「現れた」ということが尊いのです。現れた以上は消えますが、また別のものが現れるかもしれない。そう考えると、必ずしもこの世界は虚無だとも言い切れない。

「現れて消えて祭の何ややかや」という拙句から、私自身はお神輿だとか、山車だとか、祭の法被を着た人々だとか、あまり具体的な祭の情景は思い浮かべません。キラキラとしたものがどこからか現れて、いつの間にか消え失せている、というような漠然とした「祭」のイメージを思い浮かべます。はじめから終わることを予期しているような「祭」なのですから。

　むしろ「現れて消えて」に最も相応しいものが「祭」だと思ったのかもしれません。

　しかし、そのような頼りないような、儚いような「祭」が好きだと言ってくれる読者がいたら、有り難いと思います。

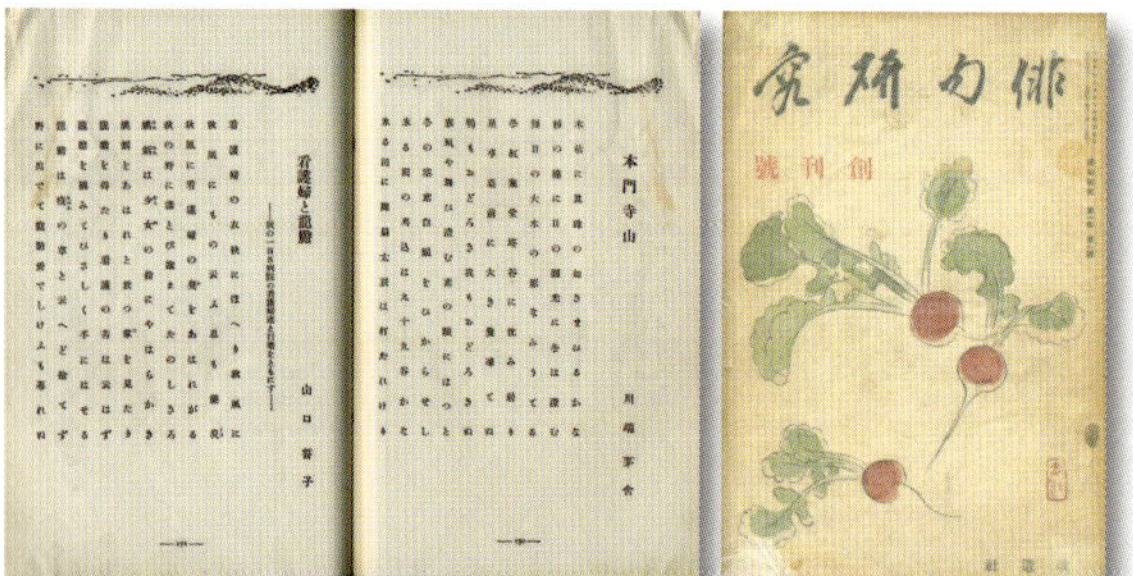

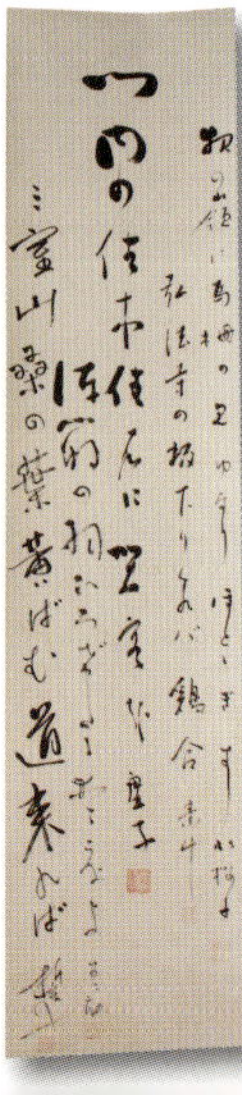

【私の愛蔵品】
左：「俳句研究」創刊号　右：虚子と「4S」の揮毫した軸
「夜の嶺に馬柵の見ゆなりほとゝぎす　秋櫻子」
「弘法寺の坂下りくれば鶏合　素十」
「山門の佳木佳石に賀客かな　虚子」
「凍鶴の羽ひろげたる愛度さよ（めでたさよ）　青畝」
「三室山桑の葉黄ばむ道来れば　誓子」

TELEPHONE

大食で多弁でさみしい狼で

岸本マチ子

ゴンの思い出

まだ小さかった頃。買い付けで山へ行っていた父が何やら大事そうに、懐にもぞもぞ動くものを抱え帰って来た。「おーい、いいもんだぞぉ、あててごらん」くんくん言う声ですぐに分った。「犬でしょう」「そうだ、犬は犬でも狼の血が入っているんだとさ。可愛がるんだぞー」耳がピンと立って小ちゃなそいつは生意気にも「ウウウッ」なんていっている。一目で気に入ったわたしは早速「ゴン」と名前を付けた。勿論男の子。時々学校の中にまで入って来て皆に尻尾を振るので困った。あの頃は犬も人間も自由で、行きたい所へ行けた。ゴンが特に好きだったのは音楽の時間で、皆の歌声に合わせて遠吠えのような声を上げる。そのためわたしは何度ゴンと一緒に立たされたことか。ハスキー犬のように恰好良くどんどん大きくなったゴンは、どんなに叱ってもいざるようにして教室の中へ入って来てしまうのだ。何故かゴンはキュウリが好きで、空中へ投げると素早くキャッチし、いかにもおいしそうに食べた。小学三年生の時家中が忙しそうにしている時、ぐずついてひどく母に叱られた事があった。その時「よし家出しよう」と思った。ゴンがいれば淋しくないと思ったのだ。キュウリを一本持って何処へ行くあてもなく、広瀬川の橋の下の枯草の上でゴンとしっかり抱き合って寝たと思ったら、母の声がして嬉しかったのか突然泣き出してしまった。なんとゴンが母を呼びに行ってくれたのだ。

そのゴンがある日軍用犬になるのだという。見に来た人が「これは立派な軍用犬になる」と太鼓判を押していた。「ヤダ！ ヤダヤダヤダ。軍用犬なんてヤダ！」わたしはゴンのために一生懸命泣いて抵抗したが駄目だった。「お国のためなんだよ」と大人は言った。キュウリと骨付きの肉を沢山食べさせて泣き泣き別れたゴン。それっきり帰って来なかった。そしてゴンは時々わたしの胸の中で遠吠えをするのだ。

時おりわたしの中で遠吠えをするゴン

鉛筆に木の香のすこし春の雲

岸本葉子

学びの途上

俳句を勉強することやっと十年の私には、代表句と呼べるものはありません。これまでの句を振り返る余裕はなく、句会や月に一回司会をつとめる「NHK俳句」の投句締切に間に合うよう作るのでせいいっぱい。前進あるのみ、というと聞こえはいいけれど、過去の句を管理できていないのが実情です。

将来句集を出すかもしれないときのため、ちゃんととっておいた方がいいと、よく言われます。どこかにあるのは確かです。作句ノートや句会で配られた清記用紙のコピーは、捨てずにいます。いつか探し出し、パソコンに打ち込むつもりです。昔の日記のように赤面して逃げ出したくなるでしょう。が、脂汗をかいてでも創作の軌跡と向き合う作業が、前へ進む上でだいじな作業かと思います。

そのような現在なので、挙げることのできるのは、今使っているノートに記してある句です。この句は近著『俳句、やめられません　季節の言葉と暮らす幸せ』（小学館）のカバーのため作りました。春に刊行の本なので春の句を、との装丁家の提案を受けて。

小学生の頃、削ったばかりの鉛筆の先からは、木の香がしました。切り揃えられたり塗装されたり、鉛筆になるまでたくさんの工程を経てきたはずなのに、思いのほか新鮮な香がし、削るたびに鼻にあて、嗅ぐことが好きでした。大人になってはじめた俳句ですが、学びに対する初々しい気持ちを抱き続けたい。春の雲は輪郭も定かでなく、どんな形に育つのかも、どこへ行くのかもわからず心もとないけれど、高きを仰ぐ気持ちを忘れずに。そんな思いを託しました。

俳句の道をおっかなびっくり進む私には、季語が大きな頼りです。自分の作る五七五が俳句としてかろうじて立っていられるとしたら、季語のおかげにほかなりません。本の副題を「季節の言葉と暮らす幸せ」としたのは、季語への感謝からです。これからも歳時記を手に歩んでいきます。

【私の愛蔵品】
幼少期から家にあったノリタケのティーセット

雪嶺のかくもしづかに師を憶ふ

櫛部天思

師との来し方

句集『天心』巻末の一句。「雪嶺」とは霊峰で知られる西日本最高峰の石鎚山であり、「師」とは阪本謙二先生である。

掲句が生まれたのは平成二十八年一月下旬であったように記憶している。その前月、平成二十七年十二月十四日に阪本先生は身罷られ、悲しみが癒えない時だった。私はオートバイのソロツーリングがもう一つの趣味なので、愛車のＢＭＷ－Ｋ１を駆り、寒晴の中を西条市の実報寺へと走らせた。

実報寺は舒明天皇の勅願寺として西条市と今治市の境の山麓に建つ古刹である。また、道前平野から四国山地の眺望は素晴らしい。中でも樹齢三百年はあろうかと言われる桜が有名で、一七九五年、小林一茶が来訪の折に詠んだ「遠山と見しは是也花一木」の句碑が境内に建っている。

しかし、私の目的はそれらではなかった。同じ境内に建つ阪本先生の句碑に会うためであった。

聖主峰縹渺と雪新たにす　謙二

「縹渺」は「はてしなく広々としたさま」の意。二十数年前に吟行会で初めて出会い、厳冬の石鎚山を詠んだ壮大かつ荘重な一句に魅了されたことを、つい昨日のように覚えている。句碑の彼方には、ありし日と変わらず雪を戴いた石鎚山が聳えていた。山は黙して語らずだが、先生もご覧になった同じ空間に立っていると、先生との来し方が自然と思い出され、私に語りかけてくださる気がした。雪嶺の佇まいと先生を偲ぶ心とが共鳴しているように感じたのである。そのとき、思わず口を突いて出たのが掲句であった。創ったという感覚は全くなく、与えてくださった句と言ってよい不思議な感覚であった。さらに、掲句は『天心』発刊の契機になった印象深い一句でもある。

今後とも阪本先生並びに江崎紀和子先生のご教示に則り、一途に精進を積み重ねたい。

【私の愛蔵品】
愛車のBMW–K1

貫くはわが道抒情南畦忌

河野　薫

父と恩師

振り返ってみると、今までに大きな引越しは、転勤での仙台と、幼少の頃の横浜市内での二度だが、その二度には私の父母（南畦・多希女）の深い愛情・思いやりを痛切に感じる。

まず一回目の引越しは、杉田の市立浜中学校に入学・通学することになったとき。二回目の引越しは、杉田より東横沿線大倉山駅近くに移転、日吉の慶応高校に入学・通学することになったとき。つまり、両親は私の小学校から中学校そして、中学校から高校と、子供の通学の便利な所を探して、わざわざ近くに引越しを繰り返していたのだ。

今となっては、父にそのお礼を伝えることは出来ないが、母・多希女（現「あざみ」名誉主宰）を助け、「あざみ」のために貢献することが、両親への一番の恩返しと、南畦没後、心に思うようになったのは確かだ。

昭和三十九年、慶応義塾大学に入学して間もなく、父から「慶応には、俳句研究会があるから、楠本憲吉に会ってみなさい」と、勧められるままに行って入会したのが、俳句にのめり込むきっかけになろうとは、そのときは全く解らなかった。まさに、慶応の大学生活の四年間は、楠本憲吉先生との出会いから、句会、吟行と俳句漬けの毎日であった。

自宅のすぐ近くにあるのが、大倉山公園の梅林。昭和六年、東横線開通直後、東京急行電鉄が乗客の誘致を目的として、用地を買収して整備し、梅林として公開した。梅林に続く手前の広い敷地に立っているのが、横浜市指定・有形文化財の大倉山記念館。洋紙業界で活躍した実業家・大倉邦彦が、大倉精神文化研究所の本館として昭和七年に建築した。記念館の横を抜けると、大倉山公園の梅林に出る。昭和六十二年に横浜市が東急電鉄から買収したのを機に、紅梅、白梅合わせて約二十種・一五〇本、草花や他の花木も植えられており、四季を通して楽しめる。この公園、梅林、記念館の周辺が、私の大切な作句空間となっている。

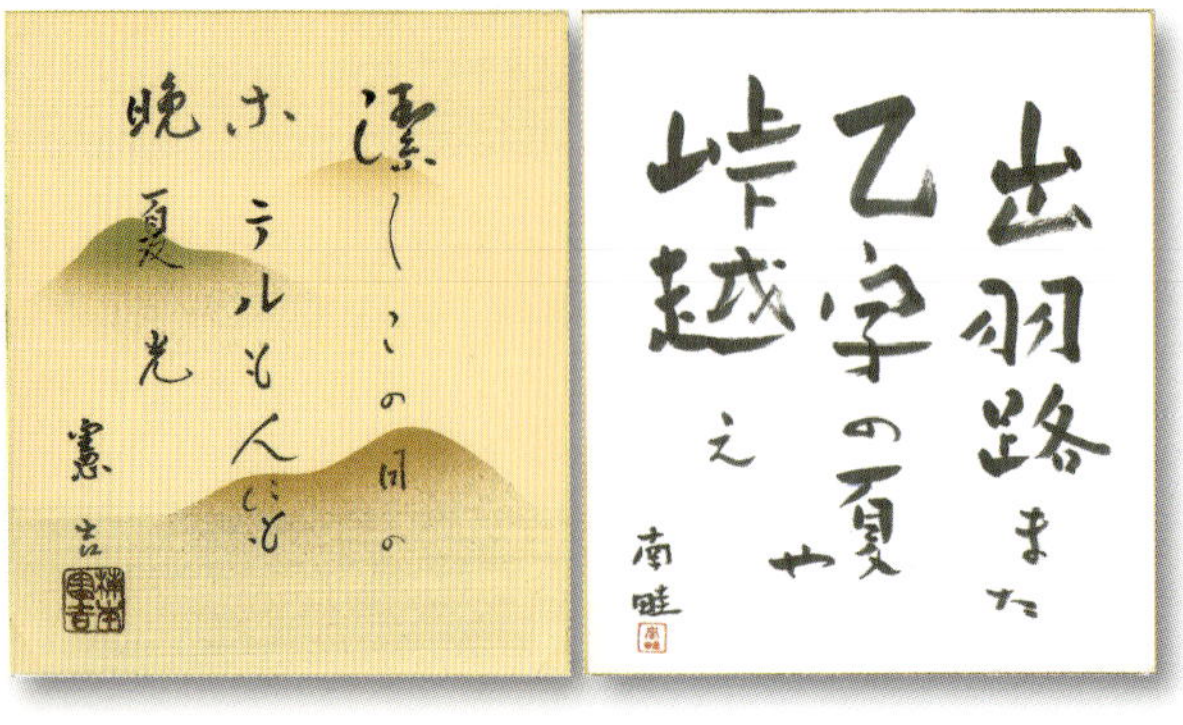

【私の愛蔵品】
左から楠本憲吉と河野南畦の色紙
「潔しこの日のホテルも人にも晩夏光　憲吉」
「出羽路また乙字の夏や峠越え　南畦」

寂しいと言い私を蔦にせよ

神野紗希

蝶よりも蔦

　人には誰しも、それを見つけるとつい、立ち止まって見つめてしまうものがある。私にとっては、それが蔦だ。生まれたばかりの蔦の葉は、やわらかくて絹のよう。触れると、ああ春が来たんだ、と指先が喜ぶ。青蔦に飲み込まれた空き家に、強い風が吹いた瞬間、蔦の家がぶわっと巨きくなったような気がする、夏の夕べの心のざわざわも好きだ。思いの丈がそのまま色となったような、深紅の蔦紅葉には思わず見とれてしまうし、冬に行き場をなくして木枯にさまよう蔓や、壁にしがみつく吸盤の必死さには、胸をぎゅうっとつかまれる。

　絡みつく相手がいないと生きられないのに、ひとたび抱きしめたらその相手を覆い尽くしてしまう。なんてむなしい性だろう。加減というものを知らず、相手を束縛したいという欲望だけが肥大化してゆく。蔦は、飽くなき寂しさの権化だ。そんな蔦に、こんなに心惹かれて立ち止まってしまう私も、不器用でエゴイスティックな、蔦的人間なのかもしれない。

　この句を詠んだとき、私は十七歳の高校生で、恋をひとつ失って、とても寂しかった。片思いの彼が、別の同級生とカップルになったのだ。恋敵は野球部のマネージャーで、小犬のように可愛い女の子だった。一方、私はといえば、蔦。こりゃ勝てるわけがない。当時の句帳をめくると、初案は「蝶にせよ」。その下に、蔦に直した跡がある。

　蝶よりも蔦になりたいと願った私は、その後、上京して今の夫と出会い、十年かけて夫婦となった。夫は口が裂けても寂しいとは言わない。だから私は今でも蔦にならず、人間のままだ。買い物袋を提げ、家へと帰る石段に、蔦の葉がさわさわと揺れる。蔦よ、お前はそれで満足かい。

　恋の代わりに一句を得たあのときから、私は俳句という蔦に絡めとられて、私自身を吸わせ続けている。俳句に覆い尽くされ私が見えなくなるその日まで、寂しい、寂しいと言って、私は詠み続けるのだろう。

【私の愛蔵品】
結婚祝に正木ゆう子さんから贈られた圧力鍋

奥琵琶に雪の礼者となりて着く

古賀雪江

自然の中で

滋賀県にある日本最大の湖、琵琶湖は湖の南がくびれ北に向かってひろがる形から琵琶湖というと聞いたことがある。東に伊吹、西に比良比叡、南に信楽、北に野坂山地と周りを山に囲まれた大湖の東西南北は、はっきり地形が分かれ、異質の自然と文化の中にある。

この琵琶湖周辺では「雪解」の研修会、吟行会がたびたび行われているが、その琵琶湖に沿って走る湖西線の今津より山深く入ったところに、茅葺屋根の在原集落がある。在原業平の伝承が残り、墓と称される宝塔がある。正月、松も明けぬ頃、私が行ったのはその在原集落のとっつきにある狩の宿である。主人は猪を狩り、倭鶏を飼って、蕎麦を打ち、それを夫婦で商っている猟夫である。

何回も案内されているこの在原の郷であるが、その日は雪が激しかった。宿に着き、燃え盛るストーブに凍えた手足をあたためているとまもなく、猪鍋の用意がされた部屋へと促される。猟夫の手造りという家は少し傾いていて、おまけに隙間から入ってくる雪が背中を濡らし酷く寒い。熊の大きな剝製の見下ろす中で心もとなく感じているうちに猪鍋が煮えてきて、盛大な湯気に窓が曇ってくると体も暖まりほっと一息をつく。

この日の一行八名は全員が爽雨以来の誌友であって、自然に仕掛けをして詩嚢を膨らませることを心得ている。今日は樏を履いて雪道を歩こうと、一行のリーダーによって赤い鼻緒が二足用意されていた。樏を履くのは一苦労であったが、雪国生まれが一人いて、鼻緒をしっかり締めてくれた。恐る恐る歩いてみる。一瞬山がぐらりと動いたような気がしたが、思ったより歩くことが出来た。業平の墓は杉山を少し入ったところにひっそりとあった。宿に戻ると飼犬がなにか転がしている。よく見ると猪の頭であって、狩のお伴のご褒美に貰ったものらしい。厳しい冬季の山家の生活には、人間だけでなく動物にもそれなりの楽しみがあるのだ。

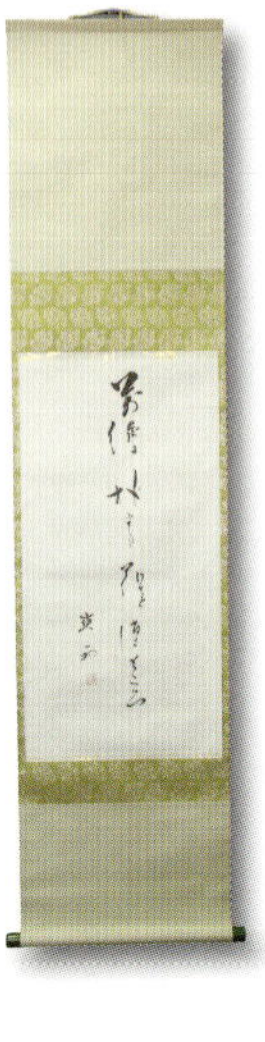

【私の愛蔵品】
皆吉爽雨の掛軸
「万緑に朴また花を消すところ　爽雨」

岡倉天心

咲き満ちて夜空押し上ぐ桜かな

小杉伸一路

不思議な力

この句は平成十七年、公益社団法人日本伝統俳句協会の機関誌「花鳥諷詠」四月号の「花鳥諷詠選集」に於いて、大久保白村先生の特選五句の巻頭を頂いた句である。

芦屋市の南部には、東浜公園・中央公園・西浜公園と、大きな公園が三つあるが、この句は中央公園に夜桜を見に行ったときに出来た。この公園には、桜の大木が並んでいる。街灯に照らし出された満開の桜。それを支え空へと伸びた太い枝を見た瞬間、満開の桜が夜空を押し上げているように感じられたのである。桜の木の強い生命力に心が動き、この句が出来た。

その後この句は、平成十七年度第十八回花鳥諷詠賞にて、実質二席に当たる佳作一席を受賞した。その表彰式の後の懇親会の席で稲畑汀子先生の面接を受け、その二か月後の平成十八年九月、先生の芦屋のご自宅で月一回開催されている下萌句会への参加を許された。同句会は関西一円の名人上手が二十名余り参加されており、毎回が感動の連続だった。高名な俳人に声を掛けて頂き、随分可愛がって頂いた。この句会での勉強が、私を育ててくれた。私の俳人としての本格的な歩みは、下萌句会への入会と共に始まったと言っても過言ではない。この句会での実績や「ホトトギス」雑詠欄での成績等が評価されたのか、「ホトトギス」平成二十年一月号の社告にて同人に推挙して頂いた。

このように、掲題の句は私の俳句人生に大きな影響をもたらした一句である。たまたまこの句が出来、それが偶然に白村先生のお目に止まって巻頭を頂き、それを汀子先生が入賞に選んで下さり、と幸運が幾つも重なって今日に至っているのである。この句が無ければ、「九年母」の主宰を継承することもなく、別の俳句人生を送っていたかもしれない。一句の持つ不思議な力を、しみじみと噛みしめている。

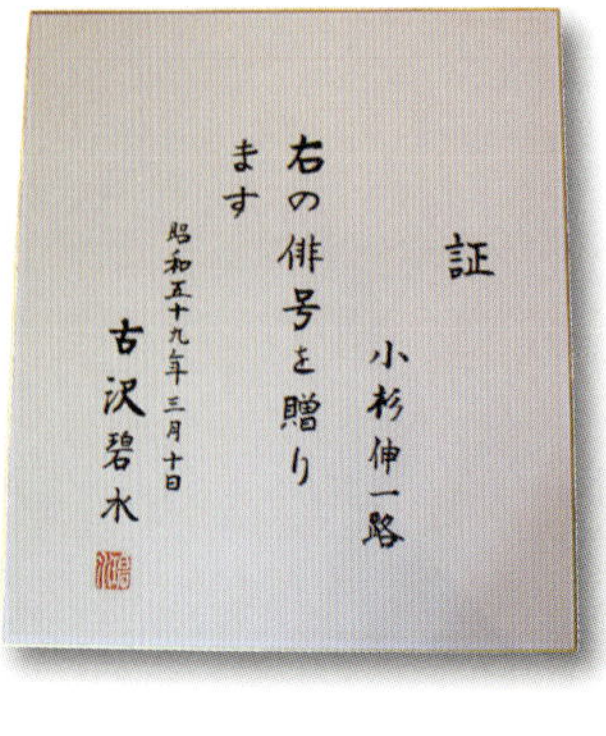

【私の愛蔵品】
昭和 59 年、伸一路という俳号を頂いた証書

日向ぼこして自画像のやうになる

後藤立夫

自画像

句帳を繙いてみると、この句は平成十八年十二月二日小石川後楽園あぶら菜会とある。もう六年も前のこと。この頃はほとんど東京の高円寺に住み、月二回ほど神戸に帰っていた。あぶら菜会は第一土曜の会で十数人の吟行会。日帰り出来るところならどこへでも行く会。東京は大都会でありながら、歴史に富み情緒深い吟行場所にめぐまれている。とくに庭園はすばらしい。六義園・清澄庭園・新宿御苑・明治神宮など数えきれない。水戸藩邸跡の小石川後楽園は梅・桜・花菖蒲・紅葉・松手入と句材にこと欠かない。

　さて、その日はぽかぽかした小春日和。偶然「玉藻」主宰の星野椿先生にお会いした。椿先生も小石川後楽園がお好きで、その日も三十名程の吟行会であった。しばらく冬紅葉の美しい池の周りをご一緒に散策してお別れした。私は池を見渡すベンチにすわり日向ぼこをした。そのとき

日向ぼこして自画像のやうになる

が出来た。同じ日に散紅葉や敗荷の句が句帳にある。私は子供の頃から絵を描くのが好きで、水彩・油絵なんでも描く。大学も建築学を専攻した。公園のベンチに日向ぼこする自分自身を客観的に写生したつもりの俳句。他人の日向ぼこを写生したものでないことは自画像と主張して明白である。

　私の愛蔵品は一つの大型の色紙（半切程度）に虚子先生・年尾先生・汀子先生、「ホトトギス」三代の御句、

咲き満ちてこぼるゝ花もなかりけり　虚子

六甲の端山に遊び春隣　年尾

目に慣れし花の明るさつゞきをり　汀子

が書かれているもので、十年ほど前に、父の比奈夫から譲り受けたもの。多分五十数年前に書かれたもので、汀子先生が二十代の頃のものであろう。三先生の字はいずれもすばらしい字と思う。よく似ているようでそれぞれ個性がおありで楽しい。大切にしている一品である。

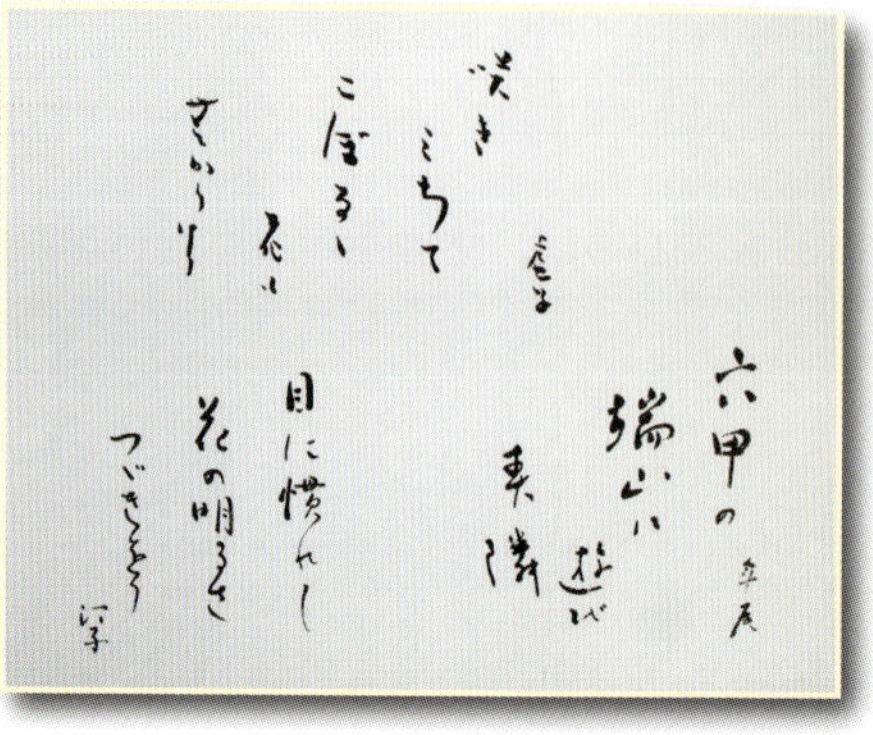

【私の愛蔵品】
虚子・年尾・汀子三代の句が書かれた色紙

祭着の紺をちこちにをちこちに

酒井土子

をちこちに

「やった事がなくても私が今教えますから、何とか」一抱えもあるポータブル録音機を前にして私の師匠清崎敏郎の親友である桃邑さんは何時になく強引であった。普段は寡黙なのに饒舌で愛想笑いすら浮かべていた。

当時昭和三十年の始め、虚子先生が未だお元気な頃、湯浅桃邑さんは丸ビルのホトトギス社の事務を取り仕切っていた。私は近くの新大手町ビルにいて、時々サボっては其処に出入りして誌の発送の手伝い等していた。桃邑さんは講演会で臨時に虚子先生のお話を録音してくれと懇願されていたのだ。

それから三十分後、虚子先生は壇上で「祭」のことを話しておられ、私はその真下で触ったことすらなかった録音機を操る苦労をしていた。朗朗たるお声は聞こえたが、何を言われているか判らないほどの緊張状態。

と、その時お声の中に何やら「をちこちに」と聞き取れる音が入っていることに気付いた。そして再度「祭着の紺をちこちにをちこちに」なる句と土子の名前が先生によって読み上げられご講評が続けられた。録音機の事は忘れて私は夢かとばかり顔を上げてご尊顔を拝した。そしてそこに、あろうことか「ご苦労様」とお笑いになっているお目があったことを忘れ得ない。

半世紀も前の記念すべきその日以後私はごく一部の人から「をちこちの土子さん」と呼ばれるようになった。私が余程うれしそうな顔をしたからに違いない。

古い古い気が遠くなるような昔の思い出ではあるが、今なお虚子の教えを信奉している私にとって往時の出来事の一つ一つは決してセピア色のものではなく、褪せることのない際やかなカラーとして心の奥に残されている。

人間、年を取ると古いことを言いたがるようである。私も例外ではないだろうがしかし、そういうときには際やかなカラーの思い出だけを取り出して語りたいものだ。

【私の愛蔵品】
「闘牛」本田克己（国画会会員）

鳥雲に裂けて清盛楠と言ふ

坂口緑志

清盛楠

伊勢神宮外宮の火除橋を渡ってすぐ右手に清盛楠と呼ばれる樹齢八百年とも九百年とも言われる巌のような大楠がある。一見して二本の大木のように見えるのだが、元々一本の木で、昭和三十四年の伊勢湾台風で二本に裂けたと言われている。

名称の由来は、その昔、平清盛の長男重盛が勅使として外宮に参向した折、この木の枝が冠に触れたため切らせたというのだが、それが何時しか誤って清盛楠と呼ばれるようになったという。

そんな清盛楠を仰ぎながら、毎月、多い時には三回も四回も句会を続けて来た。

鷹の鶏二で知られる橋本鶏二の高弟村田青麥が鶏二の激励の言葉を掲載し、「深雪」を四日市において創刊したのは、昭和五十三年のことである。

叔父青麥は私と同じ伊勢（旧度会郡城田村）の出身で、毎月四日市から外宮へ来るのを楽しみにしていたようだ。

その青麥が平成八年一月二十日大寒の日に亡くなった。「深雪」創刊から十八年が経っていた。前年の十二月、青麥は病院のベッドの上で「深雪」を継いでくれと言った。お前が継いでくれないのなら、青麥一代で終刊にするとも言った。しかし私は断ったのである。終刊が決まり、主だった会員に伝えられ、移籍先も紹介された。

そんな中、私は前言を覆して引き受ける決意をしたのである。青麥は嬉しそうな顔ひとつ見せなかった。

青麥の俳句関係の遺品は全て私が引継いだ。その中に鶏二の第一句集『年輪』もあった。昭和二十三年発行。私と同い年である。

それからまた十八年が経った。平成二十六年一月「年輪」と「深雪」の合併により、「年輪」を継承。鶏二、青麥両師も予想だにしなかったに違いない。

【私の愛蔵品】
橋本鶏二の第一句集『年輪』

まんばうは尾びれを忘れ秋うらら

佐々木建成

古趣と創生

「天穹」は平成二十九年九月に創立二十周年を迎える。大きな節目なので記念の出版や行事の準備を進めている。「天穹」は祖師の松野自得の標榜する古趣創生を引き継いだ。古趣とは伝統を守ること、創生とは新しさを求めることであるが、現在の「天穹」では後者に重点を置くこととしている。

　自得師は、「一歩登れば一歩に仏夏木立」のような伝統的な句とともに、「馬鈴薯がニキビのやうな芽を吹ける」「ペンキ塗りたて黒蟻がきて考へる」など、新しさと自在性の豊かな句を作った。

　標題の句は新しさを求めて作った句である。平成二十五年秋いつもの仲間と茨城県の大洗水族館を訪れた。大きな施設だが私の目を惹いたのが日本最大のマンボウ専用水槽であった。そこには五、六尾のマンボウが悠々と泳いでいた。魚のくせに瞼のようなものがあり、顔が全体にとぼけた感じがする。おまけに鰭は背びれと腹びれのみで、尾びれがない。背びれと腹びれだけで泳ぐのだから甚だ心許ない泳ぎとなり、それがまたユーモラスであった。そこで出来たのが、「まんばうは」の句である。用向きのなくなった尾びれが退化したことを「尾びれを忘れ」と表現し、季語は折からの秋日和を踏まえて「秋うらら」とした。この句を後日大きな句会に出したら特選を含めて多くの支持があった。「天穹」誌に載せたところ、俳句雑誌の俳句手帖や他結社の雑誌の「秋の句」欄にも載る結果となった。

　愛蔵の品は、石田波郷の「吹き起る秋風鶴を歩ましむ」の短冊入りの掛軸である。この短冊は昭和三十七年に銀座の馬肉屋で波郷を囲む句会があり、「雲母」「白露」同人で私と同じく岡山県を郷里とする岸本水馬さんの句が特選となり、その場で波郷が染筆して手渡されたものと聞いている。水馬さんは既に亡くなられたが、水馬さんの奥様が私の小学校の担任教師でご夫妻には媒酌人をお願いしたご縁があり、奥様から私に掛軸を託された。

【私の愛蔵品】
石田波郷の掛け軸
「吹き起る秋風鶴を歩ましむ　波郷」

TAXI

また美術館行かうまた蝶と蝶

佐藤文香

君

君は私に興味がないから、できるだけ君が好きなところに行こうと誘うのが得策なことくらい、私は知っている。君は本が大好きで写真を撮る、絵も見たりするし、実家では大きな犬を飼っていて、森や川で心が落ち着く。だから君のことが好きな私もそれらが好きだし、君がまだ知らない、君の好きそうなすべての場所に私が連れて行きたい。

と思って、私は、君を連れていろいろなところへ行った。桐生の無料動物園で孔雀を見た、神戸の夜はポートタワーの前を歌いながら歩いた、クリスマスには開高健記念館を訪れた。どこへ行くのも私が誘い、私がスケジュールを立てて切符を買った。楽しかった。君も私のことが好きなのかと思ったよ。

私は君に再三結婚を迫り、君はある日、私の部屋を出て行った。そのあとも私は、何度か君を誘った。君は来たり来なかったりした。二子玉川の河川敷で、青い夕暮れを見ながら、若くんと三人でビールを飲んだこともあった。

君は仕事で忙しくなり、私は高校のときの同級生を好きになって、いい感じになって、でも振られて、それを逐一君に報告した。君からの返事はなんということもなかった。私は君の不眠も心配したけれど、君の返事は「テントが死んだ……」だった。テントというのは上岡龍太郎の弟子なんだそうだ。

私には次の好きな人ができて、その人は君とは違って、私と結婚したいと思ってくれたようだった。私も結婚したいと思った。だからもう、君を誘ってどこかへ行くことはない。

君は今も私に興味がない、こちらももうやましい気持ちなどない、でももし君をまた誘うことがあるとすれば、やはりできるだけ君が好きなところに行こうと提案するだろう。

君は私には興味がなかったけれど、私の書くものには期待した。君がまだ俳句に浸っていなかったころ、この句を絶賛したのを思い出す。この文章は、どうでしょうか。

【私の愛蔵品】
飛騨高山「真工藝」の木版手染め
ぬいぐるみの鴨

彼の世にて揃ふちちはは初昔

佐藤博美

父のこと

三人姉妹の三女でありながら私は成り行きで跡取りとなり、両親と最期まで暮らした。母とは四十八年、父とは五十五年間一緒だった。私が最も恐れていたこと、それは母が先に逝くことであったが、恐れ過ぎたせいか、現実はその通りになってしまった。母がいてなんとか平和が保たれていた我が家。夫は私と違い協調性があるので両親とうまくやってくれていたが、何しろ父と私は相性が悪い。母の死後、そうした父との息の詰まるような三人暮らしが始まった。もう間を取り持ってくれる人はいないので、とにかく諍いだけはしないようにと気を使った。

父が今生きていれば九十六歳。その時代の人にしてはお洒落でセンスもよく母が生きているころから身の回りのものはすべて自分で整えていた。こまめで比較的何でもできる人だったが、食べ物の好みがうるさい、というより、まれに見る偏食家であった。いわゆる食通などではなく贅沢を好むわけでもない。ただあまりにも嫌いなものが多く、年齢や持病などを考え合わせると献立が限られてしまい、私は日々とても悩まされた。父の偏食はどうも子供の頃からだったらしいことは祖母から聞いてはいたが、これほど困らせられるとは思わなかった。困らせたと言えば、入院したときなど病院食を一切食べないので私が作り、姉に届けてもらったりした（ちなみに姉の作った物もまったく口にしなかった）。

こんなふうに私からみればあまり楽しい思い出はないのだけれど、孫たちにはとても人気があり、孫たちはみんな「おじいちゃんは面白かった」と言う。どうも私たちには見せない顔があったようである。

元僧侶の父は、念願通り彼岸の中日、三月二十日に逝った。あまりにも嬉しそうなその死に顔にきっと母が迎えに来たに違いないと誰もが思った。ようやく母のもとに行けた父。彼の世で両親が揃ったその日その時は、今もなお鮮明である。

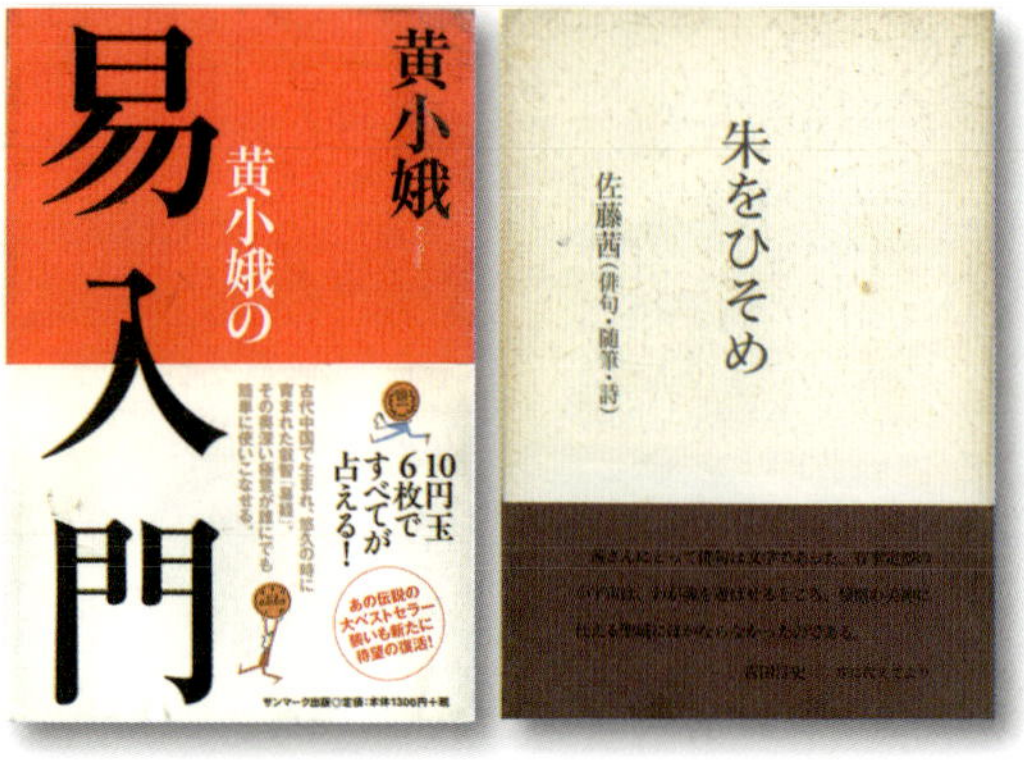

【私の愛蔵品】
母・佐藤茜の俳句・随筆・詩集
『朱をひそめ』と
『黄小娥の易入門』

Takashimaya

花芯まで覗かれてをる延齢草

佐藤文子

過去があってこそ……

最近、韓国の大邱市を訪れた。韓流ファンというわけではないが、韓国には今度で五度目の訪問となった。いつも韓国料理店を営む在日夫妻と渡来人倶楽部の人たちと一緒だが、今回は大邱国立博物館や歴史のある村や世界遺産の海印寺などを訪ねた。朝鮮時代に壬辰・丙子戦と李适の乱の際に功績をあげた日本人「沙也可」の一族の住む村は穏やかで静かだった。また、およそ百年前干ばつと洪水に苦しむ大邱の農民のために農業用貯水池を作った岐阜県出身の水崎林太郎の追慕祭に出席した。日本からは他に陶芸家の沈壽官十五代、タレントの大桃美代子さんらの姿もあった。韓日親善交流協会会長李東根氏は「過去があってこそ、今があり、未来がある」と、水崎林太郎氏へ感謝の挨拶。この言葉は、いつも慰安婦問題や植民地問題などで聞いていたが、今回は違った意味で大変意義深く聞くことが出来た。韓国滞在中は、精進料理と薬膳料理と、そして初めて黒山羊料理を食べた。思いがけずおいしくいただいた。帰国する頃には何となく体が軽くなったような気がした。家に帰ってみると、一年近く思っていた五十肩も、あら、不思議、よくなっていた。三泊四日の、とても充実した旅であった。

帰国して久しぶりにわが家の庭に出てみると、植えた覚えのない植物の二葉がにょっきりと顔を出していた。日が経つに連れて茎がどんどん伸びて葉も三枚になった。その葉の上に白い可愛い花が咲いた。ああ、思い出した。去年植えた深山延齢草ではないか。思いがけず近づき花を眺めた。

恩師の穴井太先生がよく言っていたことは、「俳句の道を歩む上で、俳句ばかりしていては進歩しない。あらゆる面に目を向け、あらゆる人と出会うこと」だった。思えば、私は今日まで色々な人や色々なことに興味を持ち、出会って来た。まさに過去があってこそ、今日の私があり、これからの私がある。

【私の愛蔵品】
20年来習っているチャイナペイントの絵付け皿、ポット、カップ、ソーサーなど

野を突つ切る一河高鳴れ青龍忌

佐怒賀直美

一河高鳴れ

上尾丸山公園（埼玉県上尾市）の高台に、「野を突つ切る一河の青さ今朝の春　旭」の句碑が建つ。平成十五年十月に、「橘」三百号記念事業として建立された師弟句碑であり、その名の通り、裏面には「橘」会員六十五名の句が刻まれている。

この「一河」は、松本旭先生がこよなく愛した「荒川」のことであり、荒川のほとり大石村領家（現上尾市領家）に生まれ育った旭先生の原風景でもある。

昨年十月三十日、この句碑の前で「松本旭先生一年祭及び松本翠先生追悼祭」を開いた。平成二十七年五月の「橘」全国大会に於いて、自らは名誉主宰に就任し、主宰を佐怒賀に継承させることを宣言した旭先生であったが、同年十月に帰らぬ人となった。そしてその後を追うように、翌年六月には翠先生も旅立たれた。

この度の一年祭・追悼祭を機に、「橘」では、旭先生の命日（十月三十日）を「青龍忌《せいりゅうき》」、翠先生の命日（六月二十六日）を「朱鳥忌《しゅちょうき》」と決めた。旭先生は、ご自宅を「青龍亭」と呼び、「橘」誌にも「青龍亭記」を連載した。また「橘」幹部同人の作品欄には「青龍集」の名を、また、翠先生の選する作品欄には「朱鳥集」の名を付けた。その「青龍」と「朱鳥」からの命名である。

掲句は、その一年祭に旭先生ご夫妻を偲んで詠んだ一句である。

両親以上に近しくさせていただいていたお二人を相次いで失った淋しさは計り知れない。今でも、旭先生が右手を挙げながら「ヨッ」と声を掛けてくださるようであり、翠先生が「アラッ」と優しい笑顔で迎えてくださるようである。

その淋しさを忘れさせるために「橘」を残してくださった旭先生に、そして翠先生に、心から感謝申し上げ、今年十一月の四十周年に向けて、自らをも「高鳴れ」と奮い立たせている今日この頃である。

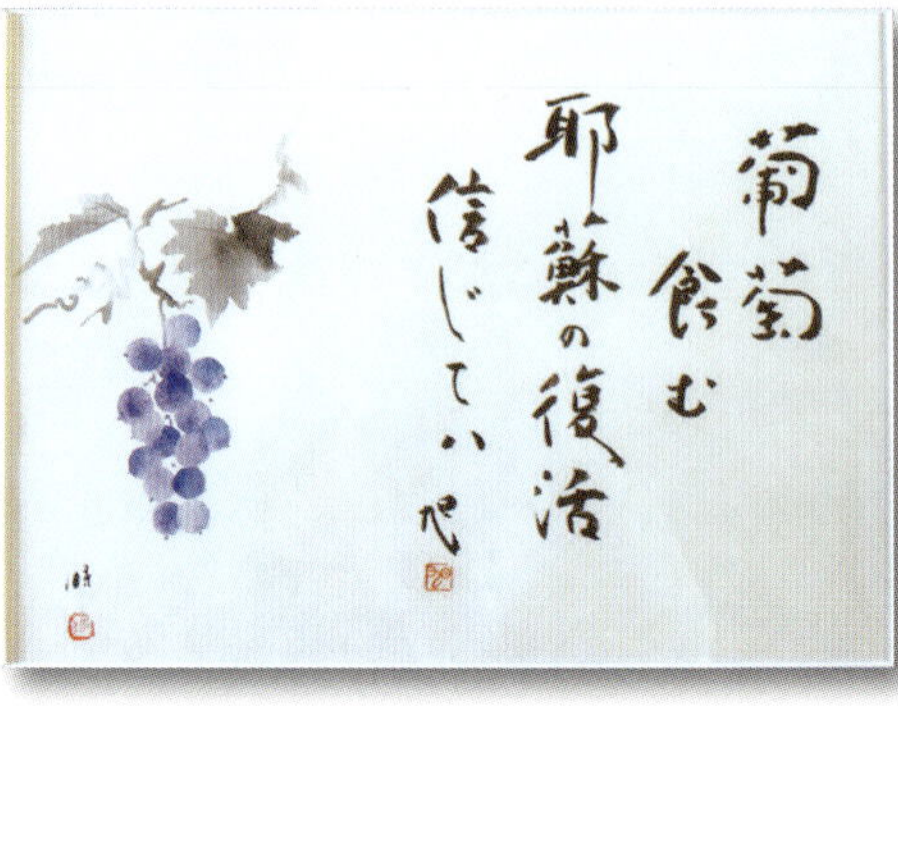

【私の愛蔵品】
松本旭の色紙（画：関根将雄）
「葡萄食む耶蘇の復活信じては　旭」

吹かるるや水仙そして土星の環

佐怒賀正美

もう一つのイメージ

舞台は越前海岸の水仙畑。雪中花とも言われるように、一月ともなれば冬の荒波のしぶきにも負けず、崖の斜面をいちめんに清らかな香りとともに咲きのぼる。もちろん雪の降る中でも咲くたくましい野生の花である。もっとも、句の上では単に「水仙」とだけしか言っていないのだから、春先の普通の水仙が感じられても一向にかまわない。

かつて師の石原八束が〈無垢の星背負ひし妻の墓洗ふ〉と詠んだように、この句も（本人としては）真昼の風景に接しながら、想念の世界は夜に入り込んでいる。水仙の花に吹きわたる風は、身のうちの闇をくぐり、想像力によって宇宙の果ての土星の輪へととどく。目の前の風景は不可視の遠い風景を呼び出し、こころの中で共鳴し合っているのである。

酒井佐忠氏は、「作者は対象に身を没入する寸前で、いや没入した直後に、まるで立ち止まるかのように視線をあてどない果てに投げかける」（「地の声と宙《そら》のたましい」俳誌「秋」二〇〇九年一・二月号）と、「視線の移動」を指摘してくださっている。

ところで、この句は在米の俳人・フェイ青柳さんが英語に訳してくださった。（ブログ名はBlue Willow Haiku World：Today's Haiku (January 30, 2009)）

things that sway / are a narcissus and / the rings of Saturn

直訳すれば「風にそよいでいるものたち／それは一輪の水仙と／土星の（複数の）環」とでもなろうか。ともあれ、英語という別の言語に含まれる文化的コノテーションが働いて、作家の思惑をはるかに超えたところにもう一つのイメージが展開しているのには驚いた。英語では水仙の裏にナルシソス、土星の裏にサトゥルヌスが透けて見えている。自己陶酔の若者の果てに農耕の神の（やがてゴヤの絵のように我が子を食らうことになる）サトゥルヌスが住んでいるなんて、この世ばかりでなく、宇宙もやはり怖いものだ。

【私の愛蔵品】
石原八束著
『現代句秀品抄』

さくらからさくらへ鳥のうらがへる

しなだしん

桜の季節

新宿区のはずれの上落合に住んで、もう四半世紀が経つことに改めて驚く。左の写真は自宅マンションの自転車置き場。ちなみに我が家では自転車は使っていない。

自宅から徒歩数分のところに神田川が流れる。小滝橋周辺の神田川べりは、私の散歩コース。桜の季節には多くの花見客でにぎわう。ここにあげた一句は、第二句集『隼の胸』の巻頭に置いた句で、神田川で詠んだように思う。また桜の季節が巡ってくる。

さて、所蔵品として挙げたのは、西東三鬼の短冊である。写真が見にくくて恐縮。

椿ぽとりと落ちし暗さにかがむ女　三鬼

流れるような筆跡である。短冊はかなり汚れている。

短冊の裏面には「為平間真木子先生」とある。「昭和三十四年七月一日」と日付があり、かすれているが「於卯波」と読める。

平間真木子は私の所属する「青山」の同人で、平成十九年三月、八十四歳で他界された。明るく華やかな一方、俳句には厳しい氏は多くの同人から慕われた。句会の後にはよく遅くまで二人で酒を呑み交わした。

そんな折、三鬼の短冊があるから、生前の形見分けにあなたにあげるわ、と云われ、その後本当に送られてきたもの。三鬼から直接もらったのよ、という位で詳しい話は聞けないままとなった。

句はそのまま読むと七七六とかなり長い。「女」は「ひと」として七七五で読むのかもしれない。いや、この頃の新興俳句ではこの程度の字余りは普通だったのかもしれない。いずれにしてもこの「女」は平間真木子なのだろう。このとき三鬼は五十四歳で、癌発覚の二年前。二十五ほど歳の離れた平間真木子とはどんな関係だったのだろうか。

短冊は譲り受けた額装のまま私の部屋に飾ってある。今も平間真木子は三鬼と共に私の俳句をひっそり見ているのかもしれない。

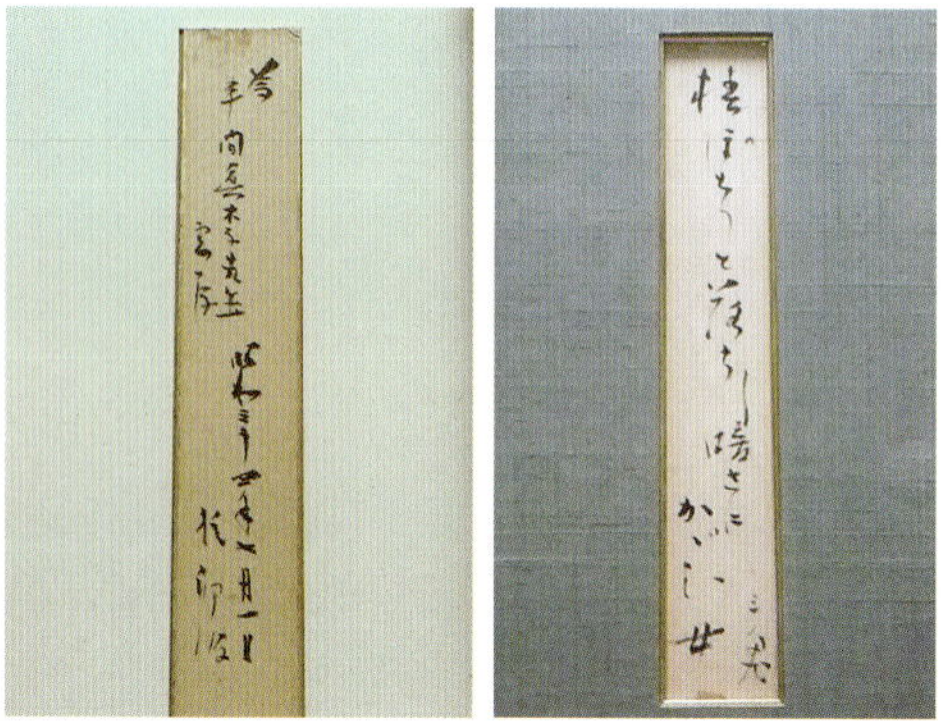

【私の愛蔵品】
平間真木子氏から譲り受けた西東三鬼の短冊（右：表面　左：裏面）

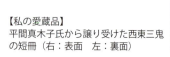

夏うぐひす翁称へることしきり

柴田多鶴子

ふるさと

三重県の伊賀市に生まれ、結婚して大阪に住むようになるまで伊賀盆地を離れなかったので、伊賀をふるさとと意識することはなかった。ふるさとは、遠く離れて暮してはじめて懐かしむものであろう。伊賀をふるさとと強く意識するようになったのは、俳句をはじめてからである。何といっても伊賀は俳聖芭蕉の生誕地である。日本全国の俳人たちが、芭蕉を慕って生誕地伊賀を訪れる。あまりにも身近なものは、その価値に気づかずにいることが多い。芭蕉生誕地ということに対して特別な思いもなく過ごしてきた私が俳句に打ち込むようになり、ふるさとが伊賀という幸運に気づいた。俳句の仲間を伊賀上野に案内することも多くなり、芭蕉の旧跡をあらためて調べ直したりもした。

「夏うぐひす」の句は、超結社の句会で伊賀上野に吟行した際に授かった。上野城から俳聖殿のあたりをひとめぐりすると、老鶯が俳聖を誉め称えるように、のびのびと鳴き声をあたりに響かせていた。鳥といえど、伊賀盆地に生まれたものは、芭蕉翁を称えつつ鳴くものだと、私自身の芭蕉への思慕と重ね合わせて耳をかたむけた。

平成二十三年に俳誌「鳰の子」を創刊し、ますます伊賀への思いは深くなった。芭蕉についての知識を深め、芭蕉の足跡をたどりたいとの思いを強くしている。今年は「鳰の子」二周年吟行会として、「おくのほそ道」むすびの地大垣を訪ねるバスツアーを実施した。この次は立石寺をゆっくり訪ねたいと思っている。

「鳰の子」創刊時に、師匠の檜紀代先生からあたたかい祝句を賜った。

鳰の巣を溢れて子らの巣立ちたる　檜　紀代

結社「鳰の子」は、この祝句のように家族的なあたたかい人の輪が広がっている。見ず知らずだった人と人が、句座を共にしてたちまち十年来の知己のように親しくつき合う友となっている。「広がる人の輪楽しい俳句」をモットーに三周年をめざしたい。

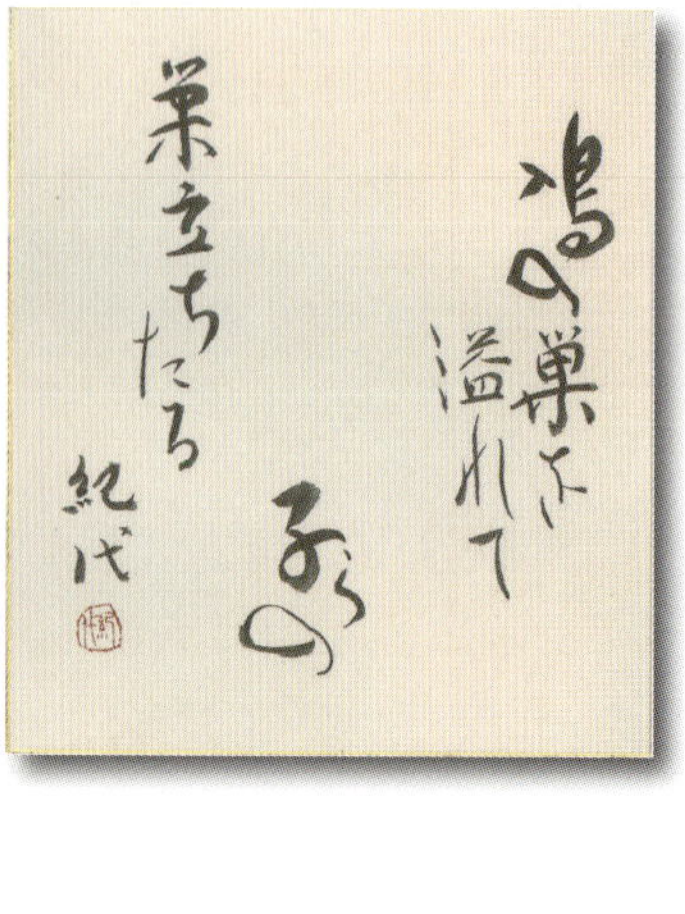

【私の愛蔵品】
師である檜紀代先生よりいただいた祝句の色紙
「鳰の巣を溢れて子らの巣立ちたる　紀代」

歩行者優先

花の夜の簑助さんの息遣ひ

島津余史衣

まっすぐに

掲句はもう二十年近くになるであろうか、そのむかし、ドナルド・キーン先生に添削をしていただいた作品である。私にとっては思い出深い一句なのである。

　キーン先生にお目にかかったのは、当時、日本画でアメリカの風景を描いていらした水野京子さんの個展を、ニューヨーク州マンハッタンの私共が住んでいたアパートメントで催した時である。案内状を送ると一人の友人から「ドナルド・キーン先生をお連れするわね」と言われ、私たちは半信半疑で、それでも先生のご来場を密かに待っていた。

　展覧会開催中のある日、ドアベルが鳴り扉を開けると、そこにキーン先生がお一人で立っていらした。部屋に入られると同時に、

「今あなたは私を見て、お化けだと思ったでしょう」

とお茶目な少年のようにおっしゃった。先生のこの一言は、絵を観ていた人々の笑いを誘い、和やかな初対面の場となったのである。

　ちょうどその頃、文楽のニューヨーク公演があり、三代目吉田簑助師一行による「曾根崎心中　天満屋」が、アメリカの人々に絶賛されたのである。人形の表情や仕草は、人が演じる以上に繊細で優雅で、それが言葉の壁を越えて人々の心に迫ったのであろう。私にとっても異国で出会った文楽は、日本で観るよりなお感動的であった。その感動を詠んだのが「花の夜の簑助さんの息遣ひ」であったが、簑助さんか、簑助さまかと迷っていた。その時に先生にお会いすることができたのである。初対面であったが、先生の優しさに甘えて自分の迷いをお話すると、先生は即座に、

「関西の方ですから『簑助さん』ですね」

と答えてくださった。以来、私にとって掲句はお宝の一句となったのである。

　現在、日本人となられたキーン先生のお姿を、時々テレビで拝見するが、あの時の少年のようなお目は少しも変わっていない。真っ直ぐにものをご覧になるお目である。

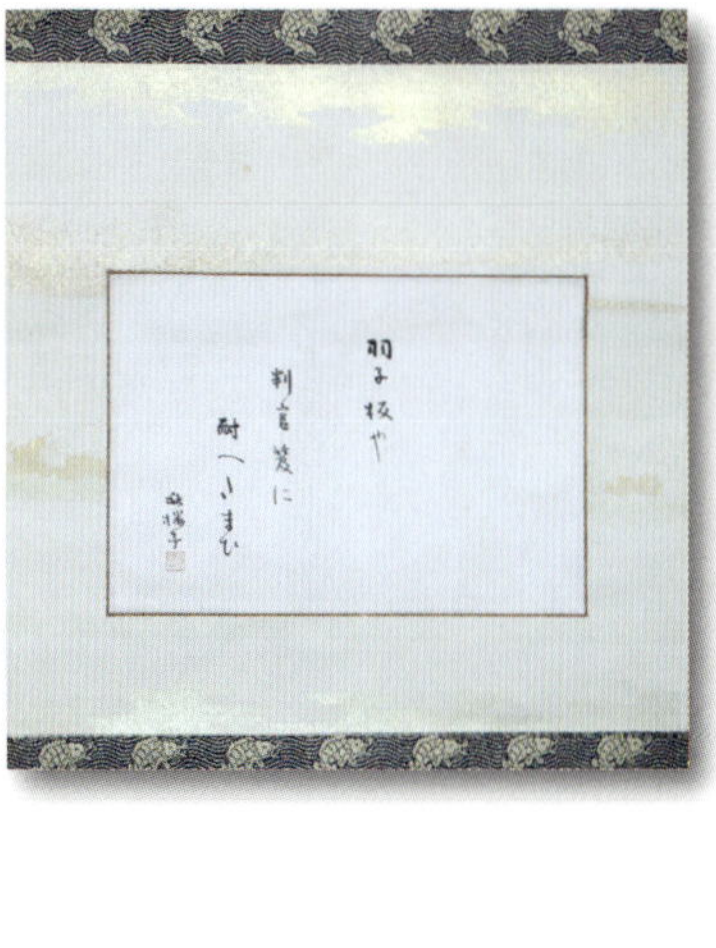

【私の愛蔵品】
水原秋櫻子の掛け軸
「羽子板や判官笈に耐へたまひ　秋櫻子」

書を捨てよケルネル田圃田植どき

清水和代

歩歩に、歩ごとに

昨夏、国文科中世卒論ゼミでお世話になった先生の古稀とご退官をお祝いする同窓会に出席した。大勢の友人と一緒に先生にお目にかかったその瞬間に、三十余年の時間がスローモーションで巻き戻っていったのが何とも言えず不思議な感覚だった。良妻賢母を育てる女子大なんてもう昔話よねと時の流れを嘆きつつ、教職に戻った友人の話、老親介護の話、子育てをすっかり終えて『源氏物語』五十四帖を筆に写しておりますという素敵なお姉様のお話も。先生が四国八十八か所巡りを満願成就された話を伺って、『万葉集』ゆかりの地を訪ねた事、京や若狭の祭行事を見学した事等々がすぐと思い出された。国文学の研究者といえば万巻の書に埋もれているのだとばかり思っていたのだが、先生方はどこへでもお出かけになり、長い休みには学生に実地踏査の宿題を課されたのだった。同行の折には賑やかな女子学生がきっとご迷惑だったのだろうが、かけがえのない時間を頂いていたのだと今更ながら感謝の念でいっぱいだ。

さて掲句は、井の頭線駒場東大前駅を電車が発車してすぐに見えるケルネル田圃を詠んだ一句。田圃持ちの家に育ったせいで田圃の暦は身に沁みついている。都会に住んでいても田圃が無性に恋しくなる。車窓から一瞬眺めるだけでは我慢ができずケルネル田圃の畦道を歩いてみずにはいられなかった。第一句集『風の律』の中に「氷菓舐めモンテ・クリスト伯に危機」「眉で読むゲーテの詩篇聖五月」など本を題材にした句がいくつかあるが、「書を捨てよ」と大上段に構えた掲句は現場の高揚感そのもの、しかしながらも反語的解釈を……とも自問し続けている一句。もとより山田諒子先生には吟行をしないと句が痩せると、机上の作句を厳しく戒められている。

女子学生の頃よりどれほどの成長があるのかお恥ずかしい限りだが、古人に繋がる遍歴と漂泊のこころを俳句で表現できたらと密かに思っている。

【私の愛蔵品】
北杜夫全集・愛蔵版『どくとるマンボウ航海記』
（新潮社、昭和51年）

一升びんぽんと蓋あく水仙忌

鈴鹿 仁

俳系の重み

俳人そして父。私は鈴鹿野風呂の四男として生まれ、また、兄丸山海道（旧姓鈴鹿尚）の弟として、野風呂・海道亡き後、結社「京鹿子」を豊田都峰主宰と共に守りつづけてきたのである。私の小学校時代からよく父は句会へ連れて行ってくれた。句会の雰囲気や、形式を自然と覚えることが出来たものだ。時には私なりに一句投句したこともあった。

三時鳴るそろそろ西瓜たべようよ（八歳）

兄さんの十三まゐり僕も行く（十歳）

句会の人たちに拍手をいただいたのをかすかに覚えている。こうして自分はいつの間にか、俳句の道を歩んでいたのかも知れない。

そして学卒後、サラリーマン時代を迎えるが、やはりこの時代は多忙等により作句から疎遠になっていた。しかし、昭和四十八年頃だと思うが、「京鹿子」の吟旅・吟行・例会などには出席して本格的に俳句を楽しむようになった。

岩つばめダム放水を好きとする（四十八年黒部）

冬濤に男《お》いくり女《め》いくり尖り合ふ（四十九年越前）

その後、丸山海道前主宰の没後、副主宰として、結社「京鹿子」の一助となるよう努めてきた。

父子三代萩詠みつづけ宮の鈴

掲出句は、京都御所に隣接している梨木神社で詠んだ。萩の宮として有名であるが、その社で毎年九月に萩まつり・京都府市民俳句大会が盛大に行われている。その時の作品で親子三代萩を詠みつづけている大切な一句である。水仙忌は野風呂の忌日。

「京鹿子」誌は大正九年十一月に創刊号が出版され、平成二十年十二月に通巻一千号を迎えた。そして、その記念として記念誌を発刊し、一つの宝物とできたことは一生忘れることはないと思う。幸い京都という土地柄、句材には事欠かない。近くには先祖の代から縁の深い吉田神社があり、私たちの行く末を神は見守ってくれていることを信じ、俳系の重みを感じる今日この頃である。

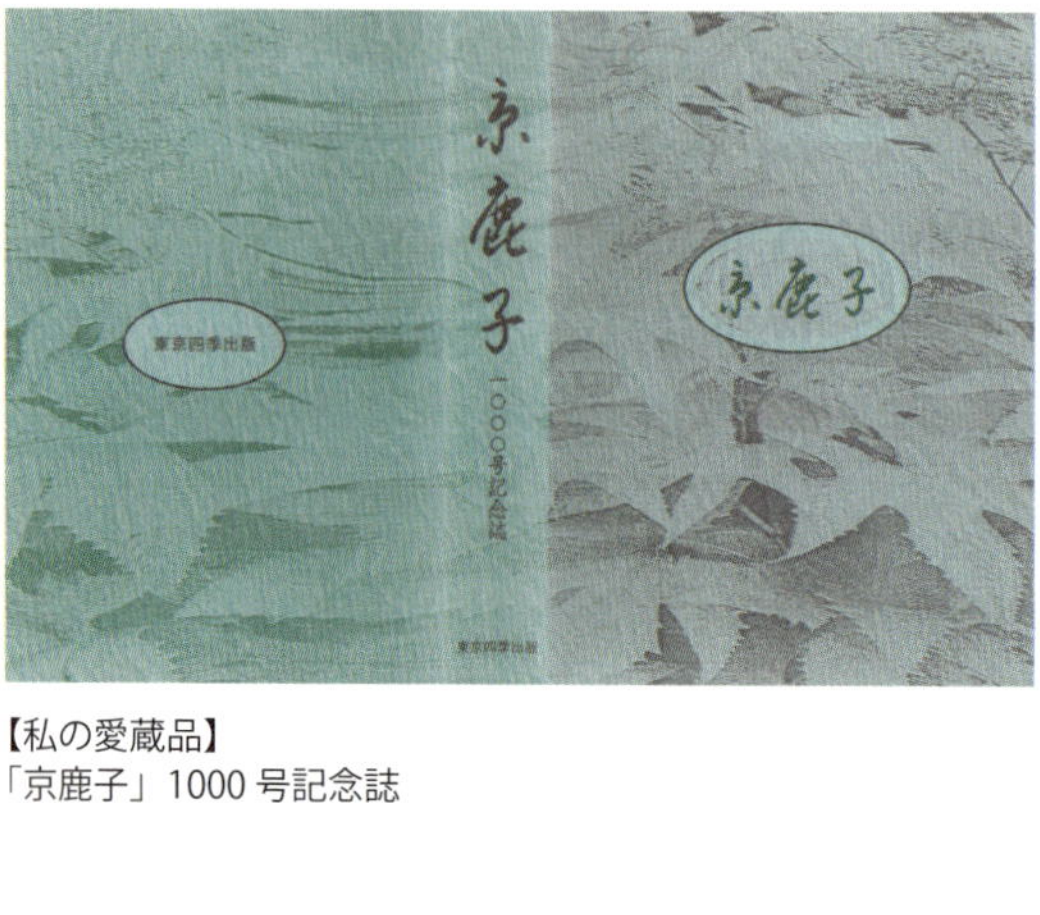

【私の愛蔵品】
「京鹿子」1000号記念誌

みどり児の空の高さや初ざくら

鈴鹿呂仁

寿ぎ

私の初孫が、二月十日（平成二十四年）に生まれた。疾うに大寒は過ぎていたが、まだまだ厳しい寒さが残っていたのを覚えている。自分の子供たちの出産の時の記憶は薄らいでいるが、久しぶりに家族の一員として迎え入れる新しき命の誕生に接することが出来た。

生まれたばかりの赤ん坊の顔は、誰に似ているのか。両親か？　私か？　私の妻か？　そんな事を考えながらじっくりと見ると、意外と整った顔をしている。我々の時は、どれもお猿さんのような感じがしたものだが近頃の赤ん坊は誰しもこうなのか、と思っていると「この子はきっと美男子になるぞ」と早くも親ばかぶりを息子が見せている。

そんな初孫の誕生の記念の一句にと、出来たのが、

大寒の産声高く跳ね返る

病院の室内の壁に跳ね返る、としたのだがもう少し力強い動きを出したいと思い次のように推敲してみた。

大寒の産声宙を蹴り上げる

その初孫が、四月にはお宮参りを迎えることになった。折しも桜が満開の時で、氏神さんの朱の鳥居が映える。ご祈祷を無事終えると境内で記念写真をとった。母親に抱かれた孫が、初めて桜を見ているのだな、と感慨深げに孫の顔を見ると一句を授かった。

みどり児の空の高さや初ざくら

その孫が、この二月で満四歳となる。時の流れの早さに驚きと戸惑いを覚えながらも孫の成長は楽しみであることには違いない。

将来どんな人間になっていくのか、想像と期待は膨らむばかりである。

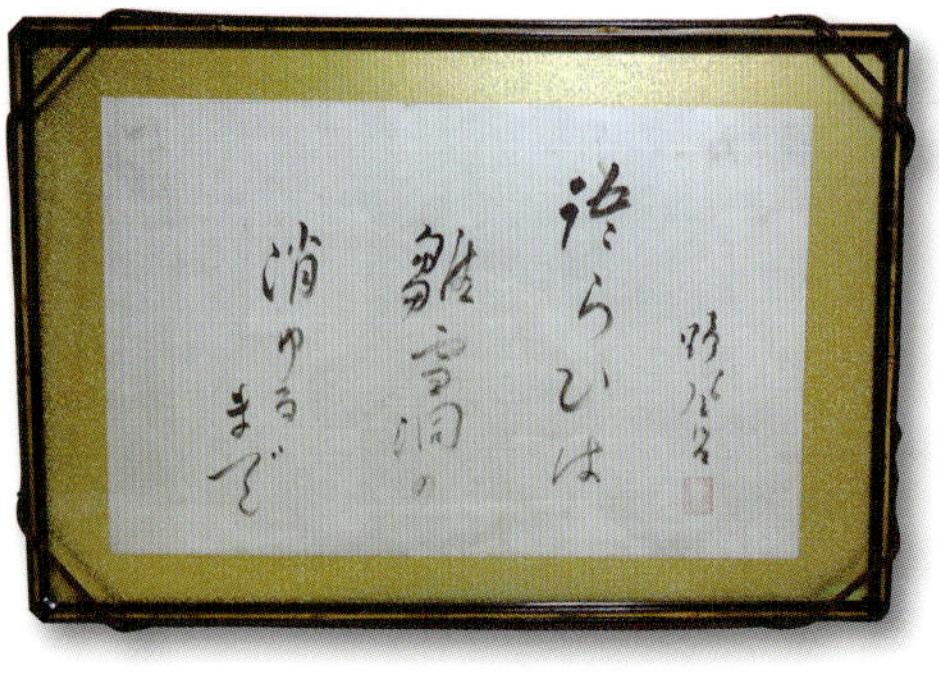

【私の愛蔵品】
鈴鹿野風呂の色紙
「語らひは雛雪洞の消ゆるまで　野風呂」

皀莢が揺れをり水にゆれてをり

鈴木しげを

水と木と

代表句をということであったが未だそれらしい句もないので、直近の句をあげさせていただいた。掲句は平成二十七年十月十三日の句。場所は井の頭恩賜公園。吟行会にて思い思いに池の周辺を歩いた。爽やかな秋の好日であった。この公園にはなじみがふかい。以前、勤め先が公園脇のマンション内にあったから昼休みにはよく散策に出かけた。

春は桜の名所でもあり、水辺は大勢の花見客でにぎわう。旧作だが、

花莚抱へて水の井之頭

と詠み、秋には、

木の実降る水のはじめの神田川

と詠んだ覚えがある。

掲句の皀莢の木は池の上に架かる七井橋を水生物園の方へ渡って行くとある。幹はかなりの太さで高さもある。これが池の水面にせり出すようにして茂っている。皀莢は豆科なので葉は細かく楕円形をしている。新緑も美しいが皀莢と書いて秋の季語になっているのは尺にもなる豆莢を結ぶところに特異性があるからであろう。この莢が小寒い風に吹かれて枯れを兆すとあたかもブリキ細工が垂れているようである。一種異様な景色であるから好き嫌いはあるかも知れない。ぼくは心を動かされる方で、毎年晩秋になると見に行く。しかし思うほどには句は出来ない。今年も水辺に暫く佇んでいてふと水面に目がいった。そこでとっさに生まれた一句。

自分の大切な物をと言われて、俳句をはじめて五十年以上本棚にある一冊を出してみた。学生時代療養がきっかけで俳句の道に入り、復学して学校の近くの本屋で求めたもの。新潮社の文庫本『波郷自選句集』。奥付を見ると昭和三十八年八月三十日二刷とある。定価九十円。

この波郷句集を角が丸くなるほど繰り返し読んだ。鉄道の駅名をそらで言うように波郷の句を誦した。俳句初学時代の懐かしい一冊である。

【私の愛蔵品】
『波郷自選句集』（新潮社）

座敷まで風の来てゐる幟かな

鈴木すぐる

故郷の景

私の俳句の基本は、師深見けん二・有馬朗人と、その師青邨、虚子の教え「客観写生」「花鳥諷詠」を常に心に止めて作句していることである。けん二師の「花鳥来」の句会は吟行が中心であるが、四年前に大病をしてから今までより題詠で詠むことが増えてきた。

吟行について、けん二師は「よい季題を見つけること。よい季題を見つけるには、心を静め、感覚を整えて自然にふれる。例えば、梅が咲いていたならその中でも何か心にとまる梅を探してゆき、そこに足をとめ、その梅をよく観察すること。なかなかまとまらなくても、だんだん心が集中して来ると、小さな変化、今まで気づかなかったものが見えて来て、表現の言葉となる。その言葉が心持とぴったりした時はじめて句となる」と……。

「花鳥来」の吟行地の一つに、小平がある。西武新宿線の小平と花小金井駅に並行して緑道があり、桜並木の下には薔薇や山吹、曼珠沙華など季節の花が咲き、葡萄や梨などの果樹園や野菜畑も。直売所には果実や野菜、時には切り花も売られている。二つの駅の中ほどに移築した古民家があり、季節によっては、打ち立ての蕎麦やうどんを食べることが出来る。節句には座敷に雛人形や五月人形が飾られ、庭に高々と鯉のぼりを立て、八月は座敷に盆棚を飾る。今時の都会では味わうことのない故郷の景に出会うことが出来る。

掲句は、平成十八年の吟行句。開け放した古民家の奥座敷に五月飾があった。その幟の一瞬靡いたところをそのまま詠んだものである。改めて見ると、それは故郷の景でもあることに驚くが、こうした句は吟行だからこそ詠めたものであり、その時のことを思い出すと、季題が胸に飛び込んで来た感じで、特別考えることなくすんなりと出来た句である。

師から教えられた俳句を、こんどは、結社「雨蛙」でも伝え、多くの仲間と楽しく俳句作りを続けて行きたいと思っている。

【私の愛蔵品】
師・深見けん二著『折にふれて』
伊能忠敬の子孫・井上靖子氏お手製の扇子

かりそめの小町となりて月を待つ

鈴木節子

中秋の名月

今、視線の先の森のひとところがほのぼのと明るさを見せはじめた。中秋の名月がもう少しで昇って来る。月代というこの時間、心を鎮めている私。東京飯田橋駅下車、十分余りにある東京大神宮にて観月祭俳句大会がはじまる寸前、二句出句のための瞑想中である。

参加者の影が宮柱のあたりにちらりと動き佇んでいる。締切時間が迫ってくる。今からおよそ二十年程前になるかと思うが、選者である鍵和田秞子・鈴木鷹夫・山田みづえ氏などの入選をねらって苦吟していた。それが何とも言いがたい佳い時間であった。かぐや姫を想起し、ふとそうだと小野小町を思い出す。私の心は小町の気分にだんだん移行してゆく。周囲の苦吟中の人影など、眼中に何もない、只一個の物体となって静寂に身を置いている自分に気付く。「かりそめの小町」そうだ！　これだ、これで一句短冊にしたためた。内心弾むような喜びを覚えたことを今でも思うのである。

小野小町は、平安前期の歌人、出羽郡司小野良真（篁）のむすめともいう。歌は柔軟艶麗、そして絶世の美人として七小町などの伝説がある。そんな小野小町に身も心もなりきったかのような境地が「かりそめの小町」の着想になった。小町とは比べようもない私だが、この一句に自信を持てたのであった。二句目の方は今、はっきりと覚えていないが、佳作に入った。小町の句は、秞子選、鷹夫選のよき評価を得て、表賞を受けお土産を頂く。

毎年、月を祀る神事はすばらしい。笹竹に仕切られた祭壇、お供物の果物、だんごが美しく盛られ、名月が正面に昇って来るのだ。しゅくしゅくと神事がすすみ巫の祝詞が畏くひびき渡る。あの座の様子と景は忘れられない。その後、私も二度程選者をさせて頂いたこともあり更に印象深い思い出となった。「かりそめの小町」を常に内蔵している。

【私の愛蔵品】
亡き夫・鷹夫が常に使用していたルーペと天狗の文鎮

ひぐらしの声海となる夕べかな

鈴木太郎

秋の気配

杉並区から保谷市（現西東京市）に引っ越して三十年になろうとしている。自宅は西東京市の北にあたり、三百メートル先は埼玉県の新座市に隣接している。東に三百メートル行くと東京都練馬区だ。保谷の名前は、辛うじて西武池袋線の駅名として残った。ここで二人の子を育て両親を見送った。偶然移り住んだ所が緑の深い土地で感慨深い。

風の向きで新座市の小学校の朝礼の声が流れてくる。以前は近くの芝畑から富士山が見えたものだが、隣駅に三十六階建てのタワーマンションが出来、すっかり視界が変わってしまった。中央高速と関越自動車道と外環道とがドッキングすることになり工事が始まった。フェンスで囲まれた道に土盛の土が運びこまれ小山のようになっている。また道を横切るように秋津へ抜ける三十六メートルの道路が部分的に開通したので、今までの生活路が横丁の道に変わってしまい、何か違和感を覚える。何年か前まで、郭公が鳴いていたがいつのまにか聞かなくなった。

にいにい蟬が鳴き始め、やがて油蟬がわめきだすと夏を実感し、子どもたちが小さいときはつくつく法師や蜩が鳴くと二学期が迫ってきたことを意識した。このあたりはキャベツ畑と芝畑が多く、薬を撒くので蟬が少ないといわれてきた。欅の屋敷森も多く残っているが、維持が大変なのか年々減ってきている。

蜩の澄んだ声があたりに流れると、所々に残った森からほかの蜩が和したように鳴き始める。山国の蜩は、近くで聞くと金物を擦り合わせるようだが、ここで殷々と鳴く蜩は、人が足で歩く呼吸に近く、胸中に溜まるように感じられる。夕暮に聞くとしーんとした静寂がおとずれ、海に漂っているような浮遊感に満たされる。そんな時は、パソコンを止めて蜩の流れに身を委ねることも面白い。誰彼と歩いた低山や俳句の仲間と探した吟行地が蘇ってくるのだ。そんな日が旬日続くと秋の気配が急に濃くなったことを知る。

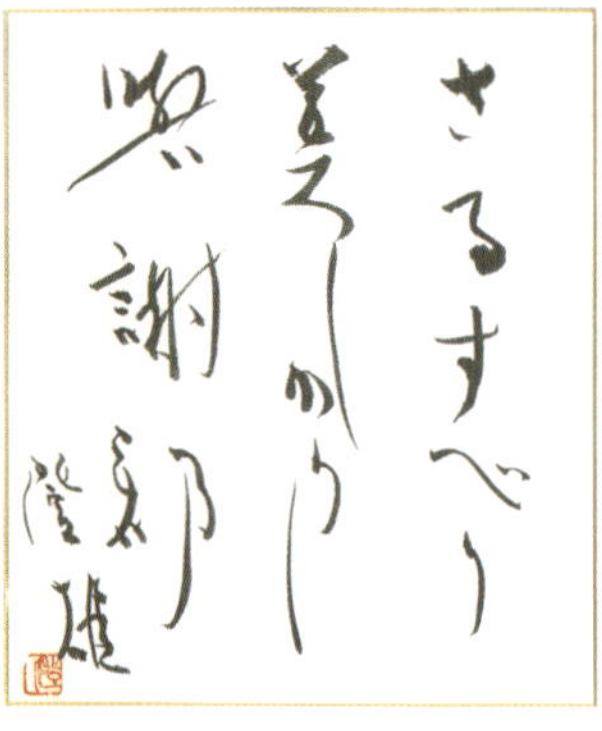

【私の愛蔵品】
森澄雄の句集『淡海』と色紙「さるすべり美しかりし與謝郡　澄雄」

絮蒲公英と戦争を乗せ自転せり

すずき巴里

たんぽぽの行方

長年、子どもたちに囲まれて過ごしてきたので私の句は子どもを詠んだものが多い。

ぶらんこの背を押す海のやうに押す

押しては戻って来るぶらんこ、青空に向かって漕ぎ出し、ぐんぐんと大きくなる振り幅に、ふと子どもたちの未来が重なる。

子どもたちの遊びは昔からそんなには変わってはいない。ジャングルジムの天辺で遠い国に行く飛行機に手を振ったり、砂山にトンネルを掘って貫通させ水を流し込んだりと、どれも明日に向かっての様を呈しているように見える。ままごと遊びのお客さん役を仰せつかり、花びらや砂団子をごちそうになることもあるが、そんな無邪気な中でも時には、

好きな子に好きな子のゐて藤の風

という切ない場面に遭遇することもある。

自然に恵まれた地域一帯は野鳥の宝庫で、珍しい水鳥などをカメラや望遠鏡を持った小父さんが覗かせてくれたりして楽しい。小流れの川の上を子どもたちの声が煌めくように渡り、草原《くさはら》では白詰草の花を編んでは時のたつのを忘れる。

子の声の泉のごとき五月かな

クローバーに寝転び雲に運ばるる

遠い国の子どもたちは今、どうしているだろうか。人間の叡智で時代は平和で発展に向かっていくものと信じたい。たんぽぽの絮が飛び立つ行方を見ながら、これから世界中で、宇宙までも飛び出し活躍するであろう子どもたちの未来の着地点を思う日々である。

【私の愛蔵品】
藤田嗣治「獣一党」より「孔雀」
エッチング（1928年、エディション350部）
長男からの贈り物

海峡のてふてふ淋しくはないか

仙田洋子

存在の淋しさ

この句はもちろん、詩人安西冬衛のイメージ鮮烈な一行詩「てふてふが一匹韃靼海峡を渡つて行つた」を下敷きにしている。

韃靼海峡すなわち間宮海峡は、樺太とユーラシア大陸の間にある海峡。小さな「てふてふ」は、冷たい荒波の上をたった一匹で高く高く渡って行く。本当に海峡を渡りきれるのか、途中で疲れ果てて荒波に呑み込まれてしまうのではないか。

アサギマダラは海を越えて二千キロメートル以上の驚くべき移動をすることで知られているが、文学上は「てふてふ」の種類はどうでもいい。それ以前に、海峡を俯瞰して飛ぶこの「てふてふ」は淋しさを感じないのだろうかと不思議に思う。

たいていの人間は、思春期に入るまで淋しさを知らない。子供時代が黄金のようにきらめいて懐かしく見えるのはそのためだ。だが、本当の淋しさは思春期特有のものではなく、青春期を過ぎて大人になり、年齢を重ねるにつれて訪れる。他者とつながろうとしても真の絆はあらかじめ断たれており、人生の重荷を一人で背負うしかないことを思い知らされるからだ。

まさしく、「笑え、そしたら世界もともに笑うであろう。泣け、そしたらお前はひとりで泣くことになる」（エラ・ウィーラー・ウィルコックスの詩「孤独」より）なのである。

だから、私たちは存在の淋しさを束の間忘れようとして群れる。笑いあったり他愛ない会話を交したり肩を叩きあったりして、日常をやり過ごしていく。

そのような馴れ合いを拒否し、ただ一匹で北の非日常の世界――シベリアの荒野をめざす小さな「てふてふ」に、私は思わず「淋しくはないか」と問いかけたくなったのだ。小さく儚い「てふてふ」に、心ひそかに憧れる荒ぶる魂の持ち主を見出したような気がして。私自身もせめて俳句の荒野により深く足を踏み入れようと心の奥で誓いながら。

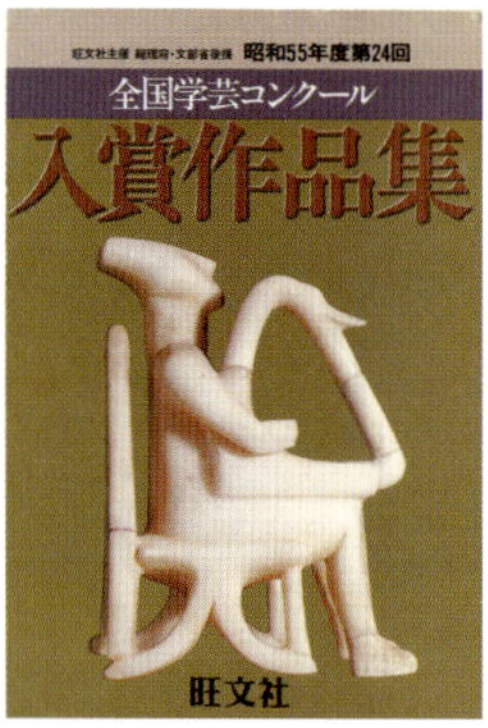

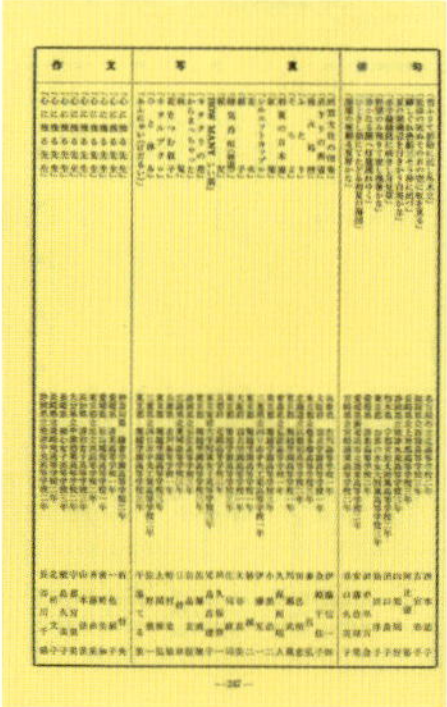
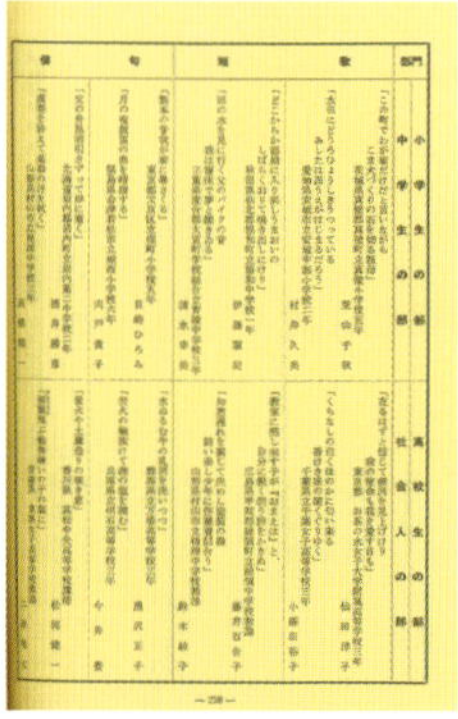

【私の愛蔵品】
『昭和 55 年度第 24 回全国学芸コンクール入賞作品集』高校時代の筆者の短歌と俳句が収録されている。「在るはずと信じて銀河を見上げけり我の使命も我を愛す日も」「野望のみ残りて虚し残暑かな」

着ぶくれて荘中学校鶴倶楽部

染谷秀雄

忘れられない一句

昭和六十三年十一月、山口青邨先生は本郷の東大病院分院にて入院中であった。鹿児島に出張となったので一日休暇を取り、足を伸ばして一人で出水へ鶴を見に行くことを入院中の青邨先生に告げた。ここには青邨先生の句碑もあり一度は行ってみたいと思っていたところで、タクシーを予約して未明にホテルから荒崎田圃へ向かった。

出水への当時の鶴飛来数は八五〇〇羽程で、今と違って鳥インフルエンザの心配も無いため、鶴を見る我々への制約も大してなく大らかなものだった。鶴が翔つ畦の傍まで行くことが出来、脇を飛び立つ羽音にビックリするほどであった。今では考えられないことだ。暫くすると子供たちが集団でやってきた。何かと思ったら鶴の数を日々数えて記録するのだという。明るくなってくると塒にいた鶴が家族単位で餌場へ一日遊んで夕方また、田圃へ帰ってくる。その一斉に飛び翔つときを捉えて数えるのだ。聞くと地元の荘《しょう》中学校の鶴クラブだという。この学校では鶴を数えるクラブが出来、今でもこの伝統が続いている。明け方の寒い最中で頬を赤く染め、吐く息は白い。皆、冬帽子を被っていて厚着である。子供たちの明るい声が聞こえている。青邨先生はここに地元の夏草会の人たちの案内でやってきて、多くの作品を発表した。

東京に戻ってすぐに先生に報告した。先生は選句をされていたがその手を止められて出水での私の話しを聞いてくださり、また、ご自身の当時のことをたのしそうにお話して下さった。翌十二月十五日先生は帰らぬ人となった。九十五歳であった。そして元号は昭和から平成に移った。三十年も前のことだ。掲句は木曜会で作品を出した際、古舘曹人さんはじめ多くのメンバーの賛同を得た忘れられない一句である。

【私の愛蔵品】
45 年前の自慢のアルプス号自転車
今も健在。輪行袋に入れ列車に積んで
旅をする、そんな吟行もした。

鴨食へば蒼き雲ゆく寒土用

高崎公久

前進

まだまだ勉学途上の私にとって、代表句と言わせるだけの句はない。縁あって昭和五十三年に野澤節子の「蘭」に入会したが、引籠りのごとく俳句関係との接触もないまま、三年を経て初めて句会なるものに出席した程である。したがって、俳句にのめり込むということもなく、毎月の投句数だけ熟せば良いぐらいにしか思っていなかった。いつも雑詠欄のビリに近い所を行ったり来たりしていたが、ある月に同じに並んでいた者が急に、巻頭圏まで上っていたのである。その時の驚きは今も思い出される。くやしいというより、自分の腑甲斐無さに打ち拉がれたのである。「一念発起」という言葉があるが、その時の衝撃は、私の俳句作りに火を付けたのである。その三年後、誘われるままに東京で行われた「蘭」の新年会に初めて参加した。その時思わぬ事が起きたのである。野澤節子先生の天賞になってしまったのである。その句が掲句でありその時賜った短冊が

はじめての雪闇に降り闇にやむ　節子

であった。この句は、節子先生の数多の句の中でお父上が初めて誉めてくれた一句と、自句自解の中で書いておられた。それを読んで改めて俳句の奥深さを感じたのである。当日は二句投句であったが、もう一句も入選したのである。その句が

一瞥を風浪にくれ鷹翔てり

で、鷹の美しさに魅せられ、今も毎年鷹の句を詠み続けている。私の第一句集『青巒』に節子先生より序句を賜わった。

鷹一羽いま翔けむとす沖指して　節子

句集は、この一句に集約されていると今も思っている。過去を振り返ることなく、前進のみを考えてゆきたいと思っているが、私の俳句の原点は野澤節子である。いつ野澤節子が満足する一句が出来るのであろうか。それが出来た時、初めて前進出来たと思うのである。

【私の愛蔵品】
左から「花ほつほつ夢見のさくらしだれけり　大野林火」
「春昼の指とどまれば琴もやむ　野澤節子」
「月にそなふうぶむらさきの山桔梗　きくちつねこ」

遠くまで遊びに来しよ葭の花

髙田正子

これもご縁と

実家を離れたのち今の家に到るまでは、心の底にいつも「いつかここから去らねばならない」という意識があった。そのせいか何かを蒐集したことは無く、また断捨離の類の流行にはハナから乗り遅れ、結果的に縁あって集まって来た物に囲まれて暮らしている。

嵩張るとぼやきつつ、ずっと引き連れてきた物に和服がある。なにしろ生まれが中部圏なものだから、母は私が十代のころから「予定」もないのに「支度」の心配をしていた。幸か不幸かなかなか嫁にゆかぬ娘で、母の心配は、手ずから和服を仕立てるという実益を兼ねた趣味に転換されたのであった。

その母も既に亡い。加えて色や柄は父が選んでいたらしい。というわけで、三十年越しの躾をほどいては身体に巻き付けている昨今である。実は四半世紀ほど前に一度、着付け教室なるものに飛び込んだことがある。が、着るシーンを明確に描いていなかったためであろう。その後の子育て生活の中であえなく撃沈。続けていれば、今ではちょちょいのちょいで着られたものを。だが、昨年末唐突に、大切なのは着用方法ではないと開き直りのような悟りを開き、父が選んだ、母の手縫いの「ワンピース」を今の自分相応に着る、と決めたのであった。

着物に限らず、昔は変なところに力が入っていて肝心の目的を失していたなあ、と最近よく思う。「葭の花」の句は、子どもが二人になって外出がままならなくなっていた平成七年頃の作だが、作り方を忘れてしまったと苦笑しながら参加した吟行会で、締切間際に書きなぐった一句。りきむ余裕が無くなって実に幸いであった。

何をするにも格好よくはできないタイプなのだと思う。俳句も素顔で詠めたときがいちばんしっくりくる。ご縁のあった人も物も場所も、逢うべくして逢い、持つべくして持ち、行くべくして行ったとしか思えない。かくして身辺がすっきりする日はいよいよ遠い。

【私の愛蔵品】
上賀茂神社の八咫烏と長崎の金魚
数年来このペアで私の机に結界を張っている

天地は古びて新た雁の列

高野ムツオ

雁の列

「あっ雁だ」同行の連衆の一人津高里永子の声に思わず顔を上げると、右手の低空を確かに雁が鉤になって、日暮れを急いでいるのが見えた。他にはと目を移すと、さらに上空から倒れかかった棹のような一群が視野に飛び込んできた。耳を澄ますと、かすかだが、声も降ってくる。

これは、昨年の「小熊座」吟行会の帰路の一齣。この会は、小熊座が、一年に一度一泊で催している恒例の行事だが、昨年は、私の生まれ故郷栗駒山を目的地にしたのだった。時期が十月中旬だから、冬の訪れ早いみちのくの山は、もうすっかり紅葉の装いとなっている。そこで、その紅葉探勝、というのは表向きの理由で、病気療養まもない私の元気回復のために吟行会を私の生地としたというのが企画にあたった仲間の本当の意図で配慮なのである。実際、教員を長い間勤めていた私は、勤務地の仙台から二時間もあれば車で帰れる郷里にも盆暮れ以外はほとんど顔を出さない典型的な親不孝者であった。翌春は退職という時期にもあたっていた。

それぞれに紅葉を満喫。句の収穫を懐に観光バスのシートに疲れでうとうとと仕掛けた頃、冒頭の津高里永子の声が車中に広がったのだ。場所は雁や白鳥の飛来地として知られる伊豆沼にほど近い刈田道。採餌を終えて帰る雁に出会っても決して不思議はないはずなのだが、私はその時、なぜか、いいようもない懐かしさにとらわれながら、その雁の列にみとれていた。これまでも何度も遭遇し、何度も見送った光景にもかかわらず、おおげさに言えば、生まれたとき初めて見たものが、不意に眼前に再現されたような思いであった。そして、それゆえ、新鮮そのものだった。思えば、この光景は何万年前から、いや人間には想像もつかないはるか昔から毎年繰り返され、そして今日、その新しい瞬間に私は出会っている。そう確信したとき、この私の俳句は生まれたのである。

【私の愛蔵品】
師・佐藤鬼房の書
「陰に生る麦尊けれ青山河　鬼房」

◀ 撮影 浪山克彦

花どきや都心といふも山と谷

高橋道子

さまざまなこと

今は元気な次男だが、先天的に心臓に異常があったため、かつてはずいぶん病院にお世話になった。入院、通院と、都心の病院に何十回通ったことだろう。この句は次男（当時十六歳）の二度目の手術時のもの。周囲には桜の木が多く、ちょうど満開の桜が、まるで手術の成功を祝福してくれるように揺れていた。病院が少し高いところにあって、近くには急な坂や階段も多かったが、坂の途中に一本、階段の近くに一本というような桜もよかった。付き添う間は早朝の桜や夕桜、見舞うようになると病院までの電車やバスの中からの桜と、ふんだんに味わうことができた。都内に通学通勤し、住んでいたこともあったのに、改めて、都心にもかなりの起伏があることに気づいたのは、まさに桜と俳句のおかげである。手術は大丈夫と思っていても心臓のこと。正直、しばらくは胸中に俳句が入る間はなかった。その緊張が取れた頃、ふと口をついて出たのが掲句。

この時は句会に出席できず、先輩にお願いして欠席投句をさせていただいた。句会で伊藤白潮師が採って下さったこと、そのコメントなどを先輩が丁寧に知らせて下さり、どんなに励みになったかしれない。今は亡きこの先輩には、この時に限らず、言葉に尽くせないほど助けていただいた。

俳句とともにある生活は、私にとってはいまもひとつの贅沢だが、ここまで続けてこられたのは、多くの先輩や句友とのかけがえのない楽しい時間があったからである。白潮師が逝去されて九年半。井上信子代表のときを経て「鳴」には新しい同人も増え、句会も盛んで力強いが、何人かの親しい先輩を病気で失ったことは寂しい。

芭蕉に有名な「さまざまの事思ひ出す桜かな」がある。拙句は、私にとっては、白潮師、「鳴」の先輩や句友、そして家族のこと、本当にさまざまなことが思い出される「桜の一句」なのである。

【私の愛蔵品】
能筆の先輩木下もと子さんの書による拙句の額（陶板）と、いただいたブックカバー、文鎮

蟲鳥のくるしき春を無為《なにもせず》

高橋睦郎

生きるとは

　三十数年来住んでいる相州逗子の、逗子湾を前に桜山丘陵を後ろにした谷戸内《やとうち》は、かつては通称夕日当《ゆうひあて》と呼ばれたと言い、なるほど午後になると海側からの日差が濃い。対応する朝日当《あさひあて》という場所もあるらしいが、それが何処かは確かめていない。

　そんな鄙びた土地だから、自然も生きている。茅屋の壁にもムカデが這い、天井からヤモリが落ちてくるし、荒庭にマムシも見かける。ちょうど啓蟄の頃、近くの小公園を歩いていると、何の樹だったか、根方の洞《うろ》から薄紅い親指の爪ほどの小ガニが出てきた。あ、かわいい、と近づこうとする間もあらばこそ、さっと舞いおりるものがあって、小ガニはたちまち呑まれてしまった。見ると、これもかわいらしいホオジロで、それこそ何食わぬ貌して歩いている。食ったから満足したというのではなく、また次の餌を探さなければならないのだろう。

　食われた虫も、食った鳥も苦しいのだ。それを見て何もしない自分も、考えてみれば虫や鳥と同じ苦しさの中にある。そんなことを考えるともなく考えていて、ふっと生まれた「蟲鳥のくるしき春を無為」。少年時代に大人の真似ごとで作り習い、作りつづけて七十年近く、自ら代表句と呼べるほどのものはあるべくもないが、春懶の一句としてとり敢えず挙げておこうか。最近の作「翼翳眩し啓蟄一ト覆ひ」「啓蟄やすなはち鳥の咽喉奈落」はそのヴァリエーション。

　考えてみれば、人間だってこの世に出たと思うと、たちまち死に呑まれてしまう。生まれてすぐ死ぬ嬰児はもちろんだが、たとい九十歳・百歳まで生きたとしても、悠久の時間から見ると、一瞬のことにすぎないのではないか。だから、食われる虫、食う鳥を見ていても、何もしないし、彼らの苦しさをどうすることもできない。自分も含めて生きることは苦しい。句作も苦しい。苦しいが愉しい。生きることもそう言えればいいのだが。

【私の愛蔵品】
英雄ヘラクレスを彫った16世紀のシェルカメオを勝負指輪に

白鳥の純白をわが炎とす

高松文月

白鳥の里親証

　ふるさとである福島県を流れる阿武隈川には冬になると多くの白鳥が飛来する。毎年その白鳥たちに会いにゆくことがここ二十年の楽しみである。初めてその光景を眼前にした時の強烈な感動を今でも鮮明に記憶している。

　福島市に住む姉を訪ねた時のこと。「白鳥が来てるから見に行こう」と誘われ、徒歩十分足らずで川岸に到着。阿武隈川のほとりに立つと、川は真っ白、想像をはるかに超えた数百羽の白鳥の姿に思わず歓声を上げた。その隙間は鴨で埋め尽くされていて身動き取れないくらいであった。まばゆいほどの光を受け、白鳥はスポットライトを浴びたかのように光輝いていた。「コウコウ」という力強い鳴き声に時折バタバタバタッと羽音が混じる。なんて真っ白なのだろう。なんて気品高く優雅なのだろう。はらはらと風花の舞う冷たい空気を頬に感じながら目の前の光景に圧倒され、ただただ見つめ続けた。「里親制度があるみたいよ」という姉の一言で白鳥おじさんの小屋へ行きすぐに申込みを済ませた。

　翌年から毎年十月になると福島市観光協会から「今年も白鳥の里親をお願いします」と案内が届くようになった。一月中旬の「里親の集い」にも毎回参加した。全国の里親たちが福島駅に集合し、バス数台を連ね白鳥との逢瀬に向かう。岸辺に立ちパンの切れ端を差し出すと指先に嘴を寄せてくる。その人懐こさ、哀願するような眼にすっかり虜となった。目の前の純白にひたすら心を寄せる。白鳥は私を魅了してやまない。冷たい強風に煽られ震えながら餌やりをした日、小春日和でコートもいらない程の穏やかな日、大雪でバスが土手の下で立ち往生し、皆で押してなんとか脱出した日など懐かしく思い出される。安達太良連峰と澄み渡る空気の中での白鳥たちとの出会いが、私の俳句人生の原点である。残念ながら二〇〇八年の鳥インフルエンザの影響で里親制度は廃止されてしまったが、私は変わらず白鳥を訪ね続けている。

【私の愛蔵品】
白鳥の里親証

雪投げの母子に我は誰でもなし

高柳克弘

傍観者

俳句を作るのはだいたい、自分の部屋か、電車の中。見たものをそのまま作るということはほとんどないのだが、この句は実景から作ったものだ。

東京で珍しく雪が降った日。仕事に向かうために家から出てすぐに、雪遊びをしている母と子供が目に入った。母の方が真っ赤なコートを着ていたので、目を引いたのだ。遊びといっても、子供の方が雪をすくっては母に掛けるという戯れを一方的にしているだけで、母の方はアハハハと豪快に笑いながら逃げているばかりだった。二人の傍には雪玉を重ねたようなものも置かれていた。雪だるまを作ろうとしていたのだろう。子供の幼さのために、それは未完成のままで放置されていた。私が道を過ぎっていっても、二人はまるでそこに私がいないかのように、遊びを続けていた。そこに憂いの入り込む余地は微塵もなく、徹頭徹尾、健やかなものに思えた。芥川龍之介の「蜜柑」という短編小説がふっと心に浮かんだ。奉公先にいく少女が、見送りに来た三人の弟のために、列車の窓から蜜柑を放り投げるところを見て、主人公は「私はこの時始めて、云ひやうのない疲労と倦怠とを、さうして又不可解な、下等な、退屈な人生を僅に忘れる事が出来たのである」と述懐する。あの心持がよくわかった気がした。

疎外された者の悲しみを読み取ってくれた人もいるが、むしろ自分は進んで疎外されているのだ、という表明のつもりだった。俳人は、事件や事象の真ん中に立つのではなく、事象の外にいて、あくまで傍観者の位置を貫くべきではないか、と考えている。「蜜柑」の主人公も、一部始終を傍観しているのみで、少女たちに一切かかわりを持たずにいるのは、じつに俳句的だ。あの日の母子の限りのない眩しさを、当人たちは知らず、私だけが知っていて、こうして十七音の中に封じ込めることが叶い、私はひそかに喜んでいる。傍観することではじめて見えるものがある。

【私の愛蔵品】
仲寒蟬氏から贈られたガラスの万年筆
ペン先までガラス製で、神秘的

寒稽古卑弥呼と寝たことぽろと言う

武田伸一

創作のこと

代表句を、という注文であるが、掲句は私の表向きの作句信条からはずいぶんとずれた一句である。また、真夏のこの時期とは反対の、真冬の一句について述べることも許していただきたい。

先に、表向きの作句信条とは違うと書いたが、よほどの天才か奇才でない限り、人間が頭で考えて創る俳句の世界には限界があり、現実に起きる広大無辺な諸相には敵うべくもない。その現実に根差したリアリティのある作品が理想――と常々思い、そうして生まれる作品がベターと考える私には、くどいようだが、掲句は代表句には当たらない。

誰が見ても嘘ッパチ。荒唐無稽な作品である。しかし、妙に愛着があるのも事実であり、その点について書いておきたい。事の発端はこうだ。近年、弥生時代と思しき城柵の中で、異形の女性にかしずいている初夢を見た。それ以上の詳しい状況は全く分からない。数か月して、あの女性は卑弥呼だと直感した。と、同時に、私は卑弥呼に選ばれた一人の男、との確信が生まれた。夢のことだと断ったとしても、誰もまともには聞いてくれないだろう。いや、このことは他人に話してはならないこと、自分の胸に秘しておかなければならないのだ。そう言い聞かせて、

初夢の卑弥呼と寝たこと秘匿せん

という句になった。そして、また半年ほど経過して、あの初夢から一年。これだけの大事を自分一人の胸に蔵いこんでおくことに耐えられなくなってきていた。言ってはならないこと、いや、誰かに自慢したい……。その葛藤の末に、

寒稽古卑弥呼と寝たことぽろと言う

という作品になった。こいつなら秘密を打ち明けても大丈夫。信頼できる友。「寒稽古」でくたくたになり、思考力もほとんどないまま「卑弥呼と寝たことぽろと言う」ことで、私の作句信条を裏切って、一年がかりでこの作品は結実（?）したのだった。

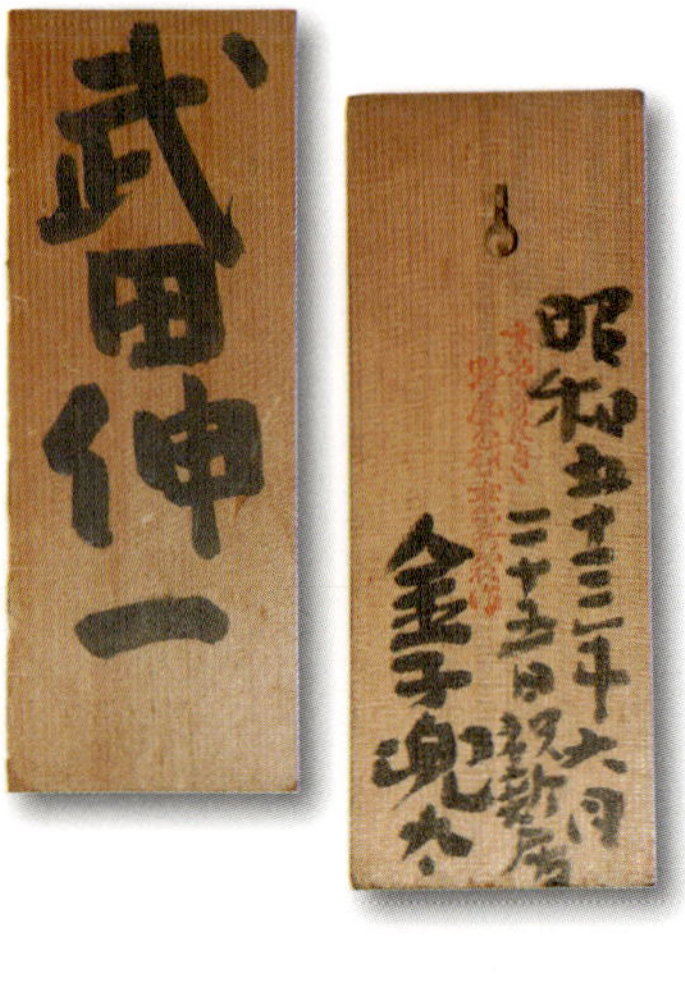

【私の愛蔵品】
金子兜太筆の表札

巴里発衛星経由の御慶かな　千田百里

にひどしの賜りもの

　今日では当たり前となった衛星放送だが、掲句はそのBS放送が始まって間もない平成五年の作品で、その頃はまだあの大皿のようなBSアンテナを見ることは滅多になかった。

　当時「沖」の新年俳句大会は神楽坂の「日本出版クラブ」で開催されていた。掲句は、その新年俳句大会に投句した作品なのだが、平場での評価をまったく受けぬまま、幹部同人に続いて林翔副主宰選に移り、佳作、秀逸と進んでも一向に入選の気配はなく、準特選そして特選の発表、なんと！　掲句が翔先生の朗々たるお声で読み上げられた。

　その時の私はご多分に洩れず意気消沈の最中であった。ただただ茫然自失の態であったらしく、共に「沖」に入門した傍らの夫や句友達の喚声と祝福にやっと我に返ったことを思い出す。しかし、能村登四郎主宰選は逸した。

　入門して五年目に賜ったこの作品誕生の背景は、偶然目にしたフランスからの生中継による衛星放送画面であった。サクレ・クール寺院前に立つ女優岸惠子さんの「日本のみなさま、明けましておめでとうございます」から始まって、パリの新年風景が紹介されており、その場面が脳裏に焼き付いて一句が生まれたもの。

　主宰選に洩れたものの、私にとっての出世（？）作に違いなく、後に「沖」誌上に発表するに至り、登四郎先生も認めてくださり、翌年の新人賞への道が開けた作品となった。

　新年俳句大会後は、懇親会に続き、能村研三現主宰を先頭に二次会、三次会と神楽坂界隈を練り歩き、結局は終電ぎりぎりとなるのが恒例であった。その終電近い総武線内の吊革にぶらさがりながら現「銀化」主宰の中原道夫氏から「ももちゃん、代表句が出来たよね」と声がかかった。その重みを理解できぬまま「へぇー代表句かあー」と思ったものである。

　この作品により第一句集名『巴里発』を登四郎先生より賜った。まさに今は亡き先師お二人からの「にひどしの賜りもの」なのである。

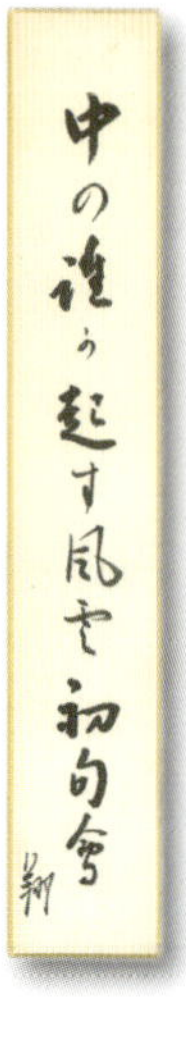

【私の愛蔵品】
能村登四郎、林翔の短冊
「新年を嘉して椿太郎冠者　登四郎」
「中の誰が起す風雲初句会　翔」

見えさうな金木犀の香なりけり

津川絵理子

ワイルドな香

花なら金木犀が好きだ。朝目が覚めて、窓を開けると、風に乗ってかすかに香ってくる。ああ、どこかで金木犀が咲き始めたな、と思う。その瞬間が好き。

近所には金木犀を植えている家が多く、どれも手入れが行き届いている。年に一度は剪定されて、綺麗な丸みがある庭木になっている。木の姿も可愛らしくて良い。金木犀に限らず、草花を育てるのが好きな人が多いと思う。庭が無くても、玄関脇に植木鉢を並べ、葡萄棚を作るなどして、それぞれが工夫して花を楽しんでいるようだ。

マンション暮しでベランダも狭いので、今は植物を育てていない。植物が繁茂すると、洗濯物が干し難くなる。草木を取るか、人間の生活を取るかのバランスが難しい。同じマンションのとあるベランダは、緑で覆いつくされている。これでは洗濯物は干せないだろう。住人は人間より植物を取ったのだ。私はそこまでの覚悟がまだ出来ない。他人の家の庭木を見て我慢している。

これまた近所に、谷崎潤一郎旧居「倚松庵」がある。『細雪』の舞台そのままの美しい家だ。庭もまた素晴らしい。谷崎の美意識を反映した繊細な造り。ここは土日しか開いていないが、いつも静かに過ごせるのが嬉しい。しかしふと考える。谷崎はこの静謐で美しい庭を、繁るにまかせたいと思ったことはないかと。その作品を読むと、家を覆いつくす植物の、命のせめぎ合いを見たいという、暗緑色の欲望に駆られたことがありそうだ、と思えてくる。

そんなことを考えるのも、「もじゃハウスプロダクツ」の干潟さんに出会ったからかもしれない。建築士で樹木医の資格を持つ彼女は、植物と共生する家を建てることを目指している。以来私も、緑がもじゃもじゃした家に目が行くようになった。私だったら、金木犀を大きく育てたい。伸び伸びと繁る金木犀の、ワイルドな香を嗅いでみたいのだ。

【私の愛蔵品】
左：愛用の万年筆
右：祖父手作りの持仏
いつも鞄の中に

加古
永田耕衣著
変態免許
道交法に対応
魅せるフラのコツ50

俳諧はほとんどことば少し虚子

筑紫磐井

批評のことば

私が評論を書くきっかけは能村登四郎にある。登四郎はまさに表現者であり、俳句のみならず自らの思いを表すことすべてに熱心であった。「沖」を創刊したのも、自分の自由な表現の場を確保したいという志からであった。だから能村登四郎は自ら書くだけでなく、若い作家たちにしきりに評論を書いてみるように言い雑誌の頁を開放していた。私も何十編かが採用になり、ひとかどの評論家となったつもりでいた頃、「豈」という同人誌へ参加することになった。この雑誌で最初に執筆したのが龍太論で、それを『飯田龍太の彼方へ』にまとめた。ちょっと変わった作家論であり、龍太特有の俳句構造を指摘したあまり例のない論で、出来たばかりの第二回の俳人協会評論新人賞を受賞した。

その後、俳句・詩歌の構造に関心が出てきて詩歌と俳句を比較する『定型詩学の原理』を出した。あまりに大部なので、当時「俳句」が募集した「無人島に持って行きたい本」の中で高い票を集めて選ばれたりした。この本は、正岡子規国際俳句賞を受賞したのだが、理由は詩人の宗左近氏が強く推してくれたことによる（後日、金子兜太氏も推したことが判る）。「英雄的な所業」というのが宗氏の推薦の辞であったが、確かに日本のあらゆる詩歌と比較してみようというのだから蛮勇に近い内容のものであった。ちなみに、写真に掲げたのは骨董に造詣の深い宗氏が記念にくれたものである。「觴《しょう》」という前漢時代の酒器――濫觴の言葉の由来ともなっている――で「飛天」は宗氏の命名によるものだ。

こうして私を評論に誘ってくれた二人はもう今はいない。『伝統の探求』を刊行し、今年俳人協会評論賞を受賞したのだが、せっかくの恩人に報告するすべもない。

さて、最大の問題はそうした評論活動が、俳句作品にどう影響しているかである。批評の言葉がそのまま俳句になるといい、という趣旨で詠んだのが掲出句。如何？

【私の愛蔵品】
宗左近氏から贈られた前漢時代の酒器「飛天」

風鈴の夜の彼方に鳴つてをり

辻　恵美子

風鈴の音色

父の葬儀が全て終わり自宅へ戻った私は、居間のソファーに凭れ何かを思っていた。一人でじっと時を過ごした後、ふと風鈴の音が心にとまった。その澄んだやさしい音色が、いつもとは違って聞こえたのだ。風鈴は夏の暑さをやわらげるためだけではないようにその時思った。

その後何日も経って遺品の整理をしていると、一冊の手帳が目に留まった。中を開くと何と俳句がびっしり書かれているではないか。癌の宣告を受ける二年前から亡くなる一か月ほど前までざっと一三〇〇句ほど。驚いた。父からそのような事は全く聞いていなかった。読んでいくと私と山辺を歩いた時の句もある。

肺癌の癒ゆる春風山辺路　美根司

三月二十九日の日付があるその日は春の心地よさを満喫しようと父を連れ出したのだった。迎えに行くと父は庭の草引きを止めすぐに着替えて車に乗った。目的地に着くとしばらくは歩くがすぐにベンチに坐りこみ、私一人で廻るように言う。私は辺りをしばらく見て句作をしてから戻ったのだが、あの時、父もまた俳句を作っていたとは。そんなことはおくびにも出さないで。

父はなぜ黙っていたのだろう。またなぜ俳句を作る気になったのか。ぎっしりと書かれた句は上手とはいえない初歩の句ばかり。学んで上手になろうというのではなく、句会に出て楽しむというのでもない。どこかに投句して認めてもらおうなどさらさらなかったに違いない。私が俳句をやっていることを知りながら黙ってただ秘かに手帳に書きつけるのみ。こういう句作を何と呼べばいいのだろう。評価も向上も楽しみも期待しない秘かな句作は、言わば日記に近いものではないだろうか。

私は父っ子で父と気が合った。父は事あるごとに私のよき理解者であり、助け手であった。そんな父の秘かな俳句に、私は改めて父の私への思いを見たような気がした。

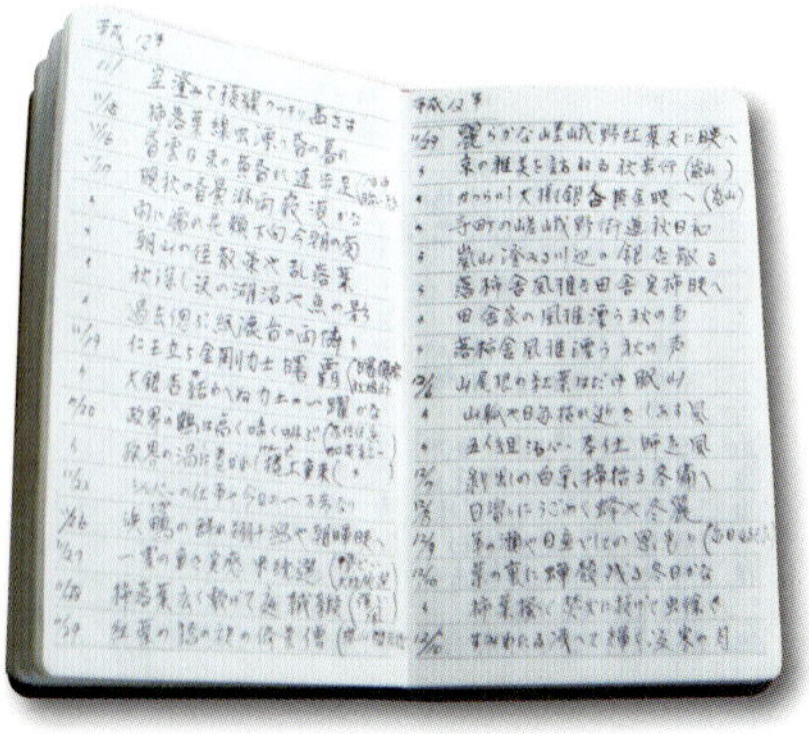

【私の愛蔵品】
父の遺品の俳句手帳

毛布にてわが子二頭を捕鯨せり

辻田克巳

俳句は詩

「日曜の朝など、なかなか起きてこない子供たちとこうやってちょっと遊ぶ。そら、鯨つかまえたぞ。いちばん下はまだ二歳だから加わらない」（『自註現代俳句シリーズ　辻田克巳集』俳人協会、昭六十二）

自註が句のほぼ凡てで加えるものはほとんどない。若かったからか元気一杯の頃だったからか、共鳴してくれる人が多くて何となく代表句にされてしまっている感がある。

当時（昭四十二）は綾部にも熱心な仲間たちがいて、毎月京大阪勢は何人かで綾部に通って吟行や句会をせっせとやっていたが、その復路の車中でもミニ句会をしばしばやった。その折大阪のHの出した席題「毛布」でできたのがこの句である。

お仕事真っ盛りの頃で、だからこそこういう他愛ない事実が日常性の真として受け取って貰えたのかもしれず、絞り出して捏ね回した架空の素材ではないから、作った本人は案外恬淡としていて特別の思い入れがあるわけではないのである。

ところが、である。

世の中いろいろで、この句が雑誌に載った頃、顔色を変えてご注進に及ぶ人があった。「こんな句をよしとする主宰がある。第一、鯨は網でなど捕らぬ」といったというのだ。告げ口ではなく印刷された雑誌を示してのことゆえ、内容に主観色や脚色はない。その原本も残念ながら手許にはないが、趣旨はこの通りで枉がってはいない。

今更らしく論じ返すことはしないが、これが敢て鶏口となり何百人を率いる一城の主の感受かと正直ただ情なかった。「閑さや岩にしみ入る蝉の声」の、岩にしみ入るという誇張、もしくは嘘を絶品と言ったら、陰であれは孔の沢山あいた岩だったと評（？）する人がいると聞いて疑った感受と同じなのだった。

俳句は詩。理や常識で散文的説明をいくら積んでもそれはその俳句を感受した事にはならぬ。社会的地位がいくら上がっても、である。

【私の愛蔵品】
「氷海」創刊号と第２号

髪洗うたび流されていく純情
対馬康子

詩人の魂

何かに導かれた出会いというものがあるとすれば、それは十代の終り、ある日書店で手に取った宗左近詩集『愛』(弥生書房)である。青春の日にストレートに響いた。

それから二十年を経て、宗左近先生と初めてお会いすることになる。一九九六年(平成八年)五月、タイのプーケット島にて行われた「短詩型文学国際シンポジウム」の場であった。米、英、エストニア、中国、タイ、シンガポール各国の詩人たちと、日本からは有馬朗人、大岡信、芳賀徹、高橋睦郎、大峯あきら、川本皓嗣、佐佐木幸綱、俵万智などの各氏が参加し、都合がつかなかった金子兜太先生は代理が参加し文章を代読するなど、二日間にわたって熱心に議論が展開された。そこにおいて宗先生は「和魂洋魂」と題した論を示した。「原爆許すまじ蟹かつかつと瓦礫歩む　兜太」などを例に挙げながら「詩は国の記憶」(オクタビオ・パス)であり、「国の記憶」とは、宇宙草創の思い出そのもの、神の分身である魂の記憶でなければならない。そして、文学の未来にとって今大切なことは「深いところから国の記憶を呼び起こすこと」である。俳句人口、短歌人口がどれほどかはどうでもよい。「国の記憶が死にかかっているかどうか」、そして、「魂のない日本でないことを願っている」と締めくくった。

東京大空襲の炎の中で見失った母、戦死した四人の親友たちへの深い鎮魂と共に生きた。「生を永続させるのは、神の力であろう。死を永続させるのが、芸術の力であろう。そして、その永続しない生を、辛うじて慰めるのは、永続させられた死によってである」(「俳句四季」平成六年一月号)。果てしない死者たちとの対話によって一体化した詩人の魂は、一万年の不戦の民である縄文人の土器土偶が持つ宇宙の広がりへと繋がっていた。

掲句は宗先生が選んでくれた一句。現代という混沌にあって、俳句という詩の信ずるべき核とは何かということを自問している。

【私の愛蔵品】
宗左近先生の色紙と
頂いた古伊万里の小鉢

霊峰にしてつつましき登山口

手拝裕任

大自然の厳しさ

退職して五年が経った。退職後の自由で楽しい生活を夢見ていたが、最初の三年間は大学の講師の仕事もあり、俳句誌の編集、句会の指導等に多忙を極めた。その大学の仕事も終わり、少し時間に余裕が生まれたので、同じ教職を経ての退職仲間とともに登山を始めた。登山といっても、二千メートル足らずの山で、山小屋に泊まってというような本格的なものではない。アドバイスを得ながら、登山靴とポール、リュックサックと雨合羽を購入した。

最初に挑戦した山は、大峰山系の一つ、稲村ヶ岳（標高一七二六メートル）であった。奈良県吉野郡天川村にある洞川温泉まで車で行き、そこから登山が始まるのである。山頂まで約三時間のコースである。五月四日の新緑が眩しい。野鳥の声が谷底に美しく谺し、上り坂の辛さを忘れさせてくれる。何よりうれしいのは行き交う誰もが声を掛けてくれることと、お互いに道を譲り合うことだ。

「こんにちは」
「お先にどうぞ」
「すみません」

山は人々を優しくさせ、謙虚さをもたらす。一歩一歩の苦しみと、抗うことを許さない大自然の威容がそうさせるのであろう。

登頂の喜びはというと、広がる大パノラマ、かぶり付く握り飯、心地よい風等々、人それぞれであろうが、誰もが感じるのは一つの事を成し遂げた充実感、そして、互いに励まし合って登ってきた仲間たちとそれを共有する喜びであろう。ここ数年、稲村ヶ岳、弥山、八経ヶ岳、大普賢岳そして唯一女人禁制である山上ヶ岳と立て続けに登ったが、これらは全て山岳信仰に基づく霊峰であり、峰行者達の修行の場である。

四季の変化を享受し、大自然に畏敬の念を持つことから始まる俳句文芸。それに関わる者として、その厳しさを体感させてくれるもののの一つに登山があると思っている。

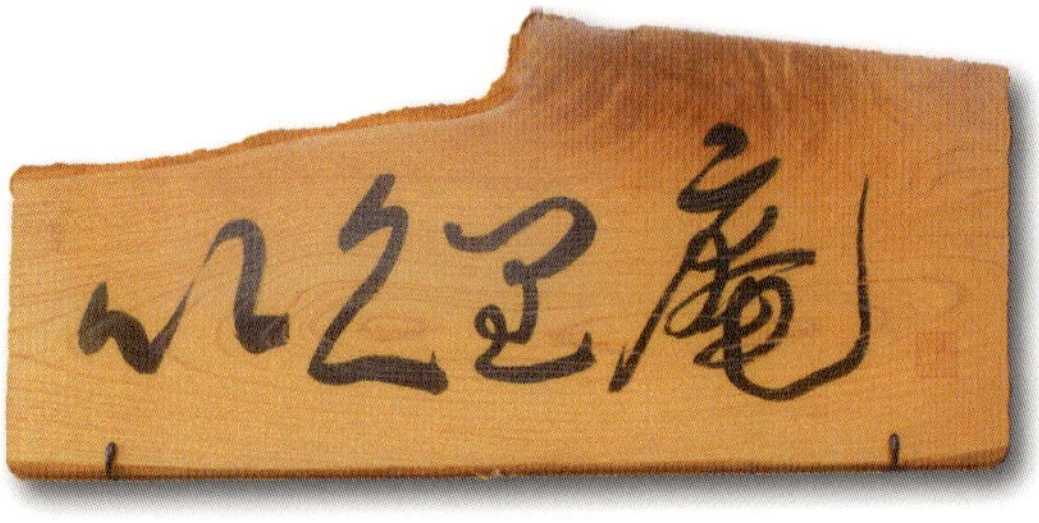

【私の愛蔵品】
安宅川崇山氏揮毫による「いくり庵」の扁額

ただよひて浮葉はもどるところあり

寺島ただし

漂泊の思い

初夏ともなると、蓮は円形の新葉を水面に張り付けるように浮かべる。その浮葉の上に水玉を載せるものがあり、やや大きい葉では水を飲みに雀が降りているのを見かけることもある。また、亀が貌を伸ばして葉に上がろうとしている姿などは愛嬌がある。風が吹いたり近くに水鳥や魚が来たりして波が生まれると、まさに、

波なりにゆらるゝ蓮の浮葉かな　子規

という句さながらの状態となるが、波もなく比較的静かな場合でも、浮葉は一か所にとどまることなく水面を移動していることがある。それは風向きの変化や、なんらかの原因で池沼に起こる水の流動がなさしめていようか。風がつよい日には浮葉が吹き流されて、もうこれ以上遠くへ行くのは無理とつっぱっているように見える。

あるとき、上野の不忍池の岸に腰かけて蓮を眺めていると、一羽の鴨の泳ぎに乱されて思いのほか大きく移動した浮葉が、あたかも減衰振動のような動きを見せながらゆっくりともとの位置にもどった。しばらくしてまた鴨が通り過ぎたとき浮葉はその波に押されて異なる方向に動いたが、すぐに引き返して同じもとの位置に落ち着いた。それは、池沼の水がまったく静止しているときにいるべき、茎の曲り具合などあるがままの自然な状態で、浮葉にとって最も安定した位置に違いない。そう思うと、さまざまな外力によって浮葉が彷徨い出しても、それを引きもどす力が厳然としてあることが明白で、眼に見えない水中の根と茎の存在が脳裏から離れなくなった。

この句は全くあたり前の物理的現象を写生しただけのものであるが、見方によっては、人生でしばしば見られる様相を寓意的に含んでいるかも知れない。例えば、漂泊のあと故郷に戻るとか、放蕩息子が真面目に働きだす等々、句を詠んだときそんなことを意識したわけではないが、心のどこかに漂泊や望郷の思いが潜んでいたのであろうか。

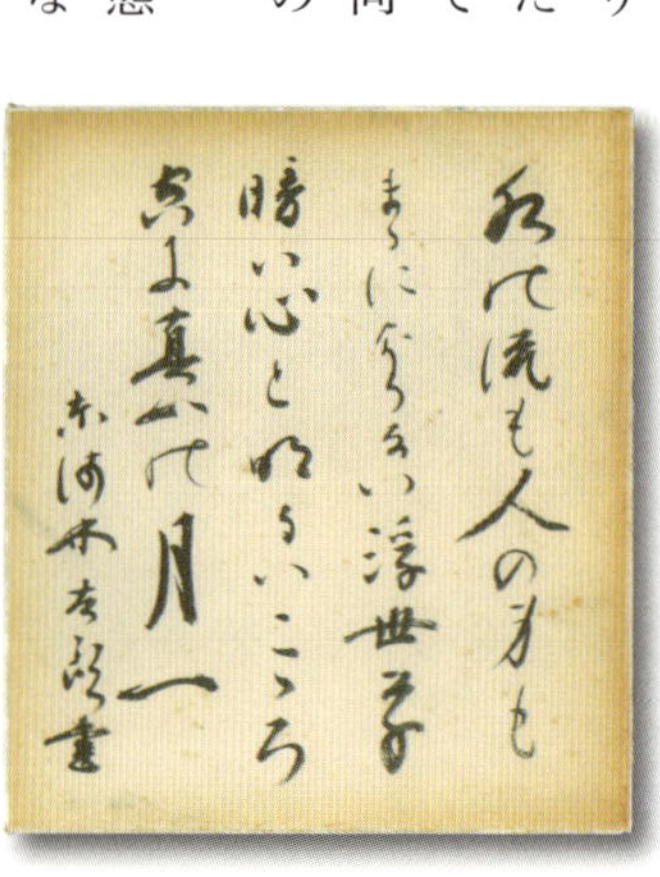

【私の愛蔵品】
東海林太郎が「高瀬舟」の歌詞の一節を書いた色紙

寒昴たれも誰かのただひとり

照井 翠

死者の無念を受け止める

俳句を詠みはじめて二十九年になる。句集も五冊上梓することができた。様々な方々に支えていただいて、ここまでこられた。

俳句初学の頃、「本物の俳句」とは一体どのようなものかと考えることがあった。そうした中、加藤楸邨先生の作品に出会った。

火の奥に牡丹崩るるさまを見つ
何がここにこの孤児を置く秋の風
死ねば野分生きてゐしかば争へり　楸邨

凄い俳句があるものだ。俳句で戦争とか、孤児とか、社会の様々なことも詠めるのだと知り、そういう俳句に本気で打ち込みたいと思った。すぐに楸邨先生に入門した。

釜石で東日本大震災に遭遇し、生きる側に置かれた。あの時、死ぬ側もあった。

極限状況の中、避難所での不安でヒステリックな日々を支えてくれたのが俳句だった。紙切れの端に書き留めた詩の言葉をぼんやりと眺める時間だけは、私だけの時間だったし、ほんの少し現実を離れることができた。

双子なら同じ死顔桃の花
唇を噛み切りて咲く椿かな
卒業す泉下にはいと返事して　翠

大きな虚の側に身を置いて、必死に現実と向き合っていたのだろうと、今ならわかる。思いのすべてを虚に委ね、虚実綯い交ぜのうちに言葉を紡いでいった。

死と絶望に覆われた釜石だったが、それでも梅が咲き、燕も渡ってきてくれた。自然の時の流れには、一分の狂いもなかった。

そうした中、生き残った者として、死者の無念を受け止めなければならないと感じた。死者は最後に何を言いたかっただろうか、何を残したかっただろうか。死者の言葉を聴き、死者の尊厳に向き合う必要を強く感じた。

寒昴たれも誰かのただひとり　翠

楸邨先生から学んだことの、ひとつの結実がこの句のような気がしている。戦争を詠んだ先生の句から私は生きる力を得た。今度は私が震災詠を泉下の先生にお示しする番だ。

【私の愛蔵品】
備前焼のぐい呑み

父ほどの男に逢はず漆の実

遠山陽子

麗らかに

父の日記の、私が生まれた日の頁を見つけて読んだことがある。「産声が聞こえて、ほっとして眺めた庭には、麗らかに初冬の日が差していた。この子を陽子と名付く」とあった。私が子供のころ、父は「陽子の名前は高浜虚子の『遠山に日の当りたる枯野かな』という句にちなんでつけたんだよ」と言うのだった。

父はよく、卓袱台にノートと歳時記を広げて俳句を作っていた。「馬酔木」に投句していたのである。傍らで遊んでいる子供の私をつかまえて、「秋櫻子はいいなあ」と感に堪えたように、その句を読んで聞かせたりするのであった。昭和十年代のことである。

父は杉村楚人冠を叔父に持つことをひそかに誇りにしており、私が作文などでよい点をとったりすると、「陽子は杉村の血を引いて、文才がある」などと喜んでみせたりした。友人の田中冬二氏と、俳句や詩の話をしている父の姿は、実に楽しそうだった。

長じて私が、嫁ぎ先の水戸から、父への手紙の中に一句、俳句らしきものを書いて送ったことがある。父と俳句の話をしてみたかったのである。父は喜んで、「陽子はスジがいい」と大袈裟に褒めてくれた。これがきっかけで、私も俳句を作るようになったのである。

私が離婚して、三人の子を連れて実家へ帰ることになったとき、上野まで車で出迎えてくれた父は車中で、「これからが陽子の青春だよ」と言ってくれた。

しかしその父は、間もなく癌でこの世を去った。その時、私はまだ一冊の句集も出していなかった。その後の私の仕事を見たら、父はどんなに喜んでくれたことであろう。

私はあの頃、最晩年の父と、殆ど俳句の話をしなくなっていた。「鷹」で藤田湘子の厳しい選を受け、苦しいことの多い時代だったから、気楽に父と話すことが出来なかったのである。父は寂しかったことだろう。父と、もっともっと俳句の話をすればよかった。

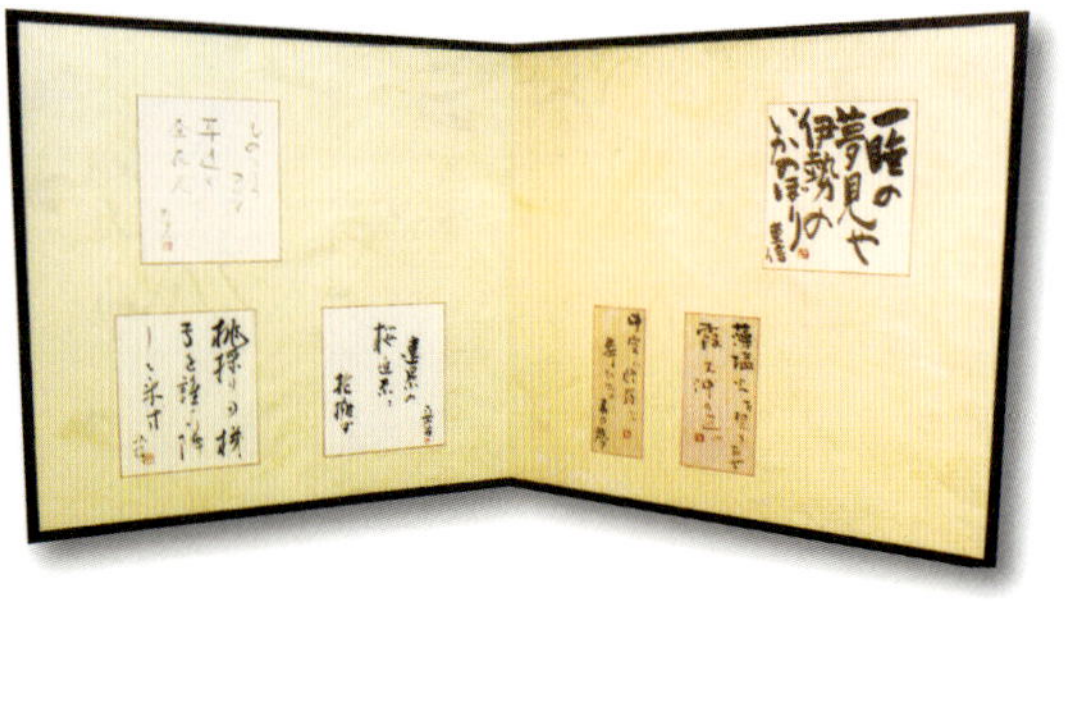

【私の愛蔵品】
第12回「六人の会賞」の副賞として
頂いた色紙を屏風に仕立てたもの

「一睡の夢見や伊勢のいかのぼり　重信」
「遠景の松近景に抱擁す　六林男」
「藻塩火を焚きたや霞む沖の辺に　鬼房」
「中空に修羅を舞ひたる春の夢　鬼房」
「桃採りの梯子を誰も降りて来ず　敏雄」
「ものごころついて耳透く昼花火　紀音夫」

ひあたりの枯れて車をあやつる手

鴇田智哉

手はどこに

車の免許を、つい数年前、教習所に通ってとった。生まれて初めて自動車を運転して思ったことは、運転席から見てなんと死角の多いことだろう、ということだった。たとえば停車中、知らぬ間に、車の正面に、誰かがしゃがんだとしたら、それは見えない。

死角、つまり目に見えない箇所は、そうした他者ばかりではない。なんと自分が運転している車そのもの、の全体が視覚的にはほとんど見えていないのである。運転手は、目には見えていない車の前後の長さ、横幅の広がりや膨らみ、そして高さというものを、いつも想像によって空間に思い描きながら、運転しなければならないのだ。

考えてみれば普段、自分の体の前後の厚みとか、横幅の広がりとか、頭の高さとかを、どれだけ意識しながら生活しているだろうか。人ごみや電車の中、あるいは初めてのスポーツをするときなどは、少しは意識が高まるだろう。でも、多くの時間、そうした意識は低いはずだ。そういうとき、自分の体の大きさは、自分の意識のなかにとけこみ、わざわざ見たり、考えたりしていない。

車とは別の話になるが、私には以前、体の感覚について例外的な体験があった。左肘の骨を折ったときのことだ。手術をして骨を金具で固定し、安定するまでに一年かかった。初めのころ、特に骨を折ったばかりとか、固めて包帯を巻いていた間などは、自分の体であるはずの左腕を、ありありとした物体として、一種の違和感とともに感じたのだった。人生のなかで、左腕というものが、空間に大きさを占める物体として、これほどまでに意識の上にのぼってきた期間はなかった。やがて金具が外れ、普通になって時が過ぎると、だんだんそうした意識は薄れていった。

自分の体や視界の、広がりの大きさは、ふだんは忘れていても、突如として意識にのぼることがある。腕はどこからが腕なのだろう。手はどこからが手なのだろう。

【私の愛蔵品】
骨折治療時に体内に入っていた金属

65

もう泣かぬなれど零れて実紫

德田千鶴子

心を託した俳句

二週間ほど怠そうにしていた夫が「昨日の晩は背中が痛くて眠れなかった」と言った時、首のあたりが黄色くなっているのに気がつきました。黄疸かもしれない、ドキッとしました。翌日検査を受けると、すぐ大きな病院へ行くよう紹介状を渡され、そこで余命六か月の宣告を受けました。

膵臓癌でした。

四月一日、生温い風が吹き荒れる日で、僅かにあいた医長室の窓のカーテンが大きく揺れていたのを覚えています。

あまりに突然の事で、夫には病名を告げたものの、余命は言えませんでした。

砧公園に近い病院の庭には、見事な桜並木があって、カメラが趣味だった夫は、満開の桜にシャッターを押して「きれいだね」と繰返しました。私は口唇を噛みしめるばかりで、涙を見せぬよう必死でした。

医師の言われた通り、夫は六か月と十日で旅立ちました。

最期まで焦立ちを見せず、平静(を装っていたのかもしれませんが)でいてくれたのが、救いでした。毎日付き添いましたし、出来る限りの看病はしたつもりでしたが、四十九日を過ぎてから、後悔ばかりが胸を占めました。何故、もっと早く気づかなかったのだろう、違う治療法はなかったのか……と。

夫を亡くしてからの三年は、あっという間に過ぎました。夜、訳も無く涙が溢れたり、夕焼を見ると胸が締めつけられたり、いっぱい泣きました。自分がこんなに弱かったかと暗然としたものです。

ある日、庭の紫式部の実が夕日に輝いているのに気がつきました。触れるとポロポロ零れて。この三年が崩れていくようで、もう泣くまい、泣いてはいけないと思いました。

自分には俳句がある、心を託した俳句を詠もうと覚悟を決めたのも、この句からです。

【私の愛蔵品】
自動車レースの監督だった夫のチームがグランドチャンピオンレースで優勝した時の記念のシャンパンの瓶と久保守作の肖像画

あえかなる夢も奏でよ春の潮

一戸恒東人

「写生の歌」と俳句

長塚節は、彼の歌論「写生の歌に就いて」の実践として、明治三十八年一月発行の「馬醉木」に「秋冬雑咏」三十首を発表した。歌論の中で節は「写生の歌を作るには、歌は文字の数が多いだけ、俳句で同一の事をいふよりは明瞭にすべきものであるといふことに心掛けなければならない。これが写生の歌の生命ともいふべきであらう」と述べた。

また、「秋冬雑咏」の冒頭の歌は、

秋の野に豆曳くあとにひきのこる
莠《はぐさ》がなかのこほろぎの聲

というものであったが、この三十首については、俳人の河東碧梧桐から節の写生の歌の一首一首について、何を写生するのかという対象が定まっていない等の厳しい批判を受けた。節は、碧梧桐の批評とそれへの反論を翌二月発行の「馬醉木」に掲載・紹介したが、節は同時に俳句三十二句を作り、「馬醉木」の同じ号に発表していた。その中の一つが、

豆引いて莠はのこる秋の風

というものであった。この句は、先の写生の歌を下敷きにして五七五に約めたものである。

また、北原白秋には、

寒竹の下ゆく水となりにけり

という俳句があるが、これは彼自身の、

おのづから水のながれの寒竹の
下ゆくときは声立つるなり

という歌を基にしたものである。

節も白秋も自分の短歌から、十四音を約めて俳句にしたが、短歌から十四音を切り取っても、即名句になるとはいかないようだ。

この原因は最初に三十一文字があるか、十七文字（十七音）があるかについての、詩人の覚悟と感性の違いであり、しかもこの格差はかなり大きいのではないかと思った次第である。

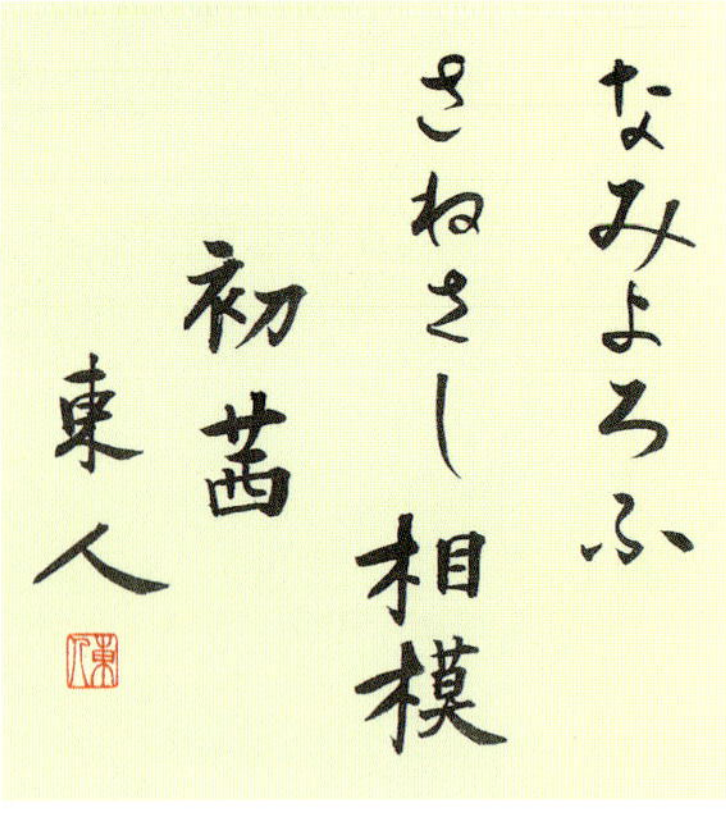

「なみよろふさねさし相模初茜　東人」

天上にちちはは磯巾着ひらく

鳥居真里子

甘い記憶

「お母さんのこと、もう忘れたのかい……」。お盆の時期には必ずといっていいほど夢のなかに若かりしころの母が現れる。若いといってもその容姿は五十そこそこに見えるから、じゅうぶん中年の域である。それでも私の眼には、どうしても若い母にしか映らない。私が生を享けたのは母が四十歳、父が三十九歳のとき。父が五年間のシベリアでの抑留生活を経て復員したのちのことである。父の幸運なる帰還がもたらした私の誕生。私よりちょうど六歳年上の兄を父の抑留中に二歳で亡くしていたことを考えると、母にしてみれば、きっと私を兄の生まれ変わりのように思っていたにちがいない。

　昭和三十年代、お盆がくると母は毎年のように小学校低学年の私の手を引いて菩提寺に足を向けた。そのときいつも着せられたのは母が手づくりしたお揃いのワンピース。木綿素材にあしらわれたその柄は紺地に白の水玉だったり、白地に藍色の絣模様だったりと、五十代の母が見立てただけに、年端も行かない幼い私には地味そのもので不満の残るものだった。なのに、母と手に手をとって出かけたあのお墓参りの日が、あんなにも心をはずませたのはどうしてなのだろう。供養を終えて蟬時雨のなかを家族の待つ家路へと急ぐ母と私。一年を通してお盆のあのときほど母の存在を強く身近に感じたことはなかった。おしろい花が咲き乱れる庭の片隅で、長い髪を三つ編みにしてもらった遠い、遠いあの日。お盆を迎えるたびにその甘い記憶がよみがえってくる。

　母が逝って十四年。その間、あれほど大好きだった母の供養を何度となく欠かしてきた私に、母は夢に現れてちょっとだけ不満とお小言を言いたかったのだろう。

　お母さん、これからは別の夢で顔を見せてくださいね。腕いっぱいに抱えた真っ白いトルコ桔梗と淡いピンクのトルコ桔梗を母の墓前に手向け、私は手を合わせた。

【私の愛蔵品】
八田木枯氏の一句が描かれた湯呑
（陶器作・田中信彦氏）
「尾花かるかや鳥居真里子の流眄か　木枯」

CAFÉ

忘れ潮にも夕焼の海の色

鳥井保和

一師一代　一生誓子

和歌山県田辺市は、かつて熊野三山への主要な参詣道である中辺路《なかへち》と大辺路《おおへち》の分岐点にあたり、宿場町として栄えた。市内には今も多くの史跡が残されている。また一年を通じて気候が温暖で黒潮の暖流の影響を受けて、海岸は動植物の宝庫と言われている。掲句を授かった天神崎は、ナショナルトラスト運動の先駆けとして知られ、県下の夕陽百選にも指定されている。周辺は美しい平らな岩礁海岸が広がり、潮が引くと至る所に「忘れ潮」が出来る。その忘れ潮は、まさに眼前に広がる夕焼けの海の色を湛えていた。今でも美しい夕焼けの広がる海岸が目に浮かぶ。

雲丹の壺海はどこにも潮忘る　誓子

昭和四十三年、この天神崎を訪れた先師・山口誓子は、海岸の岩礁地帯にある忘れ潮を覗いたときに、雲丹がたくさんあるのに驚かれたのである。その忘れ潮を「雲丹の壺」と表現された。この句は昭和五十八年十月二十三日、天神崎の元嶋神社入り口に、誓子の第一二四番目の句碑として建立された。この句碑の前に立てば、当日句碑開きに参列したことが昨日のように甦る。この湾内の天神崎よりすぐ近くに、古くから神の島として崇められている神島《かしま》がある。この島は生物学上、珍しい植物が茂っており、世界的に有名な博物学者南方熊楠が粘菌や海中生物の採集の宝庫として何度も訪れた島である。かつて昭和天皇もこの地を訪れ、熊楠が島を案内し標本を見せながらご進講された。

今回の掲出句は代表句というより、自然が美しい紀州の海岸の景観を詠った好きな句である。平成二十年一月、和歌山県下に山口誓子を師系とする俳句雑誌「星雲」を創刊し、今年で十年目になる。志を同じくする仲間と紀州の山河、風土を称え、地域に根差した作品を目指し切磋している。「星雲」の標榜する「景情一如」「自然随順」のさらなる向上に励みたい。

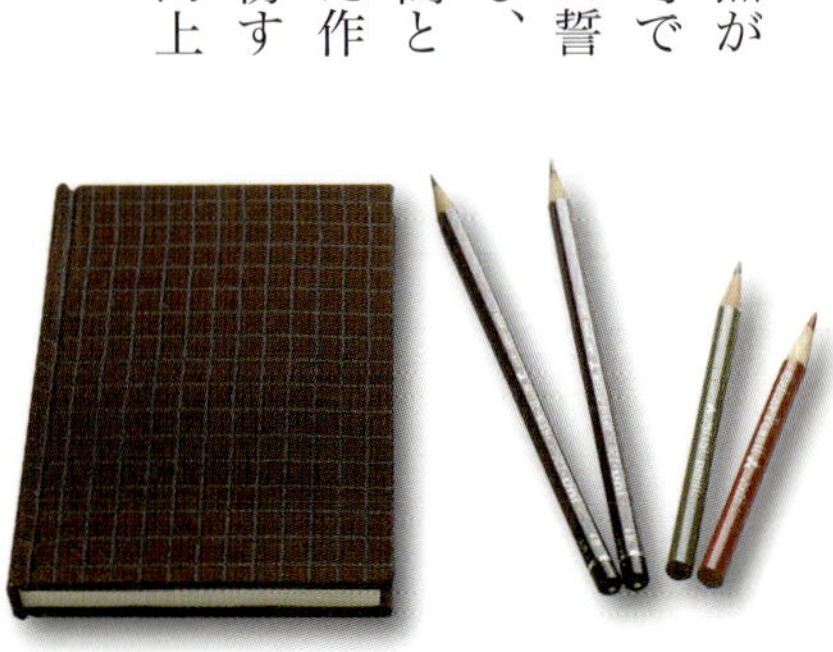

【私の愛蔵品】
誓子先生が生前に着ていた着物の生地を用いた句帳と使用していた鉛筆の形見

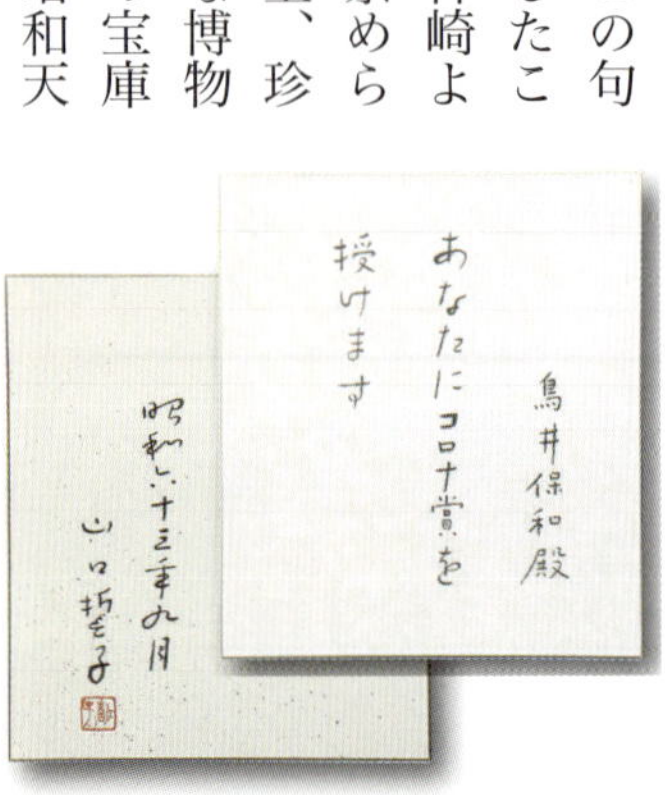

「天狼」第 24 回コロナ賞を史上最年少の 36 歳で受賞の証書

はるかより湖鳥のこゑ冬浅し

永方裕子

俳句の原点

　今から五年ほど前、調べ事のため整理の行き届かない本棚の奥の全集本や小説本を退かすと、下から古びた木箱が出て来た。何だろうと開けてみると古い手紙類にモノクロ写真が何枚か混じっている。その中の一枚に私は思わず「えぇー」と一人で声を上げてしまった。どうやら小学生高学年位の少年少女と男の先生三人が写っている中、どうみても私らしいのがいるのである。後ろに百葉箱が薄く見えているので夏休み中の校庭の隅であろうか。

　私は四歳の折に神戸から東京へ移り文京区西片町住いとなっていたが、ある日急に父を除く一家で疎開した。白百合学園二年生になりたての七歳であった。富士山が日本一美しく見えるというだけで疎開先が函南《かんなみ》村と決まり移住した。長女の私は当時の疎開先で辛く悲しいことがあっても祖父と三人の子のため張切っていた母を一番敏感に察していた。当時は村立だった函南小学校二年生に転入、一時間掛けて畦道伝いに黙々と通った。次の年に終戦となるのだが、移住当初の一年間は沼津方面から北へ向かう飛行機が何回も轟音とともに通過し昼間は畦道などで低空飛行で機銃掃射に逃げ惑う経験もし、沼津港が火の海になるのを裏山から皆で息もつかぬ状態で見ていたことは今でも時折思い出し身震いが来る。

　しかし、遊び道具のない代りに山中を駆け抜けたり草や葉を集め、土を掘ったり竹や木の枝で刀やバットを作って、それは結構楽しく、草の芽や自然の苺やつつじの蜜もなめたりと、子供ながらに一生懸命過ごしていて自由であった。

　一枚の写真はそれ以来机上にあり、眺めるたびに気象班に属し毎日雲の動きを観察しそれを絵にして記入したり、草の露を容器にためたりしたことを断片的に思い出しているが、写真の中の友達の顔で微かに記憶しているのは一人だけ。雲や風や露の記録係にして下さった先生方に感謝したい。私の俳句の原点はきっとここにあるに違いないから。

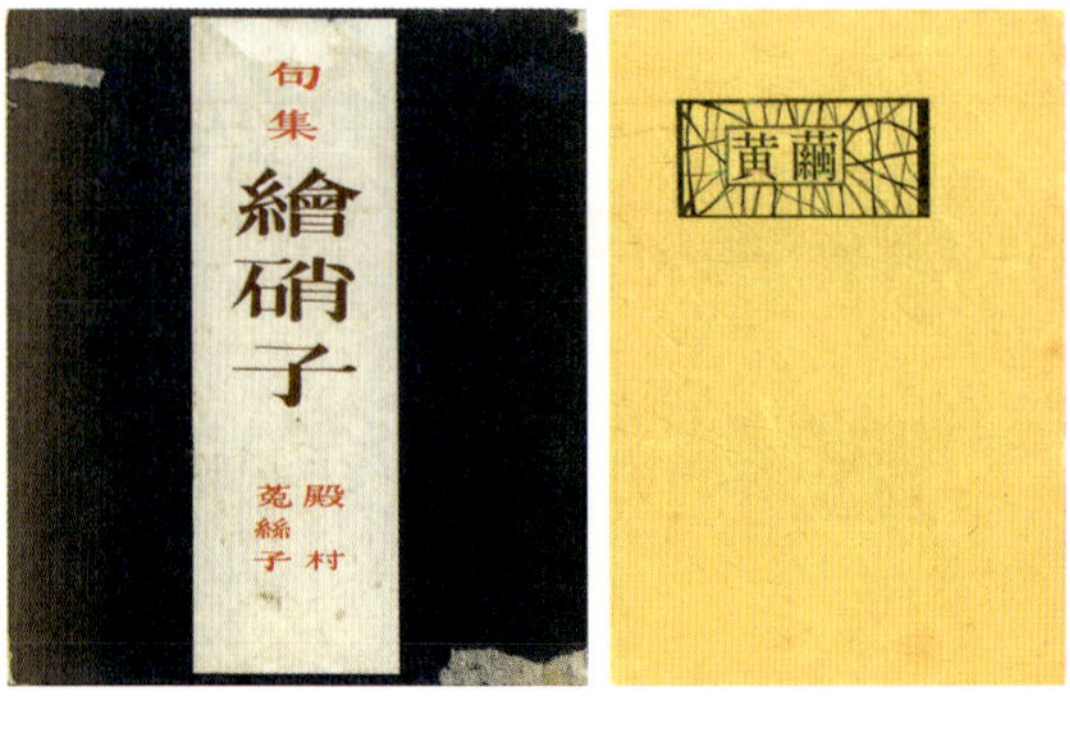

【私の愛蔵品】
師の殿村菟絲子句集『繪硝子』
と母・六本和子句集『黄薊』

葬送の序曲はボレロ鳥雲に

中尾公彦

師の系譜

先師林翔が黄泉に旅立ったのは平成二十一年十一月九日、満九十五歳の時である。当時私は、毎月句会出席の確認と先生の自宅から句会場への送迎の配車等を任され、短時間だったが先生との会話に触れる機会に恵まれた。句会の厳しく威厳のある先生とは違い、私の前ではいつも温厚で優しく接して下さった。

　通夜の席では、愛娘朝子さんの弾く哀悼のヴァイオリン演奏に、鳥肌が立つ程の衝撃を受けた。父の死を受け入れ、生涯の愛を父へ捧げた渾身の演奏で弔問客を心底感動の渦に巻き込んだ。その鎮魂の音色は時に狂おしい程の愁嘆に満ち、時に慈愛に満ち、ひとつひとつの音色が心に響き、深い感動を覚えた。尊父への溢れんばかりの愛と感謝に満ちた衝撃的な葬儀と感じたからである。朝子氏はイタリア、ローマへ単身留学後ヴァイオリニストとしてデビュー、世界で活躍されていると後に知る事になる。みよこ夫人がピアノ教師、愛娘はヴァイオリニストという音楽的な環境に、先生に音楽の俳句が多いのも頷けた。

　揚出句は告別式の朝、先生の白い棺を霊柩車まで担いでいた時に流されていたラヴェルのボレロの印象と喪失感を詠んだものである。その瞬間、先生に相応しい葬送の曲と感じた。平成十八年「沖」で新人賞を頂き、市川市大野の先生の自宅へ御礼のご挨拶に伺ったことがある。豊かな緑に囲まれた西洋造りのご自宅。居間のキャビネット横に燦然とピアノが据えられ、午後の紅茶とケーキでしばし談笑した。

　葬儀が終わり、みよこ夫人と朝子さんが会葬の挨拶を済ませ、手を取り合って帰る姿が、八年経過した今でもしっかりと眼に焼き付いている。かつて俳句に音楽に、どれだけ慰められ励まされてきたか数知れないが、色々な人生経験を積み重ね、経験を糧にして師の系譜を継いでゆきたいと心から思った。

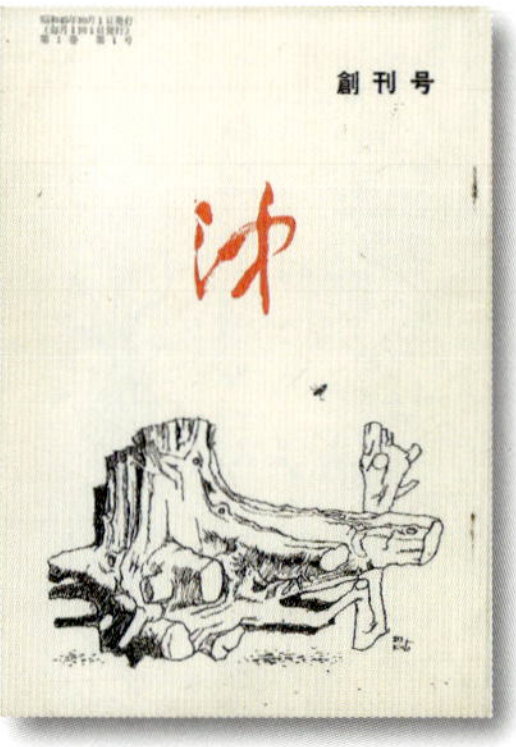

【私の愛蔵品】
「沖」創刊号（昭和 45 年 10 月 1 日発行）

みづうみの遠くは日差す雪の鷺

ながさく清江

俳句の慈悲

私の第四句集『雪の鷺』の集名は、平成七年二月に逝った夫、永作火童の辞世の句、

　立つも夢遊ぶも夢や雪の鷺

に依る。十三年間の癌との辛い歳月を受容し、入院中の病床でも、死の際まで俳句の真を求めて作句に執した。日記に「今日から最後の持ち時間の使い方を始める」と記して、故郷の菩提寺から生前戒名も頂いた。何度も呼吸困難に陥って、凄まじい時間との格闘が続く中でも句を作り続け、俳縁の温かさに感謝し「俳句の慈悲」に包まれて逝った火童。死の二日前に「春野」の黛執先生へ、今生最後の稿を送った結句がこの句である。死の前日声も出ない危篤の床で、霊魂だけで染筆して私に遺してくれた短冊が、この辞世の句であった。私はこの句への思いを、掲出の句に籠めて句集『雪の鷺』の巻末に置き、禱りとした。

　火童と私の雪の鷺の句の背景には、共に火童の今は無住となった生家と墓山の在る、北浦湖畔の穏やかな景がある。筑波嶺の裾は豊かな穀倉地帯。四季の田園風景にはきまって鷺がおり、植田鷺、刈田鷺と、鷺がいる故の趣きある景の中で、白に白の重なる雪の鷺の幽玄さは格別である。死を間近にした火童の句帖には、これら原風景が、少年期からの思い出の景まで、詠み遺されている。

「目つむれば日はむらさきに雪安居」。肩書きも栄光も欲しがらず、人を育て、人の幸せ作りに心を尽くすことを己の喜びとした火童の生き方と俳句は、没後にこそしみじみと、私の中に濃く息づいて、それからの私の日々を明るく守り励ましてくれている。「今できることに何ある雪ばんば」「朧夜の書かねば紙は白きまま」と。

　愛蔵品は、火童直筆の温みの籠もる、俳画入りの数多の色紙と、吟行旅行の度に手作りしていた自作句小冊子。俳句を人生のバックボーンとして、ひたすら精進した、潔い夫の足跡のよすがは、私の一番の愛蔵品である。

【私の愛蔵品】
夫・火童筆の俳画と自作句小冊子
「風水魚さみしきものら萍揺る　火童」

WEED

白深く開きし朴の孤高かな

長島衣伊子

一粒の種

四十年近く前のことである。仕事が終わると、神田神保町の古書街を歩くことが楽しみであった。主に八木書店、田村書店、文献書院等、特に俳句専門書を多く揃えていた文献書院には足しげく通い、店のご主人にいろいろとアドバイスをいただいてきた。初版本の署名入り、句入りの肉筆に胸をときめかせ、当時一冊一万円や五千円の句集を買っては書棚をふくらませていた。私の初学の師、今は亡き谷口秋郷先生の句集『花岬』が入荷したら電話をいただき、手に入ると仲間に譲り、師の俳句精神を語り継いだ。ボーナスが出たある日、欲しかった杉田久女句集を買おうと、神保町の田村書店へ向かった。棚の中から紫の『杉田久女句集』が私の目に飛び込んできた。売価は二万円。当時は初任給が三万円ほどで、私にとってはかなり高額なものであったが、迷わず手に取り購入した。田村書店のご主人は、私の平凡な身なりを見て「いつでもこの値段で引き取ってあげるよ。若いのに偉いなあ。きっといい俳人になれるよ」といいながら、その本に田村書店のシールを貼って下さった。「このシールが印だから、はがさないで持ってきなさい」と。爾来その本は私の書棚に燦然と輝き続けている。初心がぐらつきそうになると、その本を開いては当時の心を引き戻してきた。田村書店には現在でも通い、励ましていただいている。

一人の師との出会いが、私の俳句人生の始まりであった。俳誌名の「朴の花」は、師である谷口秋郷先生の「いかづちの二夜とどろき朴ひらく」からいただいた。一粒の種が、いくつもの花を咲かせる大木となるまでには二十年近くかかるという。美しい谷川にどっしりと根を張る朴の木は、幼木のときは蔓に巻かれたり、土砂に流されそうになったり、谷の暗さも十分に知っている。朴の木は私にとって人生を導く師でもある。私の主宰する「朴の花」も幾度の変遷を重ね、十七年を迎える。

【私の愛蔵品】
『杉田久女句集』（石昌子編、角川書店）と収録されている杉田久女の写真

人間も雨にうるほひほととぎす

中西夕紀

自然と一つに

雨が苦にならなくなったのはいつ頃からか。雨でも勿論吟行へ行く。吟行では、屋根のあるところでは雨宿りをしながら句を作り、屋根のないところなら、傘をさして一時間以上は見て廻る。特に林や、水辺が好きだ。鳥の声を聞きながら、一人で歩いているととても気分が良い。自然と一体になった感覚になるのはこんなときだろうか。

一体感といえば、仏と一体となる密教を伝えた空海のことを思う。数年前、密教という言葉に誘われて、「密教入門講座」を受講したことがある。ある大学の成人講座だったので、定年で自由になった男性が大勢来ていた。女性が数人だったのが珍しい。

講義内容は密教の歴史、曼荼羅の見方、密教の概念などだったが、一体感覚になるための修行の種類を習っている時、絶対試さないでくださいと言われたのが印象深い。一種の自己催眠のような状態になるためだろうか。

また密教といえば護摩を思い出すが、数年前歳時記の解説を書くため、日光の強飯式を参考にと思って見に行ったことがある。祈禱料を払って、本堂の中に入れてもらうと、護摩壇の脇に席が設けられていて、数十人はいただろうか、扉が閉められると、堂内が暗闇となり、奈落から声明が聞こえてきた。まもなくして、ぼおっと内陣に柔らかな灯が入ると、威厳のある僧侶が並んで入場し、護摩を焚き経をあげた。

まるで幻想を見ているような美しさ。そして荘厳。声明が聞こえて灯ったあかりで仏像が浮かび上がった式の始まりは、こんな事を言うと怒られそうだが、まるで高校生の時初めて観た、劇団四季の浅利慶太演出、日下武史主演のジロドウの芝居以来の感激だった。

暗闇で火を見る恍惚感は、催眠術のように時間を忘れさせた。修行による仏との一体感は、眠っていた脳のどこかが起された状態なのだろうか。やはり勝手に試してはいけないものらしい。

【私の愛蔵品】
第二句集『さねさし』出版祝いとして頂いた先輩ご夫妻の手作りの印と匣

俑出でて死後のくらしやももさくら

中原道夫

玩物喪志

女性は元来「古癖」とか「玩物喪志」などという魔物とは無縁のようで、骨董に現を抜かす女傑などというのは聞いたことがない。しかし全くいない訳ではなく、知る限りでは女優の浜美枝さん、それにブーム再燃の感のある故・向田邦子さん辺りが思い当たる。浜さんと親しいながさく清江さん（「春野」）からの逸話はここでは置いておくとして、十六歳で東宝のニューフェイスに合格し女優の道を歩み出したころからの魅入られようであるから、筋金入りである。何でも京都での仕事で、写真家の土門拳氏に連れられて入った骨董店で会った信楽の「蹲《うずくまる》」に釘付けとなり、駆出しの給料のほぼ一年分を前借りして手に入れた件は何処かで読んだことのある人もいよう。ドレスより骨董の方に気が向いていたようで、映画を撮るのにそれでは困ろうと監督に「新調してやる」と連れて来られたブティックが、ながさくさんの店「タンポポ」だったと聞いている。一方、向田さんは実用的な料理を盛る器をコツコツ買い集めていた。大勝負はしなかったようだが、見ると買いたくなるので現金は持たないようにしていたそうである。それでもタイで八十個も小壺の類を纏め買いとか仄聞すれば立派に「狂」の付く部類に入る。共通点は二人とも気質は男性的ということか。

あれほど欲しいと思っていた「古物」を分割払いでも何でも手に入れてしまうと、不思議にも熱が冷めたかのよう、箱に入ったままなんてことが往々にしてある。所有してしまうと安堵してしまうのか、更なる物へとターゲットが上がっていく。私など病膏肓、俳句は全句集一冊でケリが着くが、家人に「アナタが死んだら残された者がどう処分していいか判らなくて困るから何とかして……」と還暦を越えた今、盛んに言われている。俳句も骨董も生きている間の「なぐさみ」であることは重々承知しているのだが、女房の弁にも一理あるように思う。

【私の愛蔵品】
人物象形双胴壺
アンデス文明ビクス文化（VICUS）
BC500 ～ AD500

冬桜些事にこころを尽くしたる

長嶺千晶

「さよなら」

いきなり、初対面のイタリア人の神父様にそう呼びかけられ、さすがに憮然とした。聖夜のミサの後なので「クリスマスおめでとうございます」と信者たちは喜びの挨拶を交わしあっている。きっと私は物凄い形相をしていたに違いない。その日は朝からイライラしていた。癒されたかったのにその聖夜のミサは騒がしく、子供がしゃべり続けているのを母親は止めようともしなかった。厳粛なひとときが穢されたようで、私はミサに与りながら怒りが爆発しそうだった。

「さよなら」

そんな怒りなど捨てて、人類の罪を担う御子が誕生したクリスマスを喜び祝いましょうと、神父様はその短い言葉で諭してくださったのだろう。その後、イスラエル巡礼の旅をご一緒し、私はかけがえのない時間をいただいたが、旅から帰国されてまもなく、六十歳の若さで神父様は亡くなられてしまった。この遠い日本へ、私たちのために身ひとつで来て下さったのに、この文化国家は、一体何を報いることができたのだろう。祖国イタリアに神父様の年老いたお母様が遺されたと聞くたびに胸が痛む。そして私自身も、十字架の下から逃げ出した弟子のように、何の恩返しもできなかったと、今も悔やまれてならない。

「さよなら」

人間はたった独りで生まれ、死ぬ時もたった独りなのだ。その時は富も名誉も持っていけないが、次の世は確かに存在する。その希望が私にはある。最近、この世でできることはきちんとしておかないと、向こうへ行ってから申し訳がたたないと思うようになった。次に神父様に会える時に、今度こそ「さよなら」と言われないようにしなければ……。草田男先生にもきっとお目にかかれる筈だ。そのためにも、この世で今、草田男研究を地道に続けていかなければと思っている。

【私の愛蔵品】
クリスマスの馬小屋の飾り
銀婚祝いに贈られたもの

春の星讃へて現在《いま》を時かけて

仲村青彦

言葉による再体験

最初に買った岡本眸先生の句集は俳人協会の自註現代俳句シリーズ『岡本眸集』だった。その句集に先生は揮毫してくださった。

マスクして振り返るには来過ぎたる

この『岡本眸集』は「朝」創刊を記念した再版で、先生の自信句にちがいなかった。

この時のインパクトはいまでも生々しい。「マスクして」と詠んだことによる不思議な感覚、警戒と自愛の入り混じったメタファーの感覚――それがわたしを魅了した。眸俳句のたくさんの名吟に学んだが、この句との格闘なしにわたしの句は先に進まなかった。

当時、詩人荒川法勝の「玄」に属していたわたしには、この「マスクして」が詩から俳句への展開に大きな意味をもった。言葉を自分の〈ことば〉として探る行為として俳句が詩と並んだ――思想転向のような負い目をもつことなしに。

春の星讃へて現在《いま》を時かけて

「予感」創刊号の作品巻頭に、この句を置いた。一句に〈切れ〉を入れないことに意味をもたせた。

「予感」俳句会の発会で、わたしはこんなことを言った――宇宙はビッグバンによって体験を始めました。わたしたちにはその宇宙が流れ込んでいます。体験を思い出すときさえ体験そのものが言葉によって変容します。俳句を詠むとは言葉による体験の再体験です。言葉が微妙に異なれば、再体験の中身が微妙に変容します。ビッグバンの申し子として共に、体験を体験したいと思います、と。

中島たまなさんはこの句を「仰ぎみれば満天の春の星々に息をのむ。溢れ出る生命力の輝きだ。そして、足下に目を戻せばそこにはもう一つの春の星『地球』がわくわくと息づいている。一歩一歩を未来へ繋げて行くために現在という時を大切に費やさねばという覚悟が、『讃へて』『時かけて』から伝わってくる。それは生まれたての無垢な生命力のようだ」（「予感」第三号）と読んでくれた。

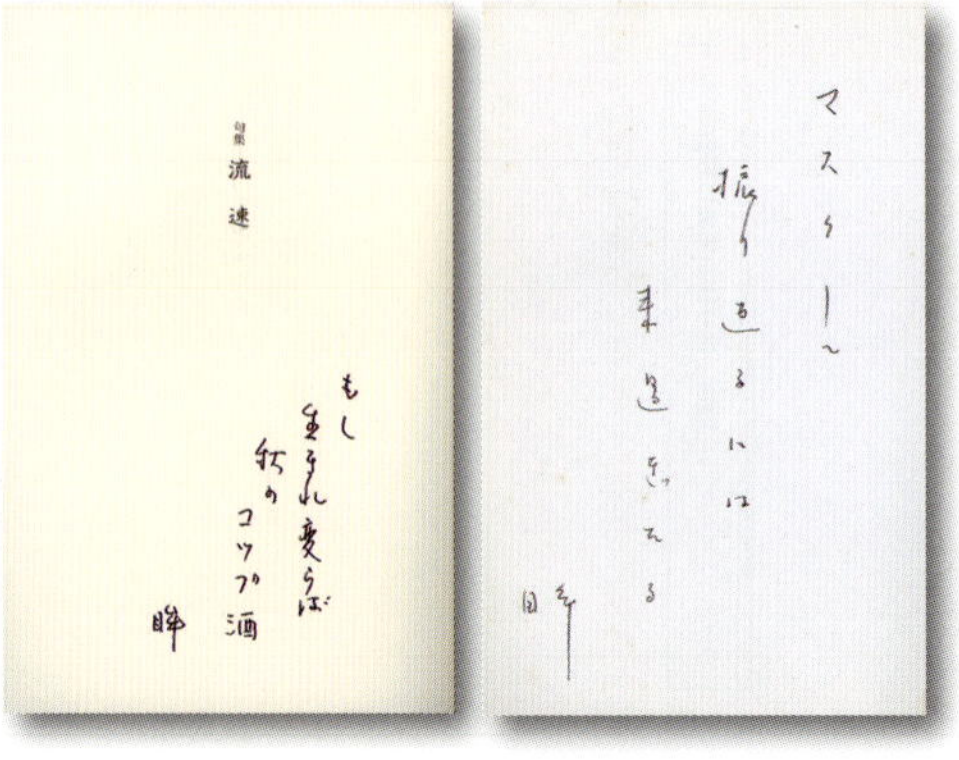

【私の愛蔵品】
左：岡本眸句集『流速』
右：自註現代俳句シリーズ『岡本眸集』

鶴食うてよりことのはのおぼつかな

夏井いつき

季語と遊ぶ新年

第一句集『伊月集　龍』を新装版（朝日出版社刊）としておよそ二十年ぶりに復刊した。そこに並ぶ三十代の句は懐かしく眩しい。句集の題名にある「伊月」は、ワタクシの本名。生涯の句集は一貫して『伊月集』と名付け、副題として『龍』の如き一字を加えると決めている。ちなみに四十代の句を編んだ第二句集は『伊月集　梟』（マルコボ．コム刊）。そろそろ五十代の句を整理し、第三句集の準備を始めねばと思っているところだ。

第一句集を『龍』と名付けたのは、某句会で出された兼題「龍」に触発され「龍」の一字を詠み込んだ句がゾロゾロできてしまったことに由来する。結構気に入った句が多く、ならばと第一句集に「龍」という章を立て、愛すべき龍たちをそこに並べた。

第二句集『梟』は、動物園吟行の折、暗いフクロウ舎の中で一気に書き付けた十数句の中に「梟に聞け快楽のことならば」という一句を見つけて仰天。なんでこんな句がここに？　という心地良い困惑体験から、これを題名とすることに決めた。

さて、第三句集である。実は題名だけは『伊月集　鶴』と決めている。これも題詠句会にて出題された季語「鶴」と格闘したことに端を発する。本物の野生の鶴を見たことがあるのは、蕭条たる刈田のさらに向こうの刈田に「あ、鶴が来てる！」と指さして教えてもらったあの一度だけだ。かの地のあの光景を脳内カメラでズームアップし、ドキュメンタリー番組で観た鶴の動きを脳内再生しつつ苦吟を続けているうちに、いつしか「鶴」は我が脳内でさまざまに変態し始めた。仙人みたいな顔して酒を飲み出し、夕鶴のようにほろほろ泣きだし、果ては、首を伸ばして「かう」と鳴く鶴を抱きしめている自分にうっとりし、鶴を食うたのちの恍惚たる浮遊感に呆然としている自分に驚く。

還暦まであと一年半。今しばし「鶴」という季語と遊んでみようと思う新年の抱負である。

【私の愛蔵品】
第一句集『伊月集　龍』の
表紙を飾った赤井稚佳さんの原画

鳥の巣の高きひとつは天使の巣

名村早智子

明日への期待

　ほんとうに天使がそこから飛び立つような気がした。下鴨神社の神域である糺の森は原生林が広がる神さびた森である。京都の市街地にあって街騒を忘れさせてくれる場所であり、静かに自分が自分と向き合える場所でもある。天にも届きそうな大樹の梢を飛び交うさまざまな鳥の声が、はるか遠くから聞こえてくるものの声のように思えるときがあり、そんな中で授かるようにこの句が生まれた。今までの二句集にも収められていない最近の作品であるが、代表句というよりも好きな句としてこの句を上げたい。

　俳句を始めて数年経ったころ、師事していた先生に伴って日本海へ一泊吟行をしたことがあった。前夜の食事会の話題はもっぱら翌日の吟行のこと。先輩方の熱気にも圧倒されたが、それよりも先生の傍にいられるだけで気持ちの昂ぶりを抑えられずにいた私は、先生に話しかけられたとき

「明日海を前にしたとき、自分がどんな句を作るのか、それを楽しみにしているもう一人の自分がいてわくわくしています」

とその時の正直な気持ちを伝えた。先生は目を輝かせながら話を聞いてくださっていた。吟行当日のことはほとんど記憶にないのだが、その直後先生からいただいた手紙には

「貴女と話しているとこちらまで快い興奮を覚えます。その気持ちを忘れず俳句をつづけていってくださいね」

という一文が認められてあり、とても嬉しかったことを思い出す。

　あれから三十数年、今も私の中でその気持ちは変わっていない。吟行や旅行はもちろんだが看取りの旅なども含めて「出かける」という全ての行為の中で、常にどんな句を書き留めることができるか楽しみにしている自分がいる。明日こそはいい句が生まれるかもしれないという期待を抱きつつ「これぞ代表句」と言える句に出合うまで、私の旅は一生つづいて行くのだろうと思う。

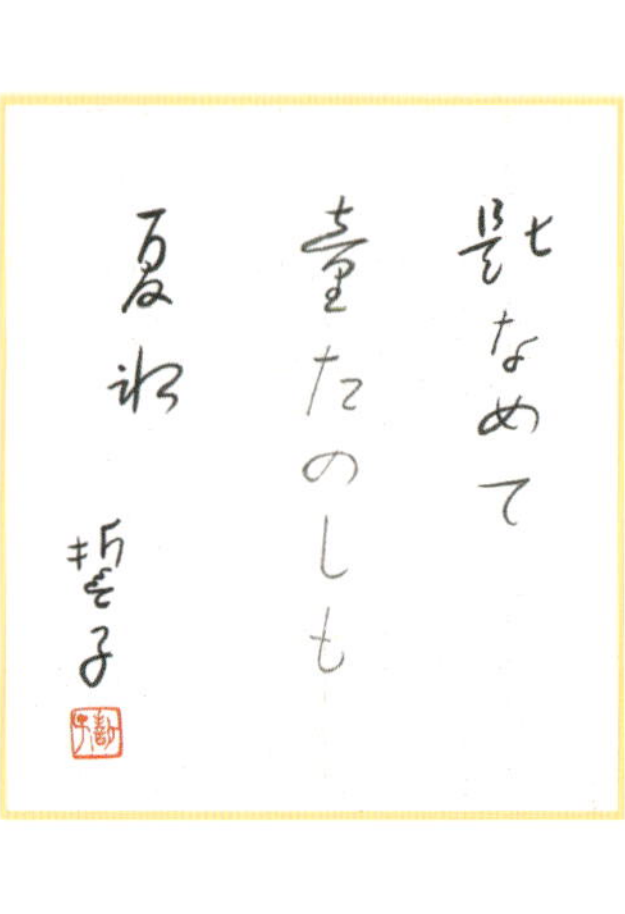

【私の愛蔵品】
・愛用の万年筆と筆ペン
・山口誓子の色紙「匙なめて童たのしも夏氷　誓子」

生涯のいま午後何時鰯雲

行方克巳

時間切れ

あれは四十歳をいくつか過ぎた頃のこと。

白馬村の田んぼの中に建てられた体育館で、生徒たちが卓球に汗を流している時間、私はぎしぎしと軋む木椅子に掛けて、青田を吹いて来る風にうとうととしていた。

ふと目を上げると、鰯雲が空の一角を五色に染めながら、ぐんぐんと流れ始めている。

その時突然脳裡を過ったのは、自分は一体わが一生のどのあたりにいるんだろう、という思いであった。

「人生のいま午後何時鰯雲」というフレーズがほとんど自然発生的に口を衝いて出た。

しかし、「人生」という言葉はどこか抹香臭い。それを「生涯」に置きかえてみて、これでいいなと思った。

この句は、先頃亡くなられた村上護さんが新聞のコラムで紹介してくれた。

あるとき鰯雲という季題をパソコンで検索していた俳句仲間が、この句についてブログでコメントしている人がいるよ、と教えてくれた。

彼は俳句にはほとんど興味のないサラリーマン。仕事で地方巡りをしていた時、ラーメン屋に置いてある地方紙でこの記事を読み、ああオレは一体イマ何をしてるんだ、という思いにかられたのだという。

ほかにも、新幹線に備えられている「ウェッジ」の随筆にこの句が出ていたとか、俳人ではない人の反響がいくつかあった。私の友人の医者が、末期癌についての話を頼まれたときに、この句を枕にしているよ、などと言う。

これは俳句作者にとってきわめて嬉しいことである。

あなたは今、午後何時ぐらいですか、と人に尋ねてみる。その答は様々である。

そういう問いを発する自分も、この句を作ってから三十年にもなろうとしている。何だか午後の時間がどこかで止まってしまったような気がしてならないが、もしかして突然時間切れということになるのかも——。

【私の愛蔵品】
カメラは卒業アルバムを作る教師の必需品

品川332
る・575

鎌倉も落葉の頃か落葉踏む

西村和子

続ける力

月に一度鎌倉を吟行する句会がある。かれこれ三十年にもなろうか。

下の息子が幼稚園に通いはじめた年、午前中の句会を自宅で行うことにした。それまでの数年間、子育ての日々は句会から足が遠のき、句作もかなり停滞していた。そんな時、先輩の岡本眸さんに出した手紙のお返事に、

「窓が小さければ小さいほど、ほとばしる力は強くなるはずです」

と書かれてあった。小さな集まりの名を「窓の会」と迷いなく決めた。

やがて子供たちも学齢期に達し、「窓の会」も一日がかりの吟行句会へと成長した。場所は自宅から近い鎌倉。一日一か所と定めてじっくり吟行する。仲間も増え、やっと定着してきた頃、夫の転勤に従って関西へ移り住むことになった。

掲句はその頃の作。京都や大阪の落葉を踏んで歩く時も、その音や匂いや静けさに、鎌倉の谷戸の落葉を思い出した。そのことが私を句作へとかりたててくれた。

「窓の会」は通信句会となり、数年後には年に何回かの鎌倉吟行が復活した。息子たちが巣立って行き、自分の時間が自由に使えるようになった時、「窓の会」は月に一回の上京の拠り所となった。十四年間の関西暮らしの間に、消滅しても決して不思議はなかった句会が現在も続いているのは、毎月私を待っていてくれた仲間のおかげだ。

今できることを、できる形で実行してゆこうと思って始めた会だから、さまざまな事情の変化にも、しなやかに形を変えて継続することができたのだろう。

鎌倉の春秋のおかげで私はずいぶんたくさんの季語を知った。季節を体験した。自然の様相を目のあたりにした。今月は明月院。紫陽花の頃は賑わうこの寺も、春寒の今日は訪う人も稀だ。しかし満開の臘梅が私たちを迎えてくれ、紅梅もふふみそめていた。木蓮や紫陽花の芽ごしらえも怠りない。

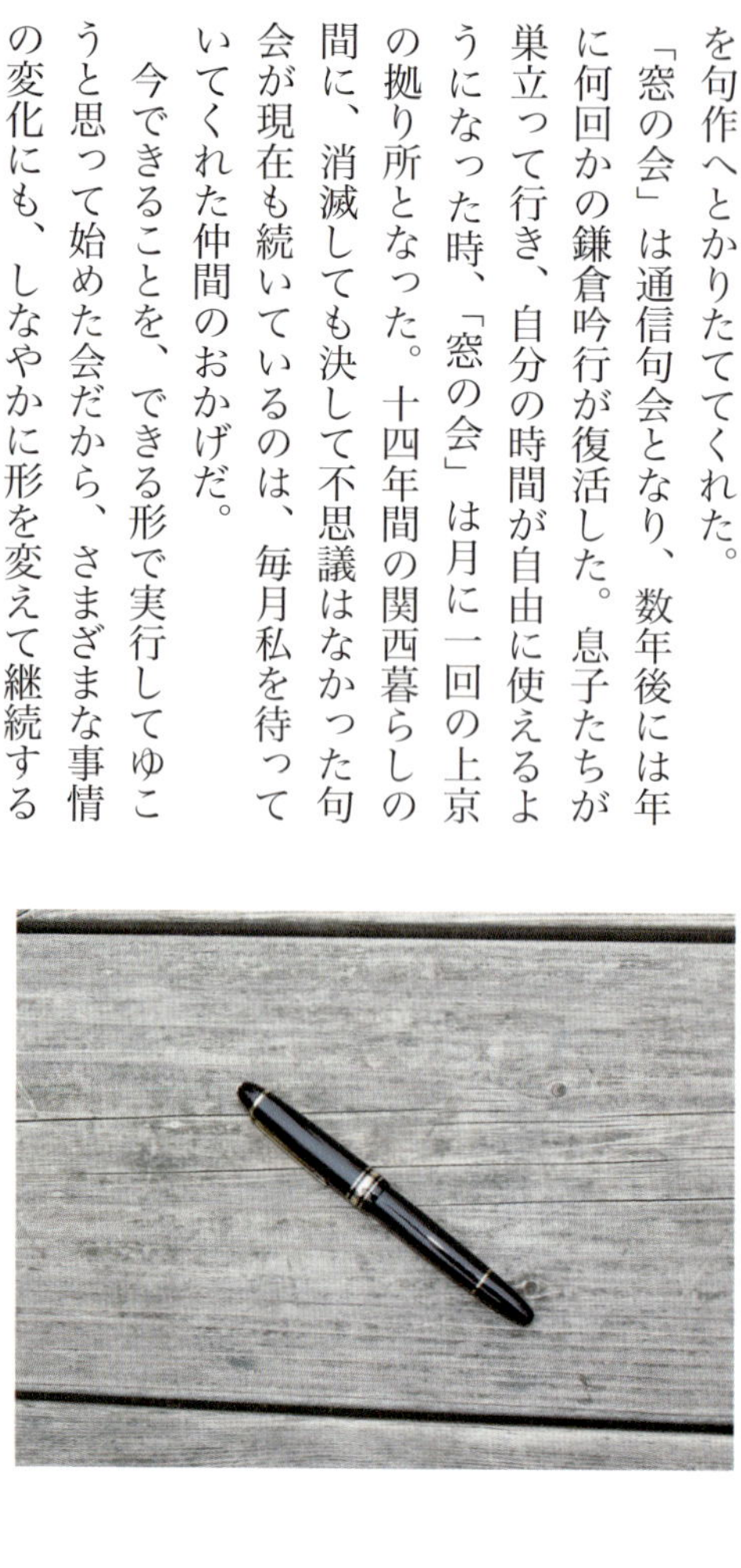

【私の愛蔵品】
愛用の万年筆

木の葉散る鴉は遠き日より啼き

二ノ宮一雄

俳句との出会い

私は自分の俳句の出発を他誌に「五十三歳で飯田龍太先生の詩魂に強く惹かれて『雲母』に入会」と書いた。これはこれで必ずしも誤りではないのだが、「どの年代でも俳句は輝く！」という特集の中での「五十代で俳句入門――私の場合」との求めに応じての執筆であったために勢い「入門」に力が入ってしまった結果であった。

　実は、私の俳句との出会いは、右記の年齢を十八年ほど溯る三十五歳のときである。昭和四十八年の冬のことだ。眞鍋呉夫先生のご自宅に集った、季刊文芸誌「ポリタイア」（檀一雄先生責任編集。昭和四十三年一月十日創刊、同四十九年三月十日終刊）の事務局員の私たち五人へ、局長の眞鍋先生が、突然、「句会をしましょう。これにいつの季節のものでもいいですから二句書いて下さい」と短冊状の紙片を配り始めた。

　全く予想外のことだったので、「へぇー」とみな嘆息した。「ポリタイア」が発刊されて五年ほど経ち、これまで少なくとも毎月一度は顔を合わせていた私たちであったが、俳句の「は」の字も誰の口からも出たことがなかったのである。

　当時、私は眞鍋先生は小説家以外の何者でもないと思っていたし、私自身も小説だけに賭けていた。他の者たちも小説家であり文芸評論家であった。

　私は思いつくままに二句書いて眞鍋先生へ渡した。集まった短冊に目を通していた眞鍋先生が、

「こういうものを出すと、破門されますよ」

と真面目な表情で一枚の短冊を示した。

　それは「春の昼障子の内のよがり声」という私の句だった。そのとき、私は自分の句だと名乗ったのだったろうか。覚えていない。

　眞鍋先生は次いで「これはいいですね」と掲句を読み上げた。あれから幾星霜。眞鍋先生は今や黄泉の国の人。私は喜寿を迎えた。

【私の愛蔵品】
眞鍋呉夫西域小説集『蟲の勇気』
（財界展望新社、昭和 48 年 12 月刊）

地球儀の海が傾く日雷

野木桃花

一句の可能性

図書館の一室でいつものように句会が始まった。今日の席題は、と辺りを見回すと、床の間に一抱えもある大きな地球儀が置かれていた。和室の床の間に地球儀とは……その不思議な光景に皆笑ってしまった。古い地球儀の置き場所に困って床の間に置いたものであろう。地球儀の海には大航海時代の帆船の絵が描かれていた。早速席題は「地球儀」と決まった。

「地球儀の海が傾く日雷」。瞬間的にこの一句が脳裏をかすめた。

温暖化や核の問題など、地球に危うさが感じられる昨今だけに、目の前の地球儀の地軸の傾斜が気になった。二階の窓から日が燦燦とふりそそいでいた。空耳とは思いつつ私には確かに雷鳴が聞こえた。一句を授かった瞬間であった。

年が改まったある日、一通の封書がとどいた。「日雷」の句が東京都の美術展に出展されている由が毛筆で認められていた。差出人の櫻井辰雄氏は書家で、たまたま手にした『俳句年鑑』でこの句に出会い、「揮毫して美術展に出展しました」とのことであった。

早速出掛けてみると、大作の書には人だかりがしていた。自句に向き合っていると、この書には俳句では詠み切れない世界が暗示されていた。その頃、他の分野の自己表現者とコラボレーションすることで、俳句の新しい世界を開拓できるのではと模索していた。ギタリストと俳句でジョイント・コンサートをしたこともあった。私は暫くの間動くことができず、不思議な感慨に浸っていた。

感性が響き合うことによって、単に一プラス一は二ではなく俳句の可能性は無限に広がってゆくように思えた。

図らずも書家との偶然の出会いが、その後の私の生活に変化をもたらした。この書を何時も眺めていたいとの思いから、この一幅を飾るため栃木県の益子に天井の高い部屋を手に入れた。「桃櫻館」と称して毎月通っている。

櫻井辰雄氏揮毫の色紙

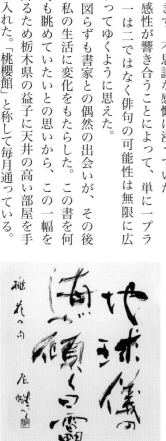

初空へルネッサンスの志

能村研三

結社の志

本年秋、私の主宰誌「沖」は創刊四十周年を迎えた。先師登四郎が昭和四十五年、五十九歳の時に創刊したもので、「伝統と新しさ」を理念として掲げた。これは芭蕉が言った「不易流行」とも通じるもので、伝統をただひたすら守るのではなく、新しい時代に通じる俳句を見据えてこそ伝統の精神が生かされるというものである。

私はこれを踏まえて、数年前に「ルネッサンス沖」を掲げた。表出の句はその気持を詠んだものである。よく「結社は一代限り」「結社の肉親への継承」など「結社の継承」の問題の是非が世間で取りざたされている。「ルネッサンス沖」は、私自身が結社の肉親への世襲について自ら厳しく問題化したもので、さらには先師や先輩たちが築いた「沖」を、ただ継承していくことではなく、常にその時代を読み、その時代の中での「伝統と新しさ」を求めていこうというものである。

そして「沖」という誌名を変えることなく、私の時代の雑誌として、「沖」を創刊の志をもって運営していきたいと思ったからである。これは、今でも変わることなく持ちつづけている考えで、「沖」の四十周年の大きな区切りの後、私の考えを徐々に具現化していきたいと思っている。

「沖」に集まる人たちも、「沖」に投句をしたり句会に参加することは、もちろん自らの俳句を上達させたいとの思いで集まって来られている方もあるだろうが、「沖」はレッスンプロの養成機関ではない。このようなことであればカルチャー教室にまかせておけばよい。

私は、これからの結社は「志を持った人が集まり、志をもった人が語り合い、ぶつかりあい、そして俳句の未来に向けて理解しあいながらも、志を実現していく結社」にしていきたいと思っている。先師から受け継いだ結社の志だけはきちっと受け継いでいきたいと思っている。

【私の愛蔵品】
芭蕉像
山本六丁子が大正 11 年に作らせた摸像で、登四郎が六丁子の娘から譲り受けた

かなかなやよしなしごとに身を入れて

橋本榮治

久多通い

京都の市街を抜け、観光客で賑わう三千院や寂光院がある大原を過ぎ、途中峠や花折峠を越え、鯖街道と呼ばれる道を滋賀県へ入る。さらに比叡山千日回峰行の阿闍梨に関わる葛川明王院や薬喰で知られる山荘の脇を通り、その先に掛かる橋を西に渡り、安曇川の支流に沿う山道に入る。

曲りくねり、時に行き違うのも難しい道をしばらく行くと川は二手に分かれる。その一方に沿った道を選ぶとやがて久多の村に出る。タクシーを使っても京都駅から村まで一時間半強、村に至るその道も若狭と京を結ぶかつての鯖街道の一つであった。

村には店というものがない。何か食べよう買おうとしても取り付く島がない。蕎麦屋が一軒あるようなものの、店主は現在スクールバスの運転手をしているようだ。行政上、村は京都市左京区なのだが、村の学校は休校中(廃校ではない)なので、子供たちは滋賀県へ越境通学をしている。

郵便局と駐在所はある。郵便局ではわずかだが洗剤のような雑貨を売っている。駐在所にはもちろん警察官とその家族が住んでいる。週に一日程度は開かれるのだろうか、診療所もある。医者を見かけたことはないが、急患が出て、ドクターヘリが眼前に舞い降りたのは見たことがある。

村に行くと昨日までのこととは一切断ち切られる。数年前までは携帯電話も繋がらなかった。しかし、村にいて不便を感じたことは一度もない。だから二十年以上も村へ通っているのだろう。

貂や猿、鹿などを白昼でも見かける道を歩き、駐在所に寄って日常の話をし、田畑の人を相手に農作業のことを長々と問う。花笠踊の花作りを見に行き、虫送りで松明を担ぎ、松上げでは鉦を叩いたりもする。見聞する何事に対しても次第しだいに真剣味を帯びてくるようになり、俳句に対しても直にかつ真剣に立ち向かう時間となる。

【私の愛蔵品】
石田波郷筆のジョッキ
「寒施行北へ流るる野川あり」

大空はきのふの虹を記憶せず

長谷川 櫂

虹

俳句をしていてよかったと思うことは、ものを一切持たなくてていいことである。

ほかの趣味であればこうはいかない。お茶であれば茶碗がいるし、何よりもお茶がいる。長くつづけていれば茶室を建ててみたくなるかもしれない。花であればまず花がいる。鋏も花入れもいる。というわけで人間のすることには必ず道具や材料がいるわけだ。

それにひきかえ、俳句をするにはものというものは何一ついらない。句帳もペンも歳時記も本も、みななければないですむものばかりである。

さらによいことは、人間の趣味は必ず作品としてのものを残す。絵を描けば絵が残るし、焼き物をすれば茶碗や皿が残る。音楽をすれば楽譜に書きとめ、録音して残したくなるだろう。芸術などといえば聞こえはいいが、要するにガラクタの山である。

ところが俳句はもの、つまりガラクタをこの世に残さない。句集といっても作りたくなければ作らないですむ。俳句も句集もいずれは消えてゆくものだが、それでいっこうに構わない。

それもこれも俳句が短い言葉でできているからである。書いたり印刷したりしなくても覚えておけばいいのである。忘れたとしても何の問題も起きやしない。今までと同じように太陽も月もめぐり、風はそよぎ、水は流れているだろう。もし気が向けば、また作ればいいだけのことである。

そんなふうにして、あるとき俳句は生まれ、そんなふうにこれまでありつづけてきた。一言でいうならば俳句とは虚空をただようスピリット(気)のようなものである。俳句に比べたらお茶もお花も絵も音楽も高尚な趣味と思われているものは、みな野蛮な趣味に思われる。

誰が茶を用いずに茶をたて、誰が花もなしに花が生けられようか。

住まいの地鎌倉の海をバックに走る江ノ電

真夏日の森は聖堂鳥睡り

花谷 清

深い眠り

一列のことばが、ふと浮かんだ。思いがけない閃き――創ったのでなく、授かった気がした。なぜ浮かんだのか不思議だが、三十代の半ば、ミュンヘン郊外の小さな村に滞在していたときの記憶のかけらが、無意識の底に残っていたからではないか……、と顧みて思う。

その頃、ぼくは主に二つの道具を使って暮らしていた。すなわち、週日は計算機。週末は自転車である。計算機は、開発者セイモア・クレイの名を冠した当時世界最速のスーパーコンピュータ「Cray」。一方自転車は、多段変速機付きの、ありふれた、しかし堅牢なドイツ製。色はメタリック・ワインレッド。知人を介して廉価で譲り受けたものだ。

ミュンヘンは、自転車専用路を完備したおおむね平坦な都市。涼しく乾いた夏期に、自転車はとりわけ重宝な道具である。

週日は速やかに、週末は緩やかに過ぎた。

週末には大地へ太陽が沈むまで、見渡すかぎりの麦畑に点在する村々へ、市内へ、また旧市街へと、自転車でさまよった。

イザール川に沿う帯状の森は市街の中心部の英国庭園に連なっている。店舗が閉ざされている日曜に買い物はできない。疲れたときには、よく中世の佇まいを保つ聖堂に入り、独り瞑想した。吹き抜けのようなゴシック様式の高い窓からステンドグラスを通し差し込む光。それは、深い森の中を疾走中の自転車へ届くかすかな木洩れ日にも似ていた。

あれから数え切れない週末が、数え切れない真冬が巡っていたはずだ。未だことばにならない記憶のかけらは、ゆっくり凝集して、意識の表層へついに漂着したのだろうか。「真夏日」「森」「聖堂」「鳥」「睡り」が動かしがたく結びつき、十七音となり、口を衝いた。

深い眠りから覚めるような一瞬だった。

収録作品を統べる句と位置づけ、第一句集を『森は聖堂』と名付けた。

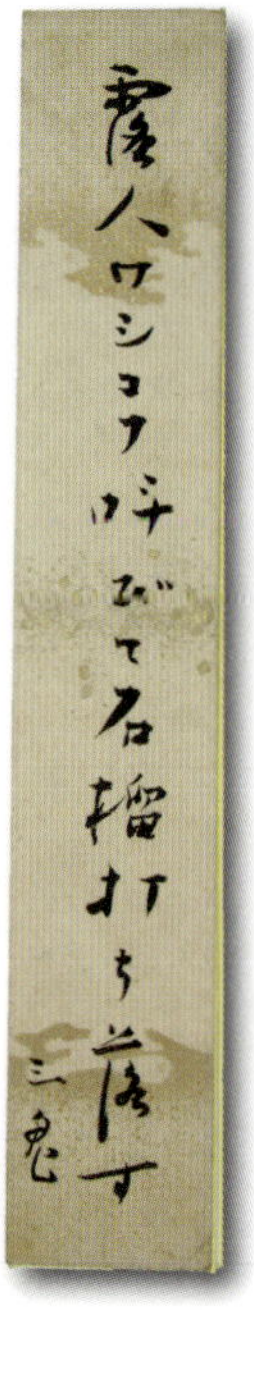

【私の愛蔵品】
西東三鬼の短冊
「露人ワシコフ叫びて石榴打ち落す　三鬼」

ジンフィズに銀河の寒さ誕生日

原　雅子

自愛の一句

アンケートなどで、俳句を始めた動機について聞かれることがある。意志をもって始めたわけでもなく、気が付いたら深みに嵌っていたという好い加減さで、質問されるたびにどこか後ろめたい気分におそわれる。本当なら寝転がって古い小説でも読み散らしていた方が良かったのだから、未だに続いているのが不思議なくらいだ。それでも続けてみようと思ったのは、俳句ならば自分自身をあらわに出さずに済むのではないかと密かに感じていたせいだったろう。それが幼い理解であることにずっと後になって気付くのだけれど。

掲出句はそんな混沌の中にいた時期の作。いつもならぐずぐず時間のかかる私の句作りだが、これはすんなり出来てしまった。

ジンフィズはその昔はじめて飲んだお酒。大学生になって最初の冬だったか。原宿が現在のように騒騒しい街になる少し前の頃。渋谷から坂の起伏を歩いて表参道に入ってすぐの、今はもう無くなってしまった地下のバー。円錐形のグラスに満たされたのは薄靄のように細かい泡の立つ透明な液体だった。見るからに涼しげなカクテルのその時の印象が、何十年も経って銀河と結びついたのは、渋谷からの夜道で見上げた星空が遠くから言葉になって結晶したものか、作者にも分からない。否、分かっていたらそれはもう詩の表現ではないのだろう。

己を詠まないという無意識の枷があったにもかかわらず、個人的な「誕生日」の語が浮かんだのは、この時のちょっと大人になった気分の反映だったかもしれない。

私の誕生日は十二月で、クリスマスを間近に控えた寒い季節だから、出来上がった句は思いがけず現実の自分そのもののような自愛の一句になっている。

もっとも、この頃ではお酒の句といえば「どぶろく」だの「猿酒」だのといささか俗っぽいものに傾いている。これも年齢のなす故かと少々淋しいような可笑しいような。

【私の愛蔵品】
加藤楸邨の短冊
「一本だけ潮の岬の曼珠沙華　楸邨」

スペシャルティコーヒー
豆 使用の店
毎週月・火曜日です
アイスコーヒー

山脈へ泪顔して夏終る

はりまだいすけ

詩のこころ

小学校四年生の夏、私たち腕白は毎日のように山の中の池へ泳ぎに行って遊んでいた。

盆過ぎのある日、もう上がろうかという頃一匹の大きな蛇が泳いできた。

「わあっ蛇《くちな》や蛇や」ってんで、竹ん棒などでその蛇をいじめた。

その夜私は発熱し、何と九月いっぱいまで学校を休むはめになってしまった。子供心に「これはきっと蛇の祟《たたり》や」と秘かに怖れたことを今でも覚えている。

長いこと学校を休んだが毎日寝てばかりいたのではなかったので、退屈しのぎに父の書斎から本を引っぱり出してきて乱読した。

はっきり覚えているのが尾崎紅葉の『金色夜叉』である。会話は話し言葉だから理解できたが、後は文語であったので判読して何とか理解したような気がした。そうそうこの頃は漢字には全部ふりがながつけてあったので、小学四年生の私でも読めたのである。

どういうわけか里見弴の『大道無門』を読んだのも覚えている。そして、西條八十の詩話『若き日の夢』である。

全編抒情あふれる詩やその解説の文章で満ち溢れていて、もの心つきかけた少年の胸をゆさぶるには十二分な一冊であった。

なかでも、伊良子清白の

志摩の果安乗の小村
早手風岩をとよもし

で始まる「安乗の稚児」は何度も読み返して涙したものであった。また「渺々たる大海原に浮ぶ二本の藁屑でも　縁あれば、風のまにまに相寄り相結ぶのである」で始まる、長編の詩「二本の藁屑」にも深く胸をうたれたものである。そんなことで私に詩のこころを芽ばえさせてくれたこの一冊は貴重な宝物なのである。

だから当初はなかなか俳句になじめなかったのだが、やはり〝縁〟に導かれて今日がある。人生の不思議である。

【私の愛蔵品】
西條八十『詩話 若き日の夢』

師の影を追ふ三月の雲の奥

東 良子

龍太追憶

昭和四十九年から平成四年の「雲母」終刊（九百号）までの十八年間、飯田龍太に師事した。それ以降は「柚」「超次元」「七曜」「遠嶺」等の同人、現在は「沖」静岡支部長として、能村研三先生に師事している。結社を超えた多くの俳人の方々との出会いに恵まれ、様々な名句に出逢えたことは、私の俳句人生の生涯の幸いである。

　平成十九年二月十五日、龍太師ご逝去（八十六歳）。掲句は、三月六日、甲府市にての告別式に向かう、身延線の車中での作である。師の作品の世界だけが頭を離れなかった。

いきいきと三月生まる雲の奥　龍太

　夜来の雨が上がり、春雪に輝く甲斐の嶺々には、龍太師がすっくと立っておられる感じがして、私は電車の窓に額をつけ車窓の奥を凝視し続けた。

　祭壇の傍らには、ご長男秀實氏がこの日の朝、山廬の裏の狐川の谷から伐り取った辛夷一枝が活けられていた。幾つかの莟の中で、あたかもこの日のために咲き初めた、ただ一輪の純白の辛夷の花。会葬御礼に記された、秀實氏の「父は春が好きでした」に込められた想いと共に、今も鮮明に思い出される。

　私の愛蔵品は、蛇笏、龍太、能村登四郎、山口誓子、橋本多佳子等々、数多の大先達の処女句集から揃えた初版本である。その中でも、昭和七年雲母社版、飯田蛇笏の処女句集『山廬集』は、私の宝物である。

　句集としては、二十五万円という、破格のものであったが、戦災で紛失した人も多く、愛蔵する人は滅多に手放さぬ、蛇笏直門の方々にとっての垂涎の書である。東京のさる古書店の目録から見出した折、出版社の知人は「宝石はお金を出せば何時でも購えますが、稀覯本はその時でなければ購入出来ませんよ」と、薦めてくれた。

　この一冊の愛蔵書が、想いを同じくする句友の方々との歳月を繋いでくれ、今に至る私の俳句を見守ってくれているような気がする。

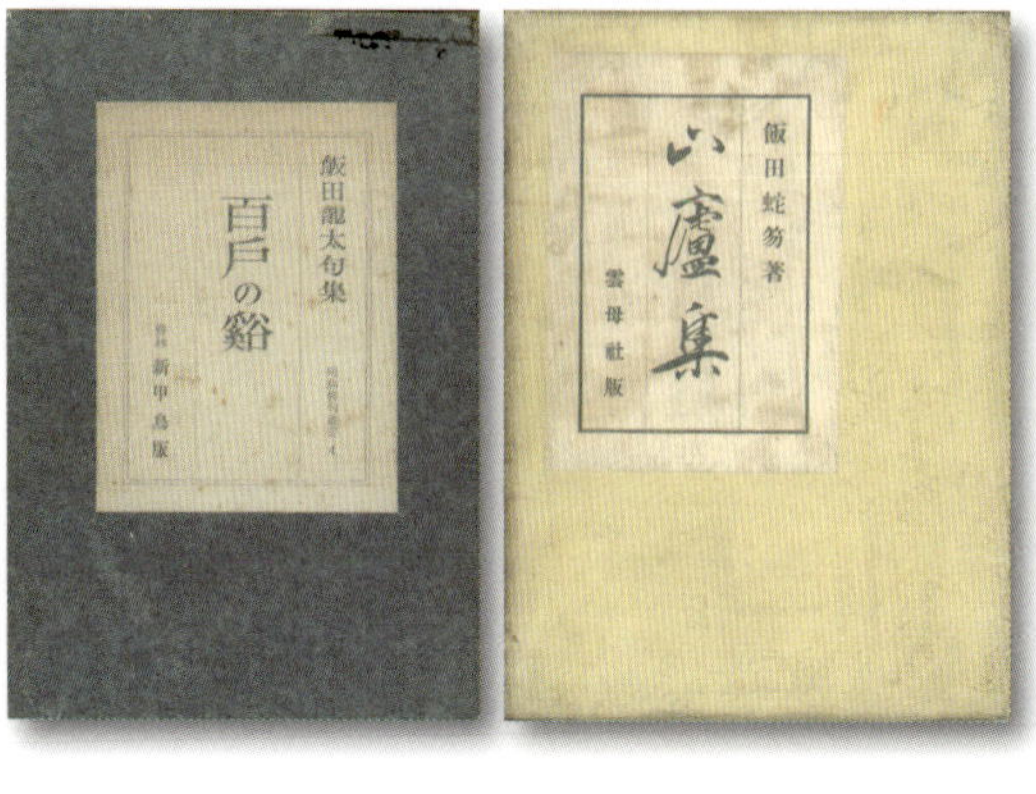

【私の愛蔵品】
飯田蛇笏の第一句集『山廬集』
飯田龍太の第一句集『百戸の谿』

PAX INTRANTIBVS
SALVS EXEVNTIBVS

阿浮奈絵の二階へふふと夏の蝶

久行保徳

至福のひととき

起居身辺を離れての見聞（取材）の旅は、少しばかりの息抜きには最適である。

緊張感のある吟行会などは別として、やたら制約の多い団体での旅は余り好みではない。が、無計画というか、思い付きのぶらり旅は結構楽しい。若干のアクシデントは伴うが、それに勝る一種の開放感もあって、いい湯、いい味の、至福のひとときに出会える。

本州の西端の山口県に住んでいる関係で、中国、四国、九州方面へは頻繁に足を運ぶ。特に九州は名湯も多く、隅々まで歩き、大いに堪能している。なかでも熊本、大分、長崎県は、四季折々それぞれの表情、味わいのある風景に歴史の香りをとどめ、何度訪れても不思議と飽きが来ない。

つい先日も、大河ドラマ『龍馬伝』で賑わう長崎再発見に行って来たばかりである。

旅先では、あまり肩に力を入れても書けないし、また物見遊山の気分で感動しすぎても駄目。この、ほどほどの呼吸が中々に難しいところ。旅吟に限らず、書き手である自分自身が納得する俳句は少なく、更に読み手の評価を得るとなると、極めて確率は低くなって来るであろう。

暑さには弱いのだが、夏の旅は服装にあまり気を使わなくてすむため、突と出掛けることも多い。上掲の「阿浮奈絵」の一句も、平成五年の夏の盛りに長崎県平戸島に行った折の、井本コレクションでの作。

際疾い世界、エロチシズムの漂いの中での、遊び心の表白を試みた作品で、評価は別として、愛着をずっと持っている。

痛飲した翌日、殉教の島のその佇まいに搏たれ、生月島まで足を伸ばした記憶もある。

寡作の私はいつも締切に追われる。多作家が羨ましい限りである。

最近の作品としては熊本県山鹿温泉での、

八千代座の奈落の湿り夏兆す

も、思い入れのある旅先の一句である。

【私の愛蔵品】
左：師・大中祥生の
「木蓮ひらく領空爛れ武者の裔」
右：俳句を志す切っ掛けとなった、伊丹三樹彦の
「一本落葉松しみじみ日傘さす妻で」

天に声置いて雲雀の戻り来る

檜山哲彦

言葉溜り イメージ溜り

人間の身体には、「言葉溜り」「イメージ溜り」とも呼ぶべき袋状の部分があるようだ。そんな「イメージ溜り」の底から一粒の泡として浮かんで来た句である。

何がきっかけだったのか、今は思い出せない。ふいに「ここは人が多い、火星へ行ってみよう」と、小学校低学年のとき思ったことがある。「火星人」の話や絵を読み聞きしていたのが背景にはあるだろう。十歳にならない頭がそんなことを考え、考えるばかりではなく、火星に立つという思考実験をした。あれから五十年以上経つ今も、皮膚への実感として記憶に残っていることで、あたりは岩だらけの荒涼、生き物の気配はなかった。「ここは寂しすぎる、地球へ戻ろう」。

この句ばかりではない。自分では意識していなかったけれど、「天」への気持は今なお消え去ってはいないようだ。

冴ゆる夜の天地すれあふ音すなり
息吸へば天の一角囀れる

全天の身ぶるふに似て鳥渡る
小鳥来て天の底ひをうるほせり
伸縮はわが天地なり太みみず
天地をみがきあげたり蟬の声
雲の峰ふとらせにぎやかなる天地
河童忌や天に穴あく星と月
春の雪姫ひとつぶを天降らしむ
欅降る天に底ひのなきがごと
つつぬけの天や音なく小鳥くる

いずれも第二句集『天響』からの句だが、時を隔てつつも、最終の表現へいたる過程にはあの皮膚感に近しい感覚が見受けられる。

子供の原感覚はさておき、今にして思えば、俳句との縁を結ばせた沢木欣一のこんな句がそれぞれの句に響き合っているのかもしれない。

あめつちのくづれんばかり桜ちる　欣一

言うなれば、過剰な充溢と表裏一体の底知れぬ空虚感覚。現在を生きるとは、こんな崩壊感覚に支えられているのでもあるか。

【私の愛蔵品】
沢木欣一愛用の灰皿
この角度からは片目をつぶった人の顔が見える。クレー後期の「天使」のデッサンにもあるような。

オーロラは天に帯解き枯のこゑ

平田繭子

オーロラを求めて

初めてオーロラに出遭ったのは十数年前、カナダの北極圏・フォートマクマレーでのことであり、掲句はその感動に自然と湧き出でた作である。

子どもの頃、「今観ている何万、いや何億光年も果てにある星は現在消滅しているかも知れない」という神秘にこころ震える思いがした。以来私は宇宙の神秘に触れてみたい想いで、機会を作ってはあちこちへ出掛けている。

究極は、やはり「オーロラ」である。子どもの頃からの夢が叶い、「オーロラ」を初めてこの眼にしたときは、熱い涙が頬を伝った。

淡い緑色の筋が顕れたとみるや、帯となりカーテンのようにゆらゆらとうねりつつ、空いっぱいに広がっていくオーロラ。

湧き起ちてあをむオーロラ凍月夜　繭子

「オーロラ」は同じ姿を見せない。その魅力の虜となって、わたしはカナダへ、フィンランドへと「女神オーロラ」を求めて毎年のように出掛けていた。

数年前、イエローナイフで今までに観たこともない素晴らしい「オーロラ」と出遭った。いわゆる「オーロラ爆発」である。

現地の人たちも滅多に観ることは出来ないと言う。それは、赤やピンク、紫、ブルーそして緑と色を変え、まさに神秘の「女神」と言えるものであった。もう二度とこのような女神には遭えないだろうと思いつつも、マイナス三十五度〜四十八度の世界へと飛んでいる。

その旅は果てしなく遠い。大阪伊丹〜成田へ。成田〜カナダ・バンクーバーへ。そこからエドモントンへ。ここで最後の乗継ぎをして、イエローナイフへと向かう。

ツアーでなく個人で出掛けるため、時には飛行機の延着により、乗継ぎが出来なかったりとハプニングも起きたが、現地の人たちと係わりも深くなり、心を交わせることも……。

自然との出遭い、人との出会いを深められる旅は私の宝である。こうして稿を起こしていると、心は早やオーロラへと飛んでいく……。

【私の愛蔵品】
・平成7年、編集長に就任した折豊長「風樹」主宰より頂いた万年筆
・カナダ・イエローナイフでのオーロラ写真
・孫康生(8歳)が作ってくれた「お守り」

◀撮影 平 如水

鈴蟲の寺
華嚴禪寺

鳥渡る一本松を導とし

深沢暁子

私の原風景

福島県伊達市霊山《りょうぜん》町は私の両親の故郷である。昭和十九年の春、五歳の私は母と兄弟の家族四人で霊山村（当時は村）に疎開し、終戦後、戦地より父が帰還するまでの五年間をこの地で暮らした。霊山町は霊山（八二五メートル）の山麓に広がる町で、山の反対側が相馬市である。霊山は霊鷲山《りょうじゅせん》の略で、慈覚大師円仁がこの山に霊山寺をひらいたとされる。奇岩怪石が累累と立ち並ぶ峨峨たる山容は、山岳信仰に相応しい修験の山といえよう。周辺には、石器時代・縄文時代の遺物を残し、平安時代には山頂に僧坊が立ち並び、読経の声が朝な夕なと響き渡ったことであろう。霊山城（北畠顕家）の南北朝時代は山は一転して、国の政権争奪戦の戦場と化した。現在は県立自然公園として、保護されている。

母方の祖父は漢詩や和歌に親しみ、郷土の歴史に関心を持ち、霊山を広く紹介すべく、『観光霊山』を出版。旧制中学の教師時代と、戦後公職追放になるまでの十二年に亘る村長在職中の諸々を纏めた『随筆霊山』、また『九十年のあゆみ』は周囲の人たちの勧めにより、九十二歳から二年かかって纏めた自分史である。墨書した膨大な日記を辿っての執筆であったようである。昭和五十一年十二月、祖父は九十五歳の生涯を閉じた。母から預かったこの三冊は私の愛蔵品となった。二〇〇九年に『霊山の歴史　史跡名勝霊山』が祖父・善三郎の孫・菅野家弘執筆・編集で郷土史研究会より出版されたが、さらなる調査研究を重ねて充実した改訂版となっている。

霊山町は福島第一原発から五十キロメートルの位置にある。隣接する飯舘村は計画的避難区域に指定され、住民の多くの方が避難生活を強いられている。放射能の除染が遅々として進んでいないが、はたして除染がどれほどの効果があるのか。津波で跡形も無く家も集落も故郷も奪われた無念。家も集落も在りながらそこに住めない人たちの無念。霊山は私の原風景であり、心のふるさとなのである。

【私の愛蔵品】
祖父・菅野善三郎の著作３冊
左より『観光霊山』『随筆霊山』『九十年のあゆみ』

PIER 21

父母恋し手毬唄また繰り返し

福井隆子

父母恋い

掲句は、平成二十四年刊行の第四句集『手毬唄』の題名となった父母恋いの一句である。両親を幼くして亡くした私たち姉妹は、父母が恋しくなると形見の手毬をつき、つく度に更に父母が恋しくなるのだった。

それとは別に昨年九月、エッセイ集『ある狂女の話』を刊行した。俳句を始めて間もなく、今は亡き林翔先生のお勧めの下に文章を書き始めて四十年が過ぎた。それらの文章を一冊にまとめることが出来て、今はほっとしている。

そのエッセイ集も結局のところ、父母恋いの一集だったと思っている。ただ「紀元は二千六百年」生まれの私は先の戦争を体で記憶している最後の世代であり、あの時代の父母たちの労苦を直に見てきた最後の世代の一人だと思っている。そんな体験のほんの一欠片でも書き残しておけたことに感謝したい。

エッセイ集の中には人形をテーマにした文章が多いことに改めて驚いている。人形の髪が伸びた話の「人形の髪」、雛人形をめぐる姉との書簡の「雛の便り」、五月人形の脇に飾られていた「白い馬」、父母の遺してくれた「市松人形」などなど……。

この度の「愛蔵品」はそのエッセイの中の市松人形である。人形師の言う今どきのにぎやかな顔立ちではなく、古風で静かな目鼻立ちの、身長三十センチほどの昔ながらの市松人形である。戦前（昭和十二、三年頃）に作られたものであることは間違いないが、作り手、誰が誰に買い与えたものかなど詳しいことは分からない。その人形は昔も今も私の手元にある。

亡き父母の匂いの濃く残るその人形に私はどれほど慰められ、励まされて来たか知れない。

すっかり色褪せてしまったその人形の着物を、新しいものに取り換えてからもう三十年余りの月日が経った。

父母恋いの私の愛蔵品である。

【私の愛蔵品】
今どきの賑やかな顔立ちではなく
戦前の静かな面立ちの市松人形

盂蘭盆の闇うつくしき佃路地

福神規子

佃島の夏

十年以上前から通う好きなスポットの一つに佃島がある。島といっても今では陸続きで、近年周りを高層マンション群に囲まれたため見過ごしてしまいそうな一画だが、都心にありながら、その異空間とも思えるレトロな雰囲気が得も言われぬ魅力を秘めている。

ここ佃島はかつて徳川家康の時代に、幕府の庇護のもと摂州佃村の漁師たち三十名ほどが隅田川の干潟を築成して島として住み始めたことが起源という。今なお表札の横に屋号を掲げている家を見かけるのも往時を偲ぶよすがだ。そして島人たちは摂州の住吉神社に因んで島に同じ名の神社を祀り、信仰心厚く暮らしている。

信仰心といえば、七月十一日から十二日にかけて隣町の月島で草市が催され、苧殻・鬼灯・蓮の葉・ミソハギ・焙烙・真菰の馬・提灯等々の品が並ぶ。盆の入りには近所の神社に火が焚かれ、その火を霊棚用の火として大切に持ち帰る人と擦れ違うこともある。路地に屈み合い、迎え火を焚く家族の小さな後姿は尊く懐かしい。

月島の草市が済むと佃島は盂蘭盆を迎える。真っ赤な欄干の佃小橋に佇むと、潮入り川に海月が浮かび、船宿折本の繋ぎ舟、銭湯「日の出湯」の煙突が絵のようだ。橋を渡ると渡し場跡という四つ辻に白い提灯と共に踊櫓が組まれ、川を背に施餓鬼棚が設えられる。暮れ方を飛ぶ蝙蝠の姿も情趣を添える。

「人も草木も盛りが花よ　心しぼまず勇んで踊れ（中略）若い芙蓉もおきなの草も　秋の野分は無常の風よ　散れば残らず皆土となる　悟り開けば草木も国土　仏頼めよ南無阿弥陀仏」

漁師の裔かと見える唄方が太鼓一つに哀調を秘めた寂声で音頭を取り、島人は川風に吹かれながら、時に弔いの手振りをしながら慣れた仕草で踊る。この念仏踊りは無形文化財と聞く。踊りも佳境に入る頃、佃の路地はとっぷりと暮れていよいよ真の闇となる。

【私の愛蔵品】
小学生の頃、祖母と一緒に家の庭から偶然掘り当てた小さな仏様

一升の米買ひに出し夕月夜

冨士眞奈美

会えない人

「俳句」といっても、たった十七文字の中に籠めた自分史のようなものであるから、どんな駄句でも一句一句に思いがある。どの句が好きかと問われても、その時その時の自分がいるわけで自選は難しい。句会で自分の好きな人、一目も二目も置いている人から、「天」に選ばれると嬉しい。ずっと忘れず記憶に残っている。一九八六年に「話の特集句会」で岸田今日子さんが「天」に抜いてくれた

踏み躙《にじ》るなにものもなし雪を見る

は、ひそかに嬉しかった。他の誰からも顧みられない可哀想な句で、なぜか今日子ちゃんだけが選んでくれたのだった。だから今日子ちゃんが不治の病魔に捕まり、見舞った帰り道、「友見舞ふ暗渠に積もる雪を踏み」と詠んだ時、私の頭の中にありありと楽しかった句会の情景が浮かび、あの声が甦り、涙に暮れたのだった。

白足袋の指の形に汚れけり

「文春句会」で、野坂昭如さんがとても気に入って下さった句で、帰途、銀座のＢＡＲ「まり花」でイッパイご馳走にあずかった。村上豊画伯もご一緒で、賑やかに盛り上がり「白足袋は指の形に汚れるのか。じゃあ、パンツはなんの形だ、おうかがいしたい」と野坂節が冴えわたったのが楽しい思い出だ。後日、野坂さんはお米を一斗（十升）ぐらい届けて下さった。一句で稼いだ最高物資かもしれない。お米といえば、二〇〇五年の句会で、

一升の米買ひに出し夕月夜

を、小沢昭一さんが「天」に抜いて下さった。自作としては、一番好きかもしれない。子供時分、日本中がまだ貧しかった頃、親戚の米屋に一升枡を抱えてお米を買いにやらされた。母は自ら行くのはプライドが許さなかったのだと思う。子供ながら夕暮になるのを待って、ひとりトボトボと田舎道を歩いた。その枡は祖父の手造りでいまも私の手許にある。

今日子ちゃんも昭ちゃんも、もう句会で会えない。

野良出身の炎児君

秋麗の柩に凭れ眠りけり

藤田直子

「秋麗」を生んだ絵

「物欲がない人ね」と私の手相を見て、占い師でもある俳人のS女史が言った。物に執着がないことは美徳のように聞こえるが、贅沢品を持っていないことを言い当てられたような気がした。贅沢ができる暮らしではなく、生活必需品だけに囲まれてきたから、自ずと物にこだわらなくなったかもしれない。今回この欄に、愛蔵品をと言われ、はたと困った。そこで火事になった時、持ち出したい物は何かと考えてみたら、母の描いたこの絵に目が行った。

若い頃から絵が好きだった母は、画家の道には進めなかったが、子育てが終わった五十代に日本画を始めた。そのときの作品である。はにかんだような石榴の表情が好きで、この絵を表紙にして句集を作りたいと思い立ち、第二句集『秋麗』を編んだ。句集名はこの絵を見ていて浮かんだのである。その後、創刊した俳誌も「秋麗」としたので、この絵は結社誌の表題を生んだ絵だとも言える。

ところが句集『秋麗』には「秋麗の柩に凭れ眠りけり」が入っていたので、それが句集名の元と思われ、注目されることになった。夫を喪ったときの個人的な句だが、好意的に評価されたことはありがたかった。

ささやかな俳誌「秋麗」は今秋、創刊四周年を迎えた。毎月の発行に当たって、中村草田男と鍵和田柚子に繋がる俳誌であるという意識は常に頭から離れない。鍵和田柚子の作品を辿る連載と、草田男俳句を読む座談会の連載を重ねてきたことで、結社としての方向を具体的に示すことにもなった。草田男の言う「全人的な俳句」、柚子の言う「抒情詩の一つとして、生の実感を生き生きと表現する俳句」を目標に、「まぎれもない己のある句」を結社の作句信条としている。

幸い、自由で和やかな句会があちこちに生まれ、誌面ではエッセイやインタビューなどが好評で、私は会員に大いに助けられている。五周年に向かって更に進んで行きたい。

【私の愛蔵品】
母・柏木攝子が描いた石榴の絵

はればれと佐渡の暮れゆく跣足かな

藤本美和子

家族の肖像

現場は新潟県柏崎市にある鯨波海岸。夕空とともに暮れゆく佐渡を遠望した句である。大景を描いた構図に直接人影を描いているわけではない。が、私にとっては、俳句に家族四人がすっぽりと収まった思い出深い句である。俳句が一葉の写真にも勝る、と形容されることがままあるが、本当にそう思う。

この句を授かったのは平成七年七月末。もうかれこれ十七年も前であることにわれながら驚くが、俳句は写真のように色あせたりはしない。それどころか、夕景の日本海や砂浜を踏みしめたときの感触は今でもまざまざと蘇ってくるから不思議である。

それは、旅人としてこの土地を訪れたという訳ではないからであろう。夫の赴任地へやってきたという思いが強かったからである。

柏崎市に夫の転勤辞令が出たのは、その年の春。大学と高校に通う子らの事情を最優先した結果、夫の単身赴任はすんなりと決まってしまったのだった。住まいのある八王子から大宮を経由して、上越新幹線長岡駅で在来線の特急に乗り換える。柏崎までは片道三時間ほどの距離なのだが、実際にはかなり遠い地にやってきたという感じがしたものだった。

この日、家族が再会したのは一か月ぶりであったが、ずいぶん長い間会っていなかったような、妙に懐かしい気分がしたものだ。これまで、家族が離れ離れに暮した経験は一度もなく、口にこそしないものの、子供たちは父親不在の寂しさを感じていたはずである。

俳句は暮れゆく佐渡の光景の向う側に当時の私の感懐をまざまざと映し出し、見せてくれる。今ではすっかり遠い日のできごととなってしまったが、あの日、あの時の私の心を一瞬にして切り取ることの叶った一句であることには変わりがない。

当時は予想だにしなかったことだが、この後、夫の赴任は柏崎から山形県米沢へと移り、十年にも及んだのだった。

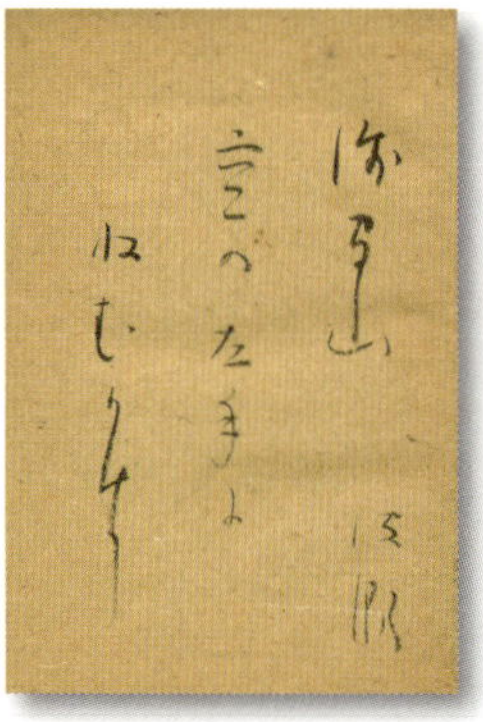

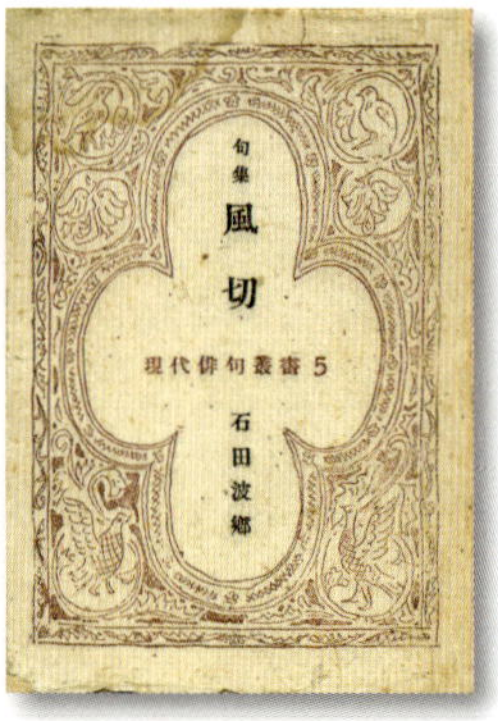

【私の愛蔵品】
石田波郷の『風切』の初版本と
扉に記されている句
「浅間山空の左手にねむりけり　波郷」

一枚の黄落を持ち帰る日よ

坊城俊樹

淫靡なコレクション

幼いころからの趣味といえば、俳句を生業とする一族ゆえに、日々研鑽する俳句と言いたいところである。しかし六歳頃の「ぼくはふろスイカはバケツですずしそう　俊樹」という一句の他に成人になるまで碌な句というものを見出すことができない。

まことに現代的な餓鬼であって、ごく普通の都会少年であった。本といえば漫画ばかり、音楽は特にロックミュージックに毒され、下手なバンドを組んで不良ぶっていたりした。十代の後半は、アイスホッケーやサーフィンに明け暮れていた。

今回、それらとは異なる幼少からのノスタルジーたる趣味を本邦初公開する。これは、俳人はむろんのこと親兄弟・友人・知人すら誰も知らない私の厳かで淫靡なコレクションである。

写真にある模型の車たちは一九六〇年代のものである。当時大流行したスロットレーシングというコースを実際に走る模型たち。米国製のCOXというビンテージの車で、これらを数十年かかって蒐集した自身唯一の財産である。

東京の子供はマセていた。スロットレーシングに嵌る小学生、ロックバンドやマリファナミュージックに狂う中学生、六本木のディスコに通う高校生。サーフィンの店でバイトとナンパをしている大学生。どれも碌なものではないが、すべてそれらが等身大の私なのである。

私はこれらの近現代のキッチュな世界から一歩の進歩もしていないのかもしれぬ。大人になったつもりの十年間にわたるサラリーマン生活や結婚、その後の長き俳人の生活もすべては邯鄲の夢の如しなのである。

死ぬときにこの模型の車たちをお棺に入れるかはわからぬが、なるべく淫靡なコレクションたちに囲まれて焼き場で焼いてもらいたいと切に願うのみである。

【私の愛蔵品】
米国の模型メーカー COX の
スロットレーシングカー

一筋の道を極めて汗涼し

坊城中子

看護と俳句

俳人の坊城中子を書くというより、愚息として母のことを書く。

「道を極めて」という言葉を聞くと、息子としては、どうしても看護師であった母のことを思いだしてしまう。

平成二十三年に看護師の職を退くまで、およそ六十年間この仕事をしてきた。それは、十七歳で聖路加看護学校に入ってから、近隣の内藤病院で退職するまでの軌跡である。

聖路加に入ったのは、高浜虚子や高浜年尾が病気で入院した際に手篤い欧米式の看護を受けたことによる。戦前からおよそ日本では最高水準の看護であったのだろう。

昭和二十年、つまり終戦の年に学校に入った。その時、虚子は祝句として次を贈る。

春潮にたとひ櫓櫂は重くとも　虚子

看護師として、その一生はさまざまな苦難もあるだろうが、たとえ挫折しそうになっても一筋の道を歩みつづけるように。どうやら中子宛のお祝いの手紙の中に綴られていたものらしい。

昭和三十年から聖路加に勤務し、昭和四十四年に立正佼正会病院の小児科、昭和四十七年に昭和大学烏山病院看護学校、昭和五十一年に登戸病院看護部長、平成元年にきぬ医師会病院看護学校副校長、そして平成五年に内藤病院総婦長、という経歴を持つ。

大切な看護日誌や年尾の忌　中子

これは、年尾が登戸病院で死去するまでの看護日誌のことを詠った。おそらく中子の代表句であるかと思う。

そして母は幸せである。この世に看護と俳句という大きな二つの人生目標を与えられた人生とはそうないからである。

（坊城俊樹）

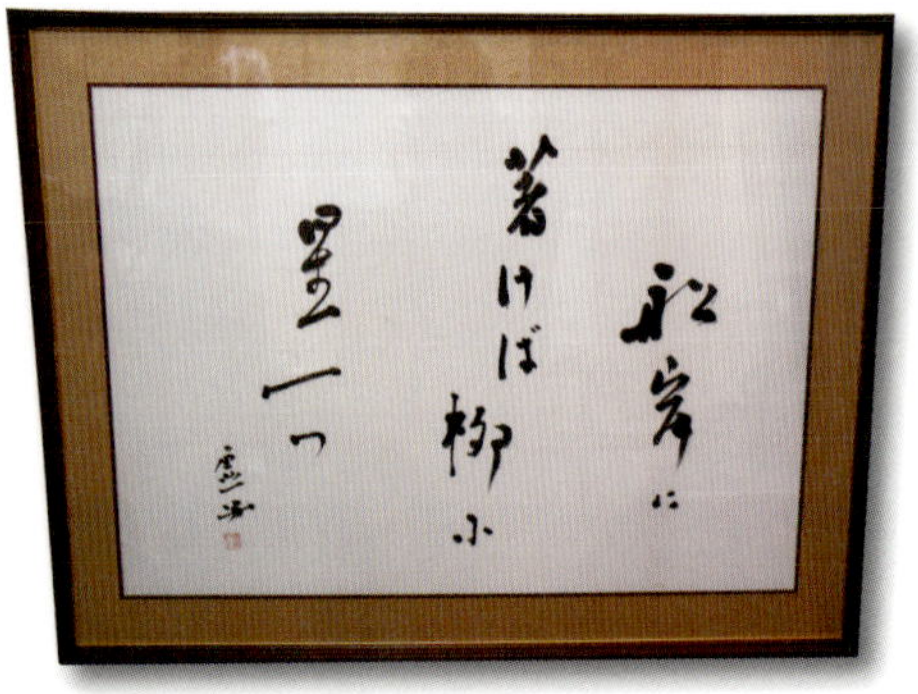

【私の愛蔵品】
「船岸に着けば柳に星一つ　虚子」

傾きし日を抱きたる大瀑布

星野高士

時空を越えて

その作品を読むとその時のことを鮮明に思い出すことが出来るのも俳句の魅力。

　言葉が短く全てのことが言えないので余計に集約されているからであろう。

　もっともそれは上手くいった作品であり、少し外れると記憶を呼び覚ますまではいかない。私は、一年中と言ってよいほど俳句会をし、その都度俳句を作っている訳であるがやはり旅に行った数々の場所は特に印象が深い。

　そして日本国内はもとより海外にも行って、いろんな方々と俳句を通して知り会えたということは何よりも幸せである。

　勿論虚子や立子の足跡があってこそという旅が多いことは言うまでもない。

　そして何と言っても一番遠くまで旅したのがこの掲載の句を作ったブラジル。

　もう二十年近く前になるが、あの頃はブラジルには日系二世が多く俳句を愛する人たちが沢山いた。日本から飛行機で二十四時間以上であり季節も全く反対。


サンパウロ、リオデジャネイロと全てをブラジル国内線で飛ぶのであるが、それでさえかなりのフライト時間。そしてその中間にあるのがイグアスの滝。同行してくれた立子の高弟の一人でブラジルに移住していた木村要一郎さんから「この滝の前では冷静に俳句が作れない」と聞いていた通り、直ぐには頭に何も浮かばず、声にもならなかった。

　本当にこれは行って来た人でないとわからない迫力とエネルギーに圧倒される。

　何も浮かばないまま暫くしてイグアスの滝を去る頃には、南国の日差しが少しその滝に吸われるように沈みつつあった。

　そしてその日の夜にふっと出来たのがこの句。

　今でもこの光景は何かにつけ私の脳裡から離れずに私を励ましてくれるのだ。

　あの時に見た虹や蝶の大群そして大瀑布の飛沫。

　この俳句は正に時空を越えていつも身近にあるのである。

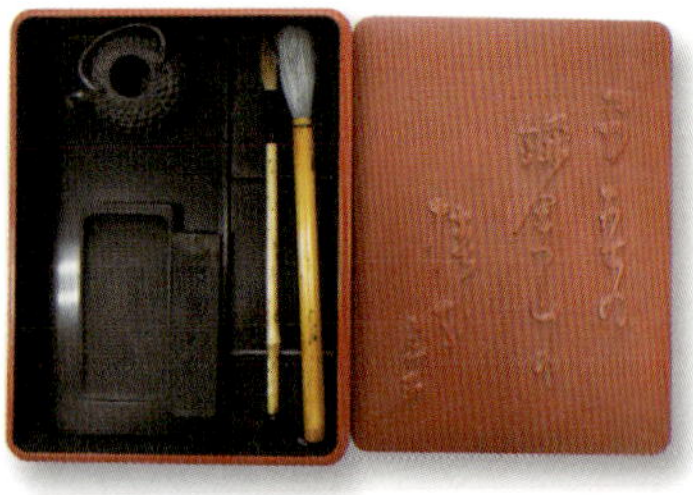

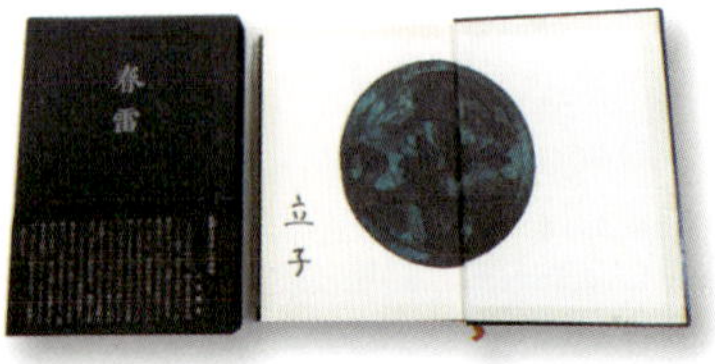

【私の愛蔵品】
左：「早春の鎌倉山の椿かな　虚子」と祖父が彫った鎌倉彫の硯箱
右：星野立子サイン入り句集『春雷』

星野立子・椿・高士三代の碑

みとることとなりはひとして冬の虹

細谷喨々

編年体の句集

医学部に入学して間もなく石川桂郎主宰「風土」に入会し、桂郎先生を生涯の師（俳句の）と決めた。（以下敬省略）

当時の桂郎の句

豆腐屋のこぼせる水や野分あと

仲見世の裏行く癖も十二月

などの「江戸的都会感覚」になんとなく惹かれたからだった。「てめえの面《つら》」のある句を作るようにと言われてから、もう五十年程経つ。桂郎は生涯に『含羞』『竹取』『高蘆』そして逝去後の『四温』、計四冊の句集を遺した。すべて編年体である。だから、理髪店を営みながら文学を志した彼の二十代、三十代の俳句に容易に出合うことができる。

理髪師に夜寒の椅子が空いてゐる

（独り子の死にあふ）埋骨

かなかなに履く足袋ほそき思ひかな

一片の炭なし

あまり寒く笑へば妻もわらふなり

桂郎が生前に採ってくれた二十代の私の句を並べてみる。もちろん格が違うが。

解剖学実習

解剖の煙草覚えし五月かな

大学紛争

封鎖棟に誤字の溢れて夜寒かな

朝顔の花数死にし子等の数

妊りて眠たき妻や桜桃忌

先生と私の年齢差はほぼ四十。その後、六十五歳で食道癌を発症、二十六歳の私が小児科研修医として働いていた聖路加国際病院で昭和五十年十一月七日に亡くなられた。六十六歳、現在の私の年齢である。

遺句集『四温』には癌と暮らした日々の句が多くある。

裏がへる亀思ふべし鳴けるなり

虫のこゑいまなに欲しと言はるれば

これは私見に過ぎないが、人の一生は編年体で編まれた句集によって多くが語られるように思う。季節のうつろいを背景に。だからこそ編年体を嫌う人もいるのかもしれない。

【私の愛蔵品】
詩人・工藤直子の「のはらうた」グループの「けら」句会の年報（限定８部）
宗匠は喨々、編集は市河紀子

秋蝉の尿きらきらと健次の忌

堀本裕樹

誕生日の事件

一九九二年八月十二日は、私にとって運命の日となった。

その日は私の十八歳の誕生日だったのだが、作家・中上健次が他界した日にもなった。

中上健次は和歌山県新宮市出身の戦後生まれ初の芥川賞作家であり、圧倒的な存在感で小説を書き続けた。私は和歌山市生まれで熊野本宮出身の両親のもとに育ったので、同郷の作家を敬愛していたのである。それは突然の訃報だった。中上健次の死は私にとって事件であり、衝撃であった。十八歳以降、自分の誕生日と中上健次の忌日が重なり続けるということは一体何を意味するのか。私にはその光と影が重なる八月十二日が、運命の日であると言い切ることができる。その理由を述べはじめると、紙幅が足りないので控えるが、第一句集のタイトルが『熊野曼陀羅』であり、帯文が中上紀氏、序文が鎌田東二氏と記してその一端を示すことに留めておきたい。

拙句集に収録した掲句は、中上健次追悼の思いを込めた。秋蝉が鳴くまだ夏の空気が色濃い熊野には光があふれている。真っ青な熊野の空へ尿をまき散らしながら秋蝉が飛び立つとき、俗なる排泄物は一瞬聖なるものへと転換されて光り輝くのであった。聖俗を併せ持った世界が古来よりの聖地・熊野であり、また中上健次の作品世界でもある。

愛蔵品である中上健次直筆の色紙はいつも部屋に飾ってある。神田の古本屋で見つけて購入した、私の大切な文学の御守りといってもいい。この色紙は数えるほどしか公開はしていない。一度目は私が編集長を務めていたときの「河」誌で中上健次特集のグラビアにおいて。二度目は鎌田東二氏が理事長を務める東京自由大学で第一句集の出版記念講演をしたとき。三度目は今年一月末に京都大学で「我が俳句における身心変容」と題して研究発表をしたとき。そして今回が四度目の公開となる。中上文学の貴重な資料でもあるこの色紙の文言は紀州を見事に象徴している。

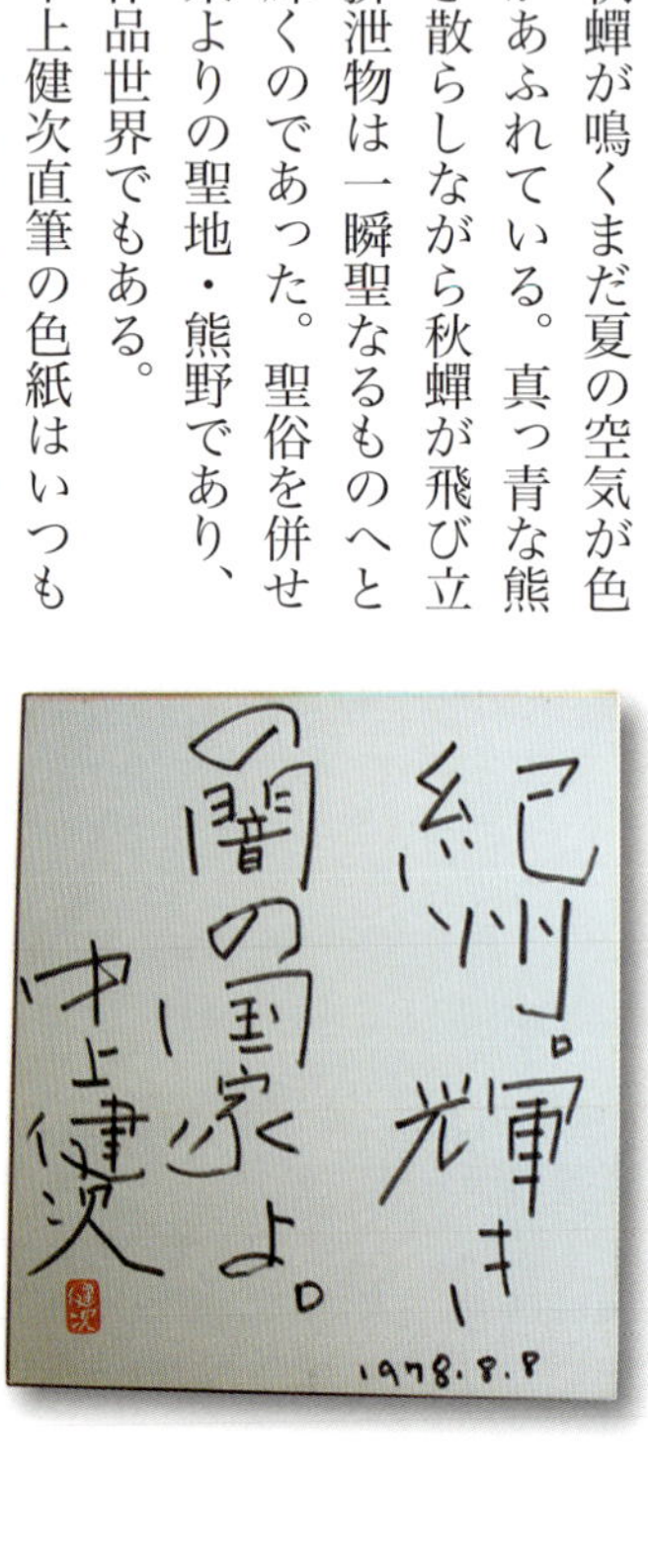

【私の愛蔵品】
中上健次直筆の色紙

CAROL
あなたが私を変えた。
ケイト・ブランシェット
ルーニー・マーラ
2.11
『不都合な真実』監督
デイヴィス・グッゲンハイム最新作
2014年ノーベル平和賞受賞(最年少)
マララ・ユスフザイ
わたしはマララ
なぜ彼女は17歳でノーベル平和賞を受賞したのか?

潔くありたし朝の花吹雪

本田攝子

遠い遠い日のこと

「獺祭」に初めて出会ったのは昭和三十一年の事、職場だった銀座のビルの廊下に掲示されている俳句会案内であった。二、三か月逡巡した或る日、思い切って会場のドアを叩いたのである。瞬間「仕舞った！　場違い」と思ったが後のまつり、身の竦む思いで何とか一声発するのが精一杯だったのを覚えている。

そこには正面に和服姿の初老の男性、両脇に同じ位の厳しい面持ちの男性、そして二十名余りの男性がぐるりと着席していたのである。郷里で十七歳から俳句を始めていたが、句会の経験はなく戸惑うばかりの私、教わりながら無我夢中の句会デビューだった。その初めての句会で、吉田冬葉（和服姿の方）先生に三句も選んで貰った。やがて二十三歳の娘は、おじ様方の中の紅一点、「攝ちゃん攝ちゃん」と可愛がられた遠い昔の話である。

俳句会の楽しさは、社会的地位や職業、年齢や性別また貧富の差なく、皆同じラウンドテーブルで、友として戦い語り合うことが出来る事と知り、例会が待たれたが、その年十一月冬葉師が他界。私は結婚して家庭に入った。

七年が経った頃、「獺祭」は三代目の主宰となり充実していた。専業主婦となった私の生活は、様々の問題を抱えた苦悩の年月で、俳句を続けていたことが唯一の救いであった。人生の岐路に立ちながら優柔不断の私だった。

昭和三十八年二月、桜木俊晃師（後の四代目主宰）が『芭蕉辞典』を上梓され、十九日私の誕生祝にと下さった。持ち重りのする立派な書物を開くと、見返しに揮筆の一句。

戻りても照りても梅は潔し　俊晃

攝子様恵存とあった。決意して元の本田姓に戻り、師の句を常に心の支えにしてきた。

掲句は、特に代表句とてない私の、生き方の心構えとでも言おうか、俊晃師に戴いた句に応えようとの思いで出来た一句である。

【私の愛蔵品】
桜木俊晃著『芭蕉事典』

空冥の微塵となりて鷹渡る

正木ゆう子

鷹の渡り

一年の中で何が楽しみといって、一番は秋彼岸の頃に鷹の渡りを見ることである。

昨秋は秋分の日に長野県の白樺峠に行った。観察会のカウントによると、その日一日でサシバとハチクマ合わせて八百羽ほどが渡ったらしいが、あまりに高く飛ぶので素人目には見逃したものも多く、それでも二百羽ほどは見ることができて大いに満足した。しかしその翌日の二十四日には五千羽が渡ったというから鷹の渡りを予測するのは難しい。

一昨年も白樺峠だったが、私が行ったのはその年のピークの翌日で、昨日三千羽が渡って行ったと言われた。しかし、そんなことを悔しがっていてはダメなのだ。一羽でもいい。青空に紛れそうな高さを、ものすごいスピードで南西へ急ぐ鷹を見ると、その健気で高貴なまでの姿に涙が出そうになる。

鷹はたいてい高いところを飛ぶから、欠かせないのが双眼鏡である。大きく見えるに越したことはないが、高い倍率だと視野が狭く、動いている鷹をなかなか捉えられないので、私には四倍か八倍の倍率がちょうどいい。鷹の渡りには愛用の二つを持っていく。

写真の双眼鏡は四倍の方で、これくらいだと風景を見るのにも具合がいい。大好きな木の、いつも同じ枝にいる梟を見るのもこれである。なにしろこの双眼鏡は軽い。ケースごとでも百グラムしかないので、いつでもポケットやバッグに入れておけるのがいい。

実はこの双眼鏡、高野ムツオさんにいただいたものである。高野さんは道具に凝る人で、双眼鏡やカメラなどいつも新しいものを持っている。あるときこの小さな双眼鏡を貸してもらい、あまりの軽さに、これいい、これ欲しい、と連発したら、自分のはやれないけれどもと言って、後で送ってくださった。私は男の人に物をもらったことなどないし、女らしいものを欲しいなどと思ったことはないが、このプレゼントだけは嬉しかった。指輪より双眼鏡が良くなったら、女もおしまいである。

【私の愛蔵品】
愛用の双眼鏡

姫神は多産におはし稲の花

松浦加古

生命を呼びさますもの

神話というものは、民族に伝えられている物語であるから、科学的根拠や論理に基づいてはいない。それでいて、どこかに真理を含み、民族の願望が込められ、生命を呼びさますところがある。

『古事記』(日本古典文学全集、小学館)によれば、高天原から遣わされたイザナギ、イザナミという男女の二神が、始めに多くの島を生んだ。島々を生み終えた後、さまざまな自然現象をつかさどる神々を生んでいく。岩戸や砂や土、風の神、海の神、河口、港、農業用水の神。山の神オオヤマツミノカミの名はお馴染みなので記しておく。その山の神と、野をつかさどる女神との間に、土や霧や闇などの八柱の神々が生まれる。さらにイザナミは船の神、食物の女神オオゲツヒメノカミを生む。この女神について

陰に生る麦尊けれ青山河　佐藤鬼房

と詠んだこの作品を私は愛してやまない。

次に火の神を生んだイザナミは火傷を負い、病に臥すことになる。病による嘔吐物から鉱山の神々が生まれ、糞からは土器を作る神、尿からは水の女神、ミツハノメノカミが生まれている。

さて、掲出の句はこうした古代志向から生まれた。イザナミに代表される姫神であるが、古代人が女神に期待したものは、稲をはじめとする収穫への期待であり、民族の繁栄であろう。自然や生活のあらゆる現象に神を宿らせることで、生への安心を確保した。俳句の仲間と自然の豊かな地域を訪れるが、独自の風土や歴史に魅かれるものがある。神社を訪れるとき、その祭神の名、ことに姫神の名に風土を感じ取るという、ひそかな歓びもある。実際に発掘された縄文時代の女神像がある。その腰の豊かさはまさに多産系であり、豊穣への祷りが感得され、私の想いは、神話以前にさかのぼっていく。土偶にみられる女神信仰が根底にあって、『古事記』の姫神たちの強靭さが生まれたのかもしれない。

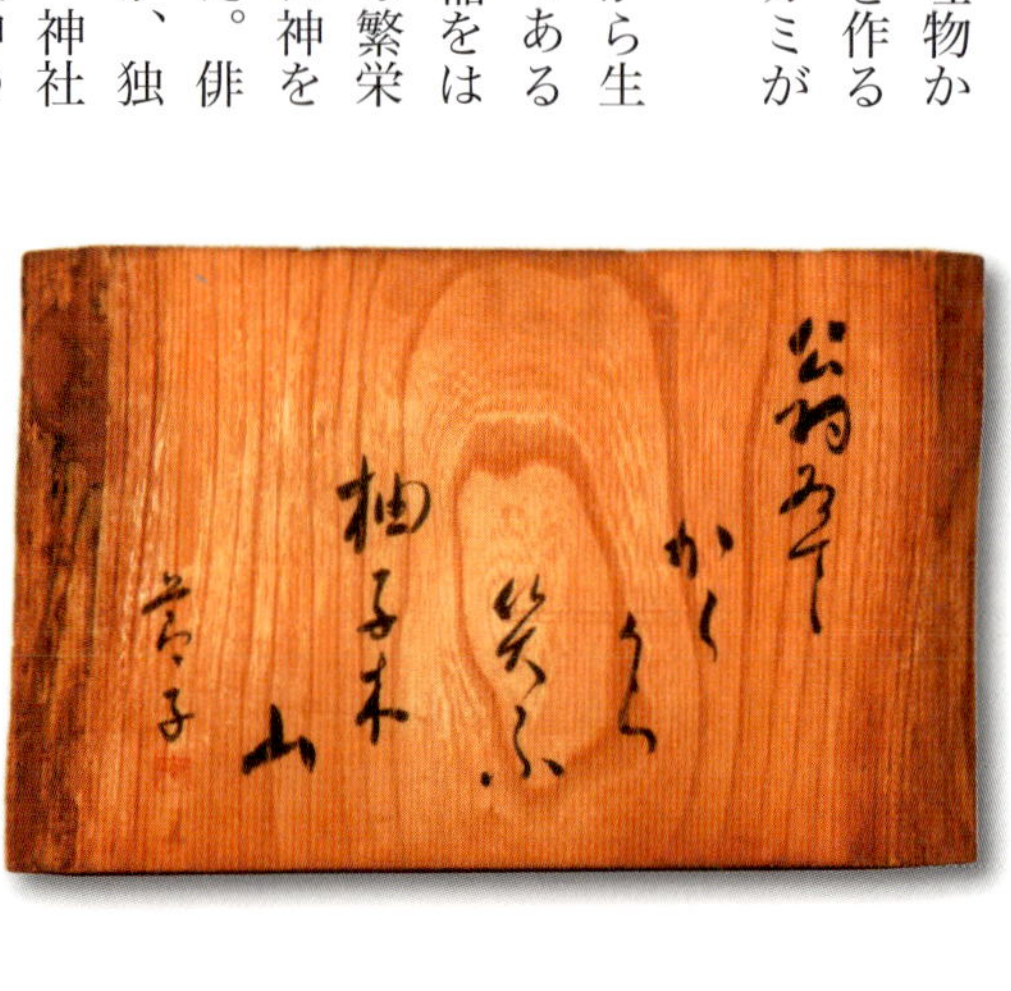

【私の愛蔵品】
野澤節子揮毫の木版
所有者の大槻一郎氏が「蘭」に寄贈
「翁ゐてからから笑ふ柚子木山　節子」

菜の花は大日如来の色なりけり　松尾隆信

菜の花の半島

　第七句集『美雪』の帯十句中に春の句が二句ある。一句は、「をとこにはをとこのうれひ空海忌」。これは今になるとややめめしい句だと思うし、前句集『松の花』中の「空海忌肚から咽へ声通す」の方が気魄がある。しかしこれら二句よりも掲句の方が、明るくてスケールが大きい。密教の曼荼羅の中心には大日如来があり、空海にもつながるものがある。

　この句は、平成二十二年三月末の「塔の会」の吟行でのもの。大分空港に降り立った時に、日差の明るさをまず強く感じた。国東半島の三浦梅園居宅、両子寺、富貴寺と種々の野花も咲いていたが殊に菜の花の黄色のかがやきが印象的だった。空港での第一印象の光の明るさとその直後から道中に見る菜の花のかがやき、そして多くの仏たちを巡り拝して行く中で、この句の形へとほぼ定まっていった。大日如来は日輪、太陽である。その色はすべての色を包含するとも言えるし、赤のイメージも強いが、霊地である国東半島の日差しの中の菜の花は、まさに大日如来の色であった。このあと、城下鰈で知られる日出《ひじ》の城址、別府へと向かうが、ここでは桜が咲き出していて、菜の花の存在感は、薄いものとなってしまう。

　「塔の会」は、昭和四十三年にはじまり、創立期には、鷹羽狩行、有馬朗人、上田五千石、岡田日郎、草間時彦、能村登四郎、松崎鉄之介、星野麦丘人などが参加、現在は、棚山波朗、鈴木太郎、蟇目良雨、小島健などを中心に活動している超結社の句会。

　色紙は先師上田五千石の「みんなみはしらなみいくへ松の花」で、急逝のちょうど二か月前の七月二日に、二日後の全国大会の打合せにお宅へうかがった時にいただいた。「君の住んでいる平塚、湘南のイメージにぴったりだ。これから良い事がつぎつぎ寄せてくる感じで縁起のいい句だ」と言われた。この句の「松の花」を誌名として翌年一月より毎月刊行、今日に至っている。

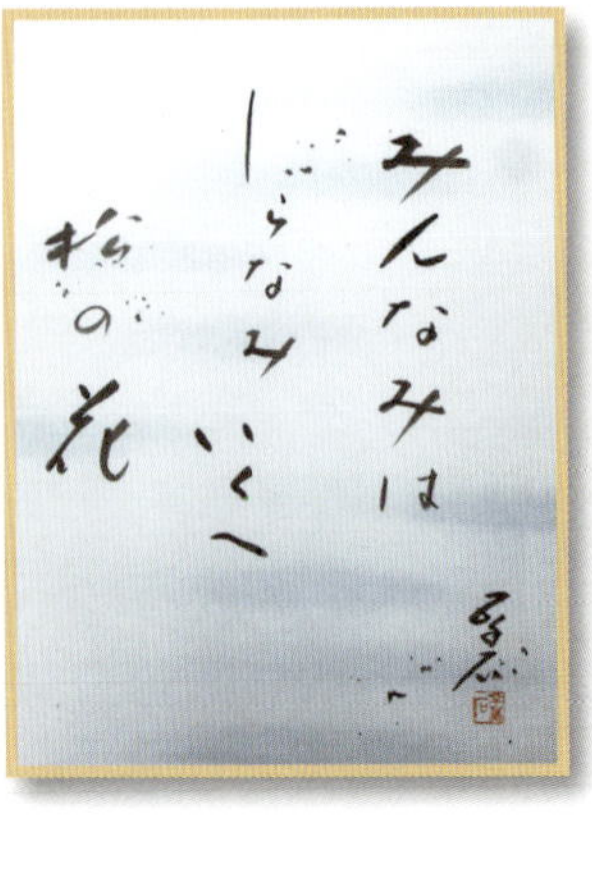

【私の愛蔵品】
上田五千石の色紙
「みんなみはしらなみいくへ松の花　五千石」

浄土宗
松風山
晴雲寺

進むべく青蘆原へ道ますぐ

松岡隆子

道

全く俳句に縁のない暮しをしていた三十代半ばにふと出合った俳句が、今や生活の全てになっているとは、今更ながら感慨深い。

初めて師岡本眸に出会ったのは昭和五十二年だった。「春嶺」の同人台迪子氏のご縁で私たちの小さな句会に指導に来られた。会を始めて三か月、俳句の知識は皆無の私たちに先生は優しく俳句を語ってくださった。昭和四十七年第一句集『朝』で第十一回俳人協会賞を受賞された先生は、当時将来を嘱望される女流俳人として活躍されていた。先生の偉大さを知るにつれ、先生の作品の魅力に触れるにつれ、その時の出合いがいかに幸運だったかと思う。

昭和五十五年「朝」が創刊され、「俳句は日記」の作句信条の下に多くの門人たちが参集した。季節との関わりの中で、身辺の些事に詩を見出し俳句に詠む。自然を詠み、日々の暮らしを詠む中に、生きることの哀歓が滲む眸俳句の世界に魅了され、何とか師の琴線に触れる句を詠みたいとひたすら励んだ。

平成十二年、編集部の一員に過ぎなかった私が編集長という大役を務めることになるとは思ってもみなかったことだった。とてもそんな力量はないのでと辞退したが、結局は受けることになった。その次はカルチャー教室の講師をと、先生は次々と私の前に道を拓いて下さった。先生の導かれるままに進めばよかった。無理に思えたことも懸命に真向かうことで道は続いて行き、昨年の終刊までを務め上げた。

掲句は平成十年、水元公園での所産である。第一句集『帰省』の序文に「青蘆のごとく」と掲げて下さった時から、私の代表句と言われるようになった。自作ながらいつも先生の声が聞こえる愛着の一句である。

道は「栞」へと繋がれていった。先生に教わった俳句のこころを胸に新たな青蘆原へ向かって、連衆と共に真直ぐに進んで行こうと思う。

【私の愛蔵品】
二十数年前、神保町の古書店で入手した岡本眸師の第一句集『朝』

味噌甕の闇を湛へて土間秋冷

松本三千夫

心満たされる時

手元に陶製の芭蕉像がある。名のある物ではない。芭蕉生誕三五〇年目の平成六（一九九四）年十月一日〜三日、伊賀上野で開催された俳文学会全国大会で、記念品として頂いたものである。高さ十二センチほど、頭陀袋を提げて胡座をかき、右膝に旅笠を被せるように置いてある。底部に、「伊賀焼」「芭蕉翁生誕三五〇年記念　上野市・（財）芭蕉翁顕彰会」と書かれたラベルが貼ってある。その柔和な顔立ちが気にいっている。伊賀焼の芭蕉像といえば、俳聖殿に安置されている芭蕉翁の等身大座像も伊賀焼である。冒頭の句はその時の芭蕉の生家での作である。

臍の緒に泣きし人恋ふさはやかに
冷やかや雪隠にある除き窓

等、十八句が句帳に書き留めてある。

芭蕉像といえば、陶製木製数多くあるが、印象深いものに、加賀の山中温泉で出会った芭蕉像がある。地元の全昌寺蔵の杉風作芭蕉木像である。高さ十五センチほどで、底部に「杉風薫沐拝作之」と刻まれている。「薫沐」とは、着物に香を焚きしめ、髪を洗って身を清めること。手の平を前で組み胡座をかき、微笑みを湛えた温顔に魅せられる。

もう一つの写真、石田波郷先生の色紙であるが、昭和三十三年、皆川白陀主宰・松井栗国氏に伴われ、石田波郷先生のお宅を訪問した際に頂戴した、私の宝物である（当時私も「鶴」会員であった。波郷先生が亡くなられたのをきっかけに退会した）。同年十月の「すぐろ野百五十号記念大会」を控え、原稿のお願いに上がったのだ。そして、「百五十号記念特集」に、「百五十一号のために」と題する玉稿を頂いた。「百五十一号からは『すぐろ野』だけに止まらず、もっと広い場で活躍せよ。もっとも平凡でもっとも難しいことを仕遂げよ」という趣旨であった。白陀先生が敬語を使って話される波郷先生に、私は何も言えなかった。ただ、波郷先生の傍らにいるだけで十分に心満たされていた。

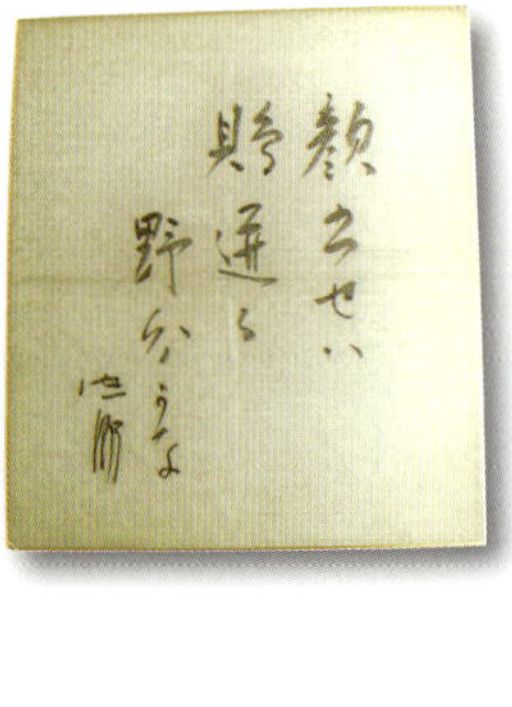

【私の愛蔵品】
芭蕉像と波郷の色紙
「顔出せば鵙迸る野分かな　波郷」

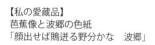

青空は神のてのひら揚ひばり

黛　まどか

旅の途上

いつの頃からか旅の多い生活になった。日帰り用、二、三泊用、長期用と、自室にはいつも三つの旅鞄が置いてあり、仕舞う暇がない。といっても、旅を積極的に計画したことはあまりない。いつもふいにどこかを訪れる機会がやってくる。北スペインのサンティアゴ巡礼の折もそんな感じだった。

一九九九年の三月、それまでレギュラーで務めてきた仕事がすべて終わった。以前から興味のあったサンティアゴへ行くなら今しかない。慌てて旅の支度を整え、五月下旬にスペインへと旅立った。

フランスのサン・ジャン・ピエ・ド・ポーを出発した私は、ピレネー山脈を越え、メセタと呼ばれるスペインの広大な台地を横切り、西へ西へと歩き続けた。全長約八百キロの旅である。出発した時には青かった麦畑が、到着の頃には麦秋に変わっていた。毎年数名の死者が出るほど厳しい道程だが、巡礼者は不思議とみな明るい。数十か国からやってきた巡礼者たちは、毎朝暗いうちに起床し、三、四十キロ程歩き、アルベルゲと呼ばれる巡礼宿に泊まる。途中幾度かギブアップしそうになったが、道端に咲くアマポーラや鳥の囀りに励まされながら歩いた。突き抜けるような青空の高みで鳴く雲雀の声を聞いた時、巡礼者も村人も、花も鳥も虫も、みな神の掌に包まれているのだと思った。巡礼者が明るいのは、いつも神に守られているという大きな安心感があるからだろうか。

日本を発って約二か月後、終点のサンティアゴ・デ・コンポステーラに着いた時、万歩計は三一二万歩になっていた。不思議と感動はなかった。三一二万歩の中のどの一歩なくしても終点には辿りつけなかったことを思うと、ゴールはもはや目的ではなくなっていたのだ。過程こそ旅の目的であり、どんな些細な場面も、掛け替えのない一期一会である。その瞬間に俳句を通して立ち会えることの喜びを噛みしめながら、今日も旅の途上にいる。

【私の愛蔵品】
巡礼証明書

幸すこし不幸をすこし走馬灯

岬　雪夫

中西龍アナウンサー

「走馬灯」の掲句は、「狩」（鷹羽狩行主宰・昭和六十一）の同人欄に掲載された句である。

　この句がNHKアナウンサー中西龍さんの目にとまり（昭和六十三）、夜のラジオ番組で取り上げられた。その鑑賞（語り）の中に次のようなところがあり、作者の私も感動してしまった。中西龍さんの低音で哀調を帯びた声とその奥にある心のやさしさが、今も耳をはなれない。

「人の一生は走馬灯のごとしとよくいわれるように、そのときどきの幸せ、不幸せをも思い起こさせて心をしみじみとさせます。一生を不幸ばかりでおわる人もいないでしょうし、幸せの連続という人もあまりいないでしょう。

　ふり返ってながむれば、人間の生涯は平均的にほんの少々の幸《こう》、ほんの少々の不幸とでおりなされているように思われます。その当座は不幸のどん底だと思っていたことも、時の経過に浄化され、ろ過されて、まあこれでよかったのではないかと、欲をいったらきりがないからなと、だれしもおのれの人生に多かれ少なかれ満足するでありましょう。そうでなかったら生きている、あるいは生きてきた意味がありません」

　この中西龍アナウンサーが、「狩」創刊十五周年記念大会（東京會舘・平成五）に来賓として出席された。懇親会の席がたまたま近かったので、ご挨拶やらお礼を申し上げた。今はもう亡くなってしまわれたが、その時の控えめでもの静かな言葉、そして、その奥にあるしみじみとした心のあたたかさが、いつまでも忘れられない。

　この「走馬灯」の句は、句碑として平成十一年、岐阜県可児市「歴史と文化の森」に建てられた。この句碑の除幕式には、鷹羽狩行主宰より祝電と「祝句」をいただき感激した。

しあはせに回りはじめし走馬灯　鷹羽狩行

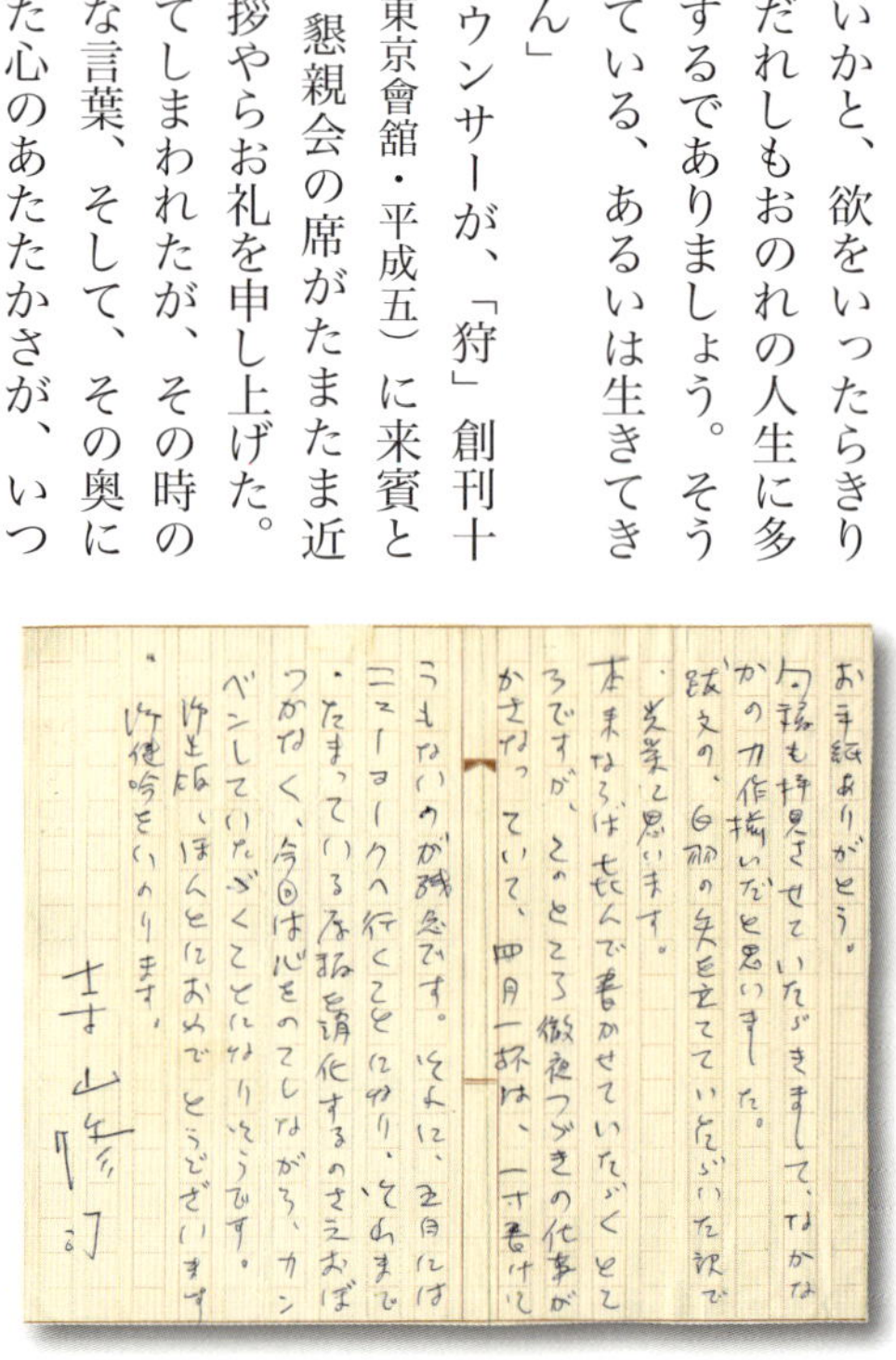
お手紙ありがとう。
句稿も拝見させていただきまして、なかなかの力作揃いだと思いました。
跋文の、白秋の矢を立てていただいた訳で・光栄と思います。
本来ならば喜んで書かせていただくところですが、このところ徹夜つづきの仕事がかさなっていて、四月一杯は、一寸書けそうもないのが残念です。それに、五月にはニューヨークへ行くことになり、それまで・たまっている原稿を消化するのさえおぼつかなく、今回は心をのこしながら、カンベンしていただくことになりそうです。
御出版、ほんとにおめでとうございます
・御健吟をいのります。
寺山修司

【私の愛蔵品】
寺山修司の手紙

中山道
太田宿
クリニック

雲雀笛吹けど野面は事もなし

満田春日

師の声いまも

この句は第五回「ゆう俳句賞」受賞十五句の中の一句で、田中裕明によって次のように評された。

「ブラウニングの『神、そらに知ろしめす。すべて世はこともなし』という詩句を思い出します。子供の頃に読んだ『赤毛のアン』の終わりに引用されていたので忘れられません。この句は、それを俳諧に応用した知的な面白さがあります。」(「ゆう」二〇〇五年一月号)

これを目にした時の驚きは今もそのまま蘇る。田中裕明に師事して二年余り、その作品に直に接し、指導を受けられる幸せの中にいたが、こんな風に読み解いてくれる人は師の他にいないだろうと。しかし、この選後評が載った「ゆう」の次の号は、「田中裕明追悼号」となってしまった。

「ゆう俳句賞」は初めての応募だった。その頃は昼も夜もパソコンに齧り付いて仕事をしているような状況だったが、その中のひと晩かふた晩、応募のための時間を作り、まとめた覚えがある。句の数が足りなくて、頭の中の風景を辿りながら歳時記をめくり、雲雀笛に目が止まった。雲雀を捕えるために吹くという雲雀笛自体は知らない。しかし、筑波にいた頃、菜園の草取りによく来てくれた亡き母と「まるで水笛ね」と言い合いながら、雲雀の声が降りそそぐ空を仰いだことを思い出した時、この句は成った。安らかで平和な日常の明るさが少しは詠えたか。しかし「笛吹けど踊らず」といった焦燥や停滞感も含んではいる。

「ゆう」入会の前から、私の俳句はほとんどが吟行での写生によって生まれているから、机上で成したこの句は鬼っ子のようなものかもしれないが、師の声が聞こえるような鑑賞によって大切な一句となった。

【私の愛蔵品】
田中裕明先生からの葉書
筆まめな方だった。亡くなった年、平成16年6月18日の消印。

こがらしと風来坊が湯に浸る

水内慶太

苦労をせず賜る句も又佳し

「其中の会」という超結社の句会があった。その「其中」とは、種田山頭火が昭和七年（五十歳）郷里山口の小郡町に結庵した、「其中庵」の「其中」である。そう、句会の発起人は『放浪の俳人山頭火』で一躍ベストセラー作家になった、村上護さんだった。村上さんにまだ癌の予兆さえ見えなかった頃であり、私が俳句で山口に行ったことがないことを知り、山口旅行をコーディネイトしてくれた。メンバーは村上さん、柚木紀子さん、藤田直子さん、土肥あき子さん、そして私の五人だった。宿は湯田温泉の中原中也と山頭火で馴染みの西村屋で、殊に中也はこの旅館で結婚式をしたことで有名。私たちはこの宿の露天風呂に四肢を沈め、句会前の語嚢を解いた。掲出句は、この露天湯が「風来の湯」だったことや、山頭火のゆかりの地だったことも幸運だったといえる。露天風呂だったことで、季語の「こがらし」を斡旋するのも難しいことではなかった。村上さんがこの句を採った後、この「風来坊」が気になると悪戯っぽく笑っていたのを思い出す。翌日は「其中庵」を訪ね、柳井の港から松山の三津浜へ水行を執り、松山の山頭火終焉の地「一草庵」まで旅を繋いだ。この旅のメンバーが「其中の会」の元始メンバーで、後に伊藤淳子さん、今井肖子さんが加わり句会に厚みが出た。しかし、村上さんが癌に倒れ一時中断を余儀なくされ、遂に会の復活は叶わなかった。そういう意味では代表句というより、想い出いっぱいの句といえるだろう。

　愛蔵品に少し触れておこう。作家の第一句集は眩いばかりの句が詰まっているもので、それを句集という固まった形で読めないのがほとんどである。私が「畦」に入った後、五千石先生の『田園』を古本屋を巡って探したが遂に入手出来ず、気の毒に思った先生は、復刻版を作ってくれた。千部刷ったのだが、そのナンバリング一番を戴いた。その時の感動はいまだに薄れていない。

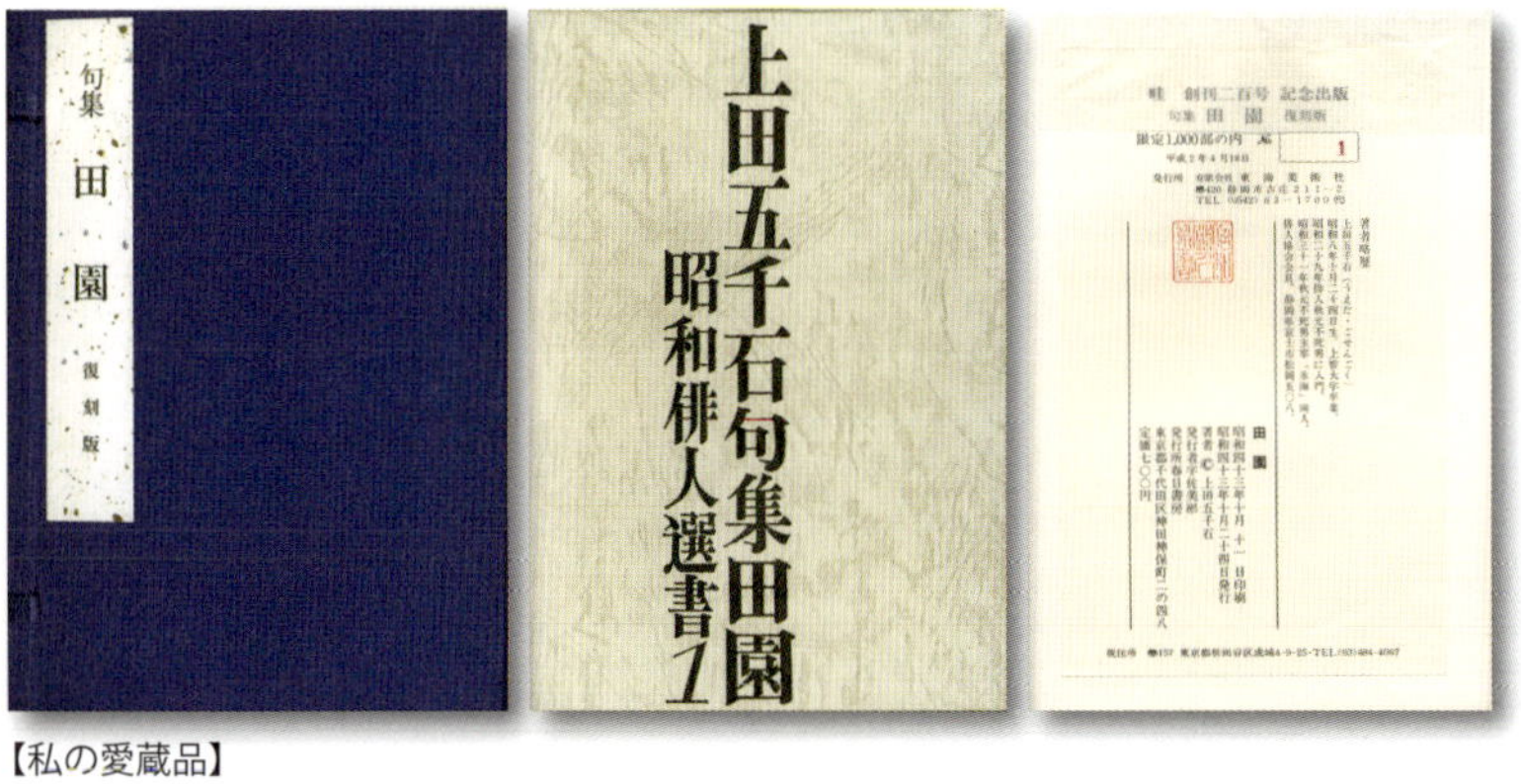

【私の愛蔵品】
上田五千石の第一句集『田園』（復刻版）

生きてゐる鳩も私もたんぽぽも

宮谷昌代

「天塚」の心

　平成十八年五月京都新都ホテルで「天塚」同人総会が開催された。当日は京都駅周辺、東寺、東本願寺、数珠屋町等を吟行して、嘱目五句の出句である。私は事情で遅くなったため一人東本願寺だけを御参りすることにした。昔から仏様の前へ行くと心が落ち着き、やすらかな気持ちになるので、先ず広い御影堂に座りゆっくり御参りを済ませた。ともかく五句を作るため堂縁に座りしばらく境内の景色を眺めることにした。塀の近くには日を受けた蒲公英がたくさん咲いていた。そこへ何羽かの鳩が飛んできて餌を啄みはじめた。なんでもない光景だったが明るい日差しの中、おだやかでとても幸せそうな感じがして、ふと、口をついて出てきた句である。

　当日の句会でこの句が思いがけず木田千女先生から特選を頂き思い出深いものとなった。なんの作為も無く見ただけの景を詠んだだけであったが、御参りをした後で今日の日を生かして頂いている感謝の心が満ちていたためか、仏様が授けて下さったのかもしれない。今回の企画は代表句ということであったが、まだそうと言えるものがないため、あの時の句会で千女先生がこれは「天塚」の心であると誉めて下さったのでこの句にした。「天塚」の「俳句即人間道」「一句の底に愛の調べを」を目指す方向を確かにしたように思う。

　愛蔵の色紙「一の舟二の舟ひひな流れゆく」は「天塚」の入門のお願いに千女先生のお宅に友人と二人で伺った時、入門記念にと頂いた。友人と二枚のうちどちらにするか選びなさいといわれ、即座に雛の方を選んだ。四人姉妹で育ち、二人の娘を授かり、雛祭りが大好きだったためである。貴重な俳句入門の思い出のものである。

　短冊「日と月のごとく二輪の寒牡丹」は平成七年、鷹羽狩行先生が「天塚新年会」に来て下さり、翌日の宇治田原吟行句会で思いがけず初めて特選を頂いた時のもの。天にも昇る喜びで、その後、私の宝物になった。

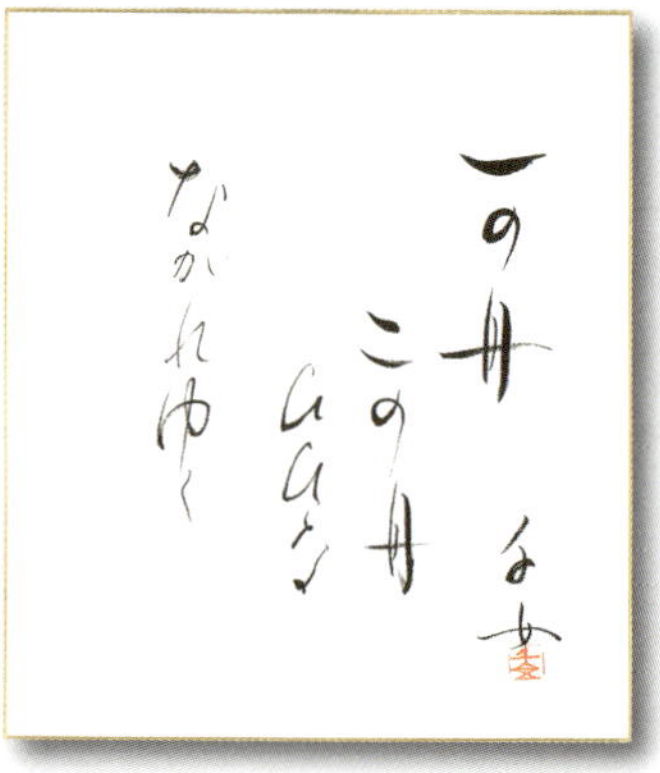

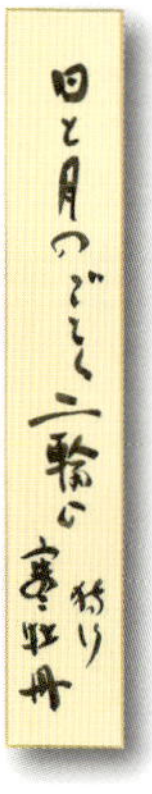

【私の愛蔵品】
「日と月のごとく二輪の寒牡丹　狩行」
「一の舟二の舟ひひなながれゆく　千女」

美しき生ひ立ちを子に雪降れ降れ

村上喜代子

抒情の系譜

夫の転勤に従って北海道苫小牧に居住して三年目、昭和五十六年の作品である。俳句を学び始めて六年目であった。まだ俳句の何たるかが解らず、大野林火先生に月に二十句、三十句と送り添削を受けた。添削の朱文字は拡大鏡を使ってもよく読み取れないぐらい小さく少々癖字で、じっと見つめてようやく解った時の喜びは大きかった。

この句、社宅の二重窓越しに次々と降りしきる雪を眺めていたら、いつの間にか子供も傍にやって来て三人で黙って見つめていた時の景である。林火先生は「母親の願望を感じる。お子さん長じて同じ思いを想い出として持つだろう」と例の小さな字で書き添え、大きな◎を付けてくださった。

平成三年に第一句集を刊行。句集名を何にするか迷ったが、雪の北海道で暮らした記憶を鮮明に思い出させてくれるこの句から採ることにした。「雪降れ降れ」なんて子供っぽい。それに口語調なのが気になったが、先生はすでに他界。お聞きすることが出来なかった。先輩に相談したら意外にも「良いんじゃない」との返事が返ってきた。幸いにもこの句集で俳人協会の新人賞をいただいた。

自分では少々気恥ずかしい思いもあったが、結構好評で、思い切ってこの題にして良かったと思った。あまり例がないだけに新鮮だったのかもしれない。

最近この句がある写生に立脚する人びとの間で奔放自在な表現として話題を呼んだことを知った。確かに「美しき」などという観念語は安易に俳句に詠まないように、とは日頃私自身も口にしている言葉ではある。が、そこが俳句の微妙なところ。

句を鑑賞する前に方法論や文法や禁忌から入る人が多い。林火は作句動機を尊重し、あまり枠を嵌めなかった。そうした林火門で育ったことを幸運と思っている。

今ではこの句を私の初期の代表句とすることに迷いはない。

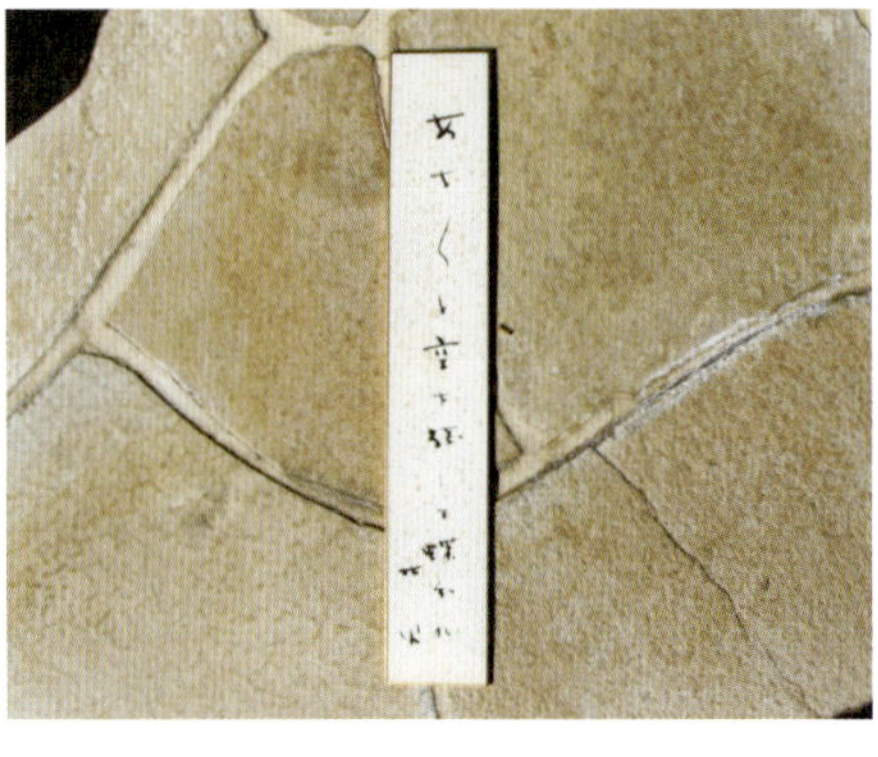

【私の愛蔵品】
大野林火の短冊
「あをあをと空を残して蝶分れ　林火」

青葉潮くつがへるなく湾に充ち

本井　英

平穏に感謝

二十五歳まで鎌倉で育ち、結婚を機に逗子に転居した。その逗子暮らしも、すでに半世紀に近い。あんなにあった、あんなに有り余るようだった「前途」というやつも、いまや実に「掌」にちょこんと載ってしまいそうに、ささやかなものとなった。星野立子先生はじめ多くの先生・先輩たちから「英ちゃんはまだ若いから」とか「君には、たっぷり時間があるじゃないか」と言われ続け、そんなものかと気楽に構えていたら、ある時、急に「あと僅かですね」と耳元で囁かれたのだ。

逗子湾は鎌倉の大きな弓形の湾の隣りにあって、似たような小さな弓形をなし、二つのトンネルを隔てて、姉と妹のように思われがちだが、実際の姉と妹のように、その「性格」は異なる。

冬場によくある、北風の日には気付きにくいが、夏の日の午過ぎ、風が南に振れると、二つの湾の表情はまるで異なるものとなる。鎌倉では、「坂の下」から「材木座」にかけて滔々と押し寄せる沖浪が、和賀江島の浅瀬を押しつぶして通称「ナンパ山」の砂丘めがけて、まさに波状攻撃を止めない。一方、逗子湾では、南に連なる名島の磯が自然の防波堤となって、およそ浪らしい浪は届かない。まだ若いころは、よくディンギーに乗って遊んだが、逗子湾ではほとんど気にしなかった浪を、鎌倉沖まで行くと意識してラダーを扱う必要があった。

よく「人生の荒波」などという。たとえば近代日本、とくに大正時代に生まれ合わせた人々は、日本の近代化の「暴走」と「荒波」に巻き込まれて、不本意な「人生」を歩まれ、あるいは歩むことすら叶わなかった方々が少なくない。人生には「荒波」など無い方が良いに決まっている。だから私にとって、半世紀に及ぶ逗子湾の平穏は感謝すべきものに違いないのであるが、しかし突然の「あと僅かですね」には当惑してしまう。

【私の愛蔵品】
マツダユーノス・
ロードスター 91 年式 NA

montbell

絵ガラスの聖徒に夏の光かな

森 潮

幻の表紙絵

もう今から四十四年も前のことである。父森澄雄から俳誌「杉」を出すことになったので表紙を描いてくれと言われ、描いたのが下にある苦虫を噛み潰したような父の横顔である。

当時、画家の道を歩んでいた二十一歳の私は、俳句にまったく興味がなかった。また父の精神的な束縛から逃れたい気持もあって、絵はその砦のようなものだった。だから父の頼みを断ったのだが、父は譲らなかった。

その頃、父は登り坂で、自分の俳句の仕事を打ち立てようと張り切っていた。芸術というか、人間の生き方として何か核心のようなものがあったのだろう。気力は充実し熱く燃えていた。一方、私といえば、何を描いていいのかさっぱり分らず、自信喪失の日々を送っていた。だから何となく父を敬遠して近づかないようにしていたのである。

父は父、私は私である。この降って湧いたような難題に、父を呪い殺したいような気分になって、あらゆる罵倒する言葉が胸に浮かんでは消えていくのであった。ノイローゼである。一か月が過ぎた頃、ふっと諦念のごとく浮かんできたのが、父の横顔を描くという考えであった。それもマチスのように出来るだけ簡潔なコンテの線で父というものを写し取ってやろうと思ったのである。

八月の凪も凪いだ午後、油蟬がジージーと鳴くなか、四十分ぐらい椅子に座ってもらった。静かな対決の刻が過ぎ出来上がった絵は、自分でも案外良く描けているなあと思ったのを覚えている。

だが、父は創刊号の表紙には向かないと却下。自分の顔を載せるのは良くないだろうなあ、とこちらも直ぐに納得。そういうわけで幻の表紙となったのである。

そして父への怒りも収まり、何とか描いて差し上げようという気持が湧いてきたのには驚いた。考える間もなく杉の木を二本、棟方志功風に墨でさーっと描いたのである。

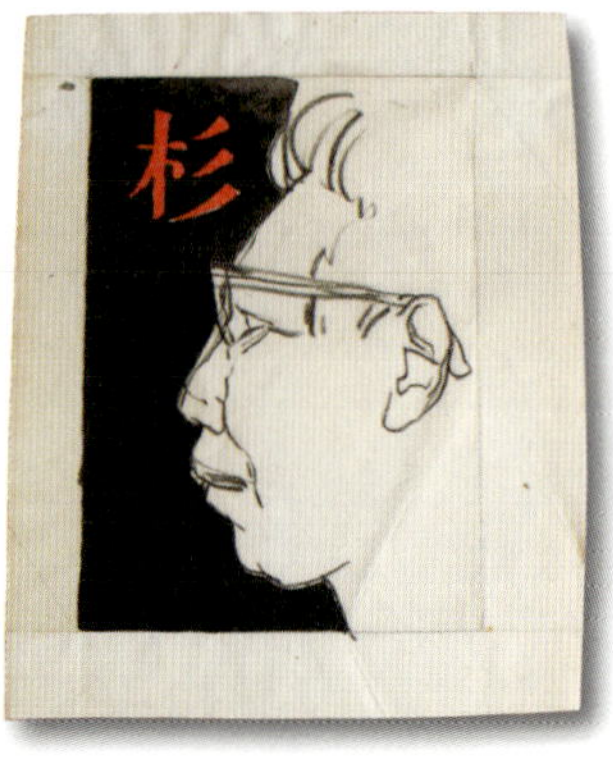

【私の愛蔵品】
父の横顔を描いた幻の表紙絵と「杉」創刊号

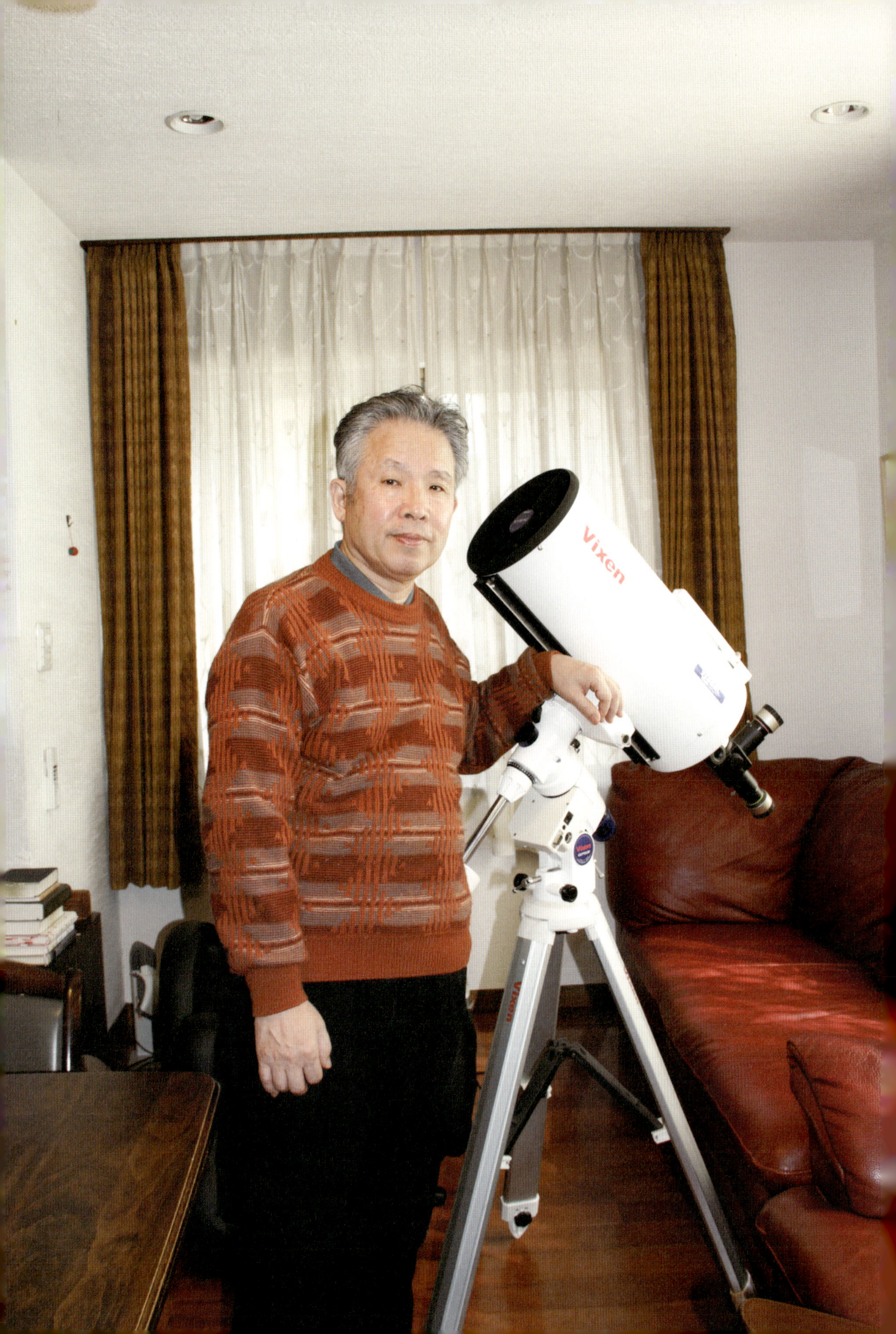
Vixen
Vixen

初凪の切つ先となり出航す

森岡正作

句集名

　私は自己紹介の時にいつも「人間より熊の多い所からやって参りました」と言うが、秋田の片田舎には実際熊牧場がある。そんな山を背にして育ったので、少年時代には日曜日となると父に連れられて杉の下刈りに行ったり、山菜や茸を採ったり、渓流で魚を釣ったりした。そのせいか私の若い頃の俳句には故郷の風土を詠みたい、詠まねばならぬという力みがあった。「沖」に入って間もない時に

山に鉈忘れ来し夜の稲光

と詠み、少しく褒められたことがあった。実体験であり自分でも気に入ったので、つい有頂天になり、いつか句をまとめることがあったら、題名は「稲光」にしようと心に温めておいた。それ以来なかなかけじめを付けられないでいたのであるが、ようやく五十歳という区切りが句集出版の決意をさせてくれた。

　当時、能村登四郎先生はご老体であられたので、序文をお願いに行った折には、簡単な短い文章でも書いて戴ければ嬉しいと思った。先生は快く聞いて下さり、「句集名は考えているの」と尋ねられたので、「稲光です」と自信を持って答えた。先生は即座に「古いねえ」と少し笑われた後しばらく考えて、「出航があるじゃない、出航にしなさい」と愉快そうにおっしゃった。その時は面食らったが、師の言葉に逆らえるはずもない。「先生に付けて戴いて光栄です」と答えた。

「出航」の句はその二、三年前の「沖」の新年会で、先生の特選に選んで戴いたもので、そのことを覚えていて下さったのである。その後結社「出航」を作ることを許して下さり、季刊誌名も「出航」となった。

　山国で育った私であるが、高校教師としての最初の就職地は神戸であり、神奈川県に移っての勤務校は湘南の茅ヶ崎市、そして次は横浜にある高校であった。いずれも海と関係がある輝かしい地であり、まさに「出航」が相応しい。今では良い名前を戴いたものとつくづく先生の有り難さを思っている。

【私の愛蔵品】
山河の匂いと童心がこもった籠細工

秋彼岸父は背中を酷使する

森須 蘭

ファザコンの原点

愛犬が亡くなって暫くして、父が唐突に原稿用紙の束を持ってきた。「お前、学生だから暇だろ。挿絵描いてくれ」その頃、フェリス短期大学に通っていた私だったが、短大だから忙しい事もあるのだぞ、と思いつつ、原稿を預かり、校閲もしつつ、絵になりそうな場面を探した。本の題名は『ノンのひとり言』。愛犬といっても「犬」というより家族の一員だったから、彼女が死んでから家族の中には、ポッカリと穴が開いたような日々を送っていた。まだ十代だった私は、漫画家か文筆家になるのが夢であり、父の要求にはすぐにオーケーを出した。実は、父自身もモノカキになりたかった経緯があり、自費出版でも本を出す事が夢だったようだ。小説ともエッセイともつかないその文章は、一人っ子の私に関しては、随分と手厳しい物言いの文だった。大体、大学に入って、門限が五時。五限六限の授業があると駅まで迎えに来る。東京の大学のダンスパーティーには出られない。私は考えたあげく、学生会長に就任して、門限を八時まで延ばしてもらった次第。多分、父としては、心配性。本を作るのは、いずれ嫁いでしまう私と二人の記念みたいなものを作っておきたかったのだろうし、また、可愛がっていた愛犬と家族の一番幸せだった時代を何か形にしたかったのだろう。

それから私が俳句をはじめ、少年野球のリトルリーグで監督をしていた父が体力の衰えを感じた頃、「お前、俳句教えろ！」と言ってきた。私も結婚して娘が生まれ、子育てをしてはいたが、何となく俳句の本を幾つか渡すと、それを機に、父の投句が始まり、定年退職すると現代俳句協会に入会、協会の句会に私と一緒に参加するようになった。結局、私はファザコンで、父はドーターコンプレックス。その原点が『ノンのひとり言』に込められているのだ。最近では、私の娘も巻き込んで、三代現役俳人として活動している。言いたいことも多々あるが、素敵な父である。

【私の愛蔵品】
『ノンの一人言』（文：金子 嵩、さしえ：金子美香（森須 蘭））

凍つる夜もマンハッタンの眠らざる

森田純一郎

社会の動きを見つめて

この句は、ニューヨークの常宿であるチェルシー地区にあるホテルで、零下の気温にもかかわらず深夜までパーティの続く光景を見て詠んだ句である。

季節の良い時期には、ホテルの隣にあるナイトクラブに多くの若い着飾った男女が集まり、それは賑やかである。しかし、いくら何でも凍えるような夜には人出も減ると思っていたら全く変わらなかったのである。

若者の大騒ぎぶりには東西も人種も関係ないと思っていたが、やはり日本人とは違うなと再認識させられた思いだ。

本業の関係でロンドンとニューヨークへは、毎月のように出張している。

抱擁のブロンドに雪舞ひにけり
大夕焼マンハッタンを荘厳す
ティファニーの正面社会鍋を吊る
漱石の愁ひの分かる国の春
これほどの色鳥ゐしやニューヨーク

などの句を作った。いつまでもこんな海外詠ばかりを作り続けているとは思わないが、写生主義を標榜する結社の主宰としては、自分の実感を読者に伝えることの出来る句を詠み続けなければいけないと思っている。

時代が変われば、俳句も変わってゆくというが、俳句だけでなく、俳人も変わってゆくことは当然であろう。一人ぐらい私のような海外で実業を持っている変わった主宰がいても良いのではないかと思う。

掲句は、「かつらぎインターネット句会」で多くの方々から採って頂いた句でもある。これからの時代、ネットワークをフルに活用しての俳句結社運営は不可欠なことだと思う。阿波野青畝、森田峠と続く写生主義に立脚した伝統俳句を作り続けると共に、常に社会の動きを見つめた結社運営をしていかねばならないと思っている。

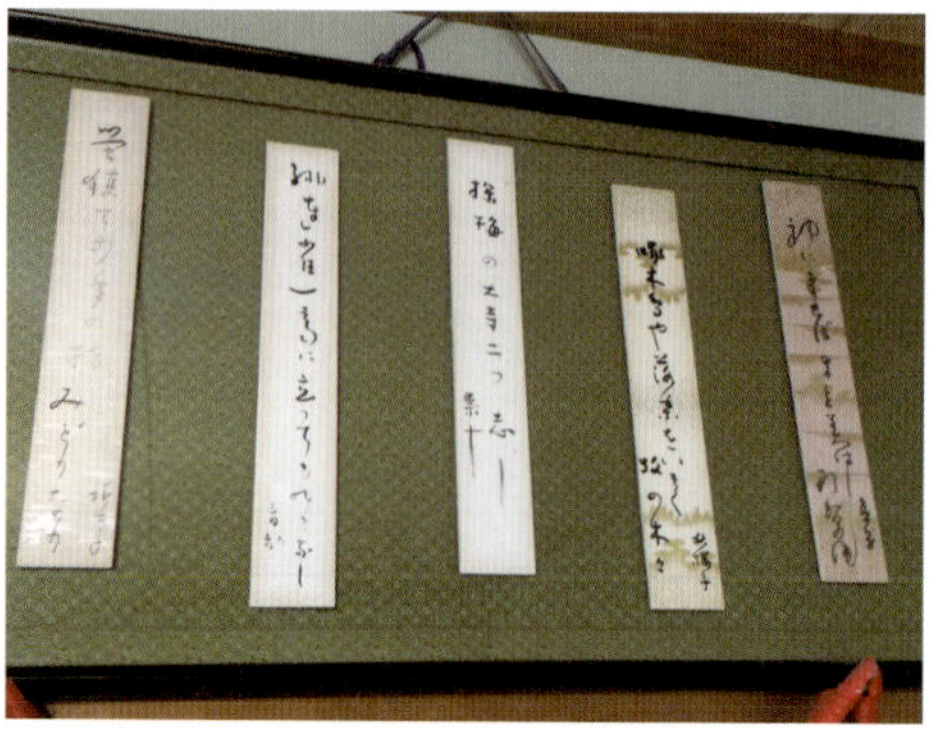

【私の愛蔵品】
虚子と4Sの短冊
右から虚子、秋櫻子、素十、青畝、誓子

初鴨や制し合ひ育つ長女次女

矢須恵由

草田男の色紙など

掲句は昭和五十年十月十二日付け朝日新聞「朝日俳壇」で中村草田男選の巻頭になった。草田男の選評は、巻頭句についてのみ書くのが常で、他の選者よりも内容が濃く、読み応えのあるものだった。少し長いが、草田男の俳句観も窺えるので全文を引くと「一、二歳くらいしか年齢差のない『長女次女』が、智・徳・体の三つの力が急速に相並行して育ってゆくありさまを、真から祝福期待しているのだ。姉妹が共に自重して、すべての要素を内にふかくポテンシャルなものとして支えつづけて、内なる力を養ってゆくありさまを、母親とは違った父親独特の気持で祝福期待している。それは当然比喩象徴としても『初鴨』の語に落着せずにはいない」というものだった。

その年、一月二十六日の同欄で「長命はちちはの役冬すみれ」が巻頭になり、二度にわたって懇ろな選評を頂き、とても感激した。その掲載新聞も宝物だが、当時、朝日俳壇に入選すると、賞品として官製はがきが十枚、袋に入れられ送られて来た。その入選者への住所・宛名は草田男の字の特徴から直筆であることに気づいた。それで取って置いた。

我が宝といえばこれらに増して、掲句の「鴨」と繋がる句だが、草田男の「水戸の鴨高台高木に越年せり」という句の色紙である。草田男の色紙は全国に多しといえども、この「水戸の鴨」の色紙は一枚とないだろう。

この句は、昭和三十二年正月、草田男が茨城県大洗海岸の初日の出を見、二日に水戸城址、弘道館を訪ね、その後久慈浜を回って群作を得た中の一句で、第七句集『美田』に収められている。『美田』は昭和四十二年十一月発行である。私が「萬緑」に入会したのは昭和四十四年一月、『美田』を入手、草田男の来県を知った。それから九年後の昭和五十三年四月新人賞受賞で、その記念に私は「水戸の鴨」の句を所望した。そんな経緯から我が家の宝となった次第である。

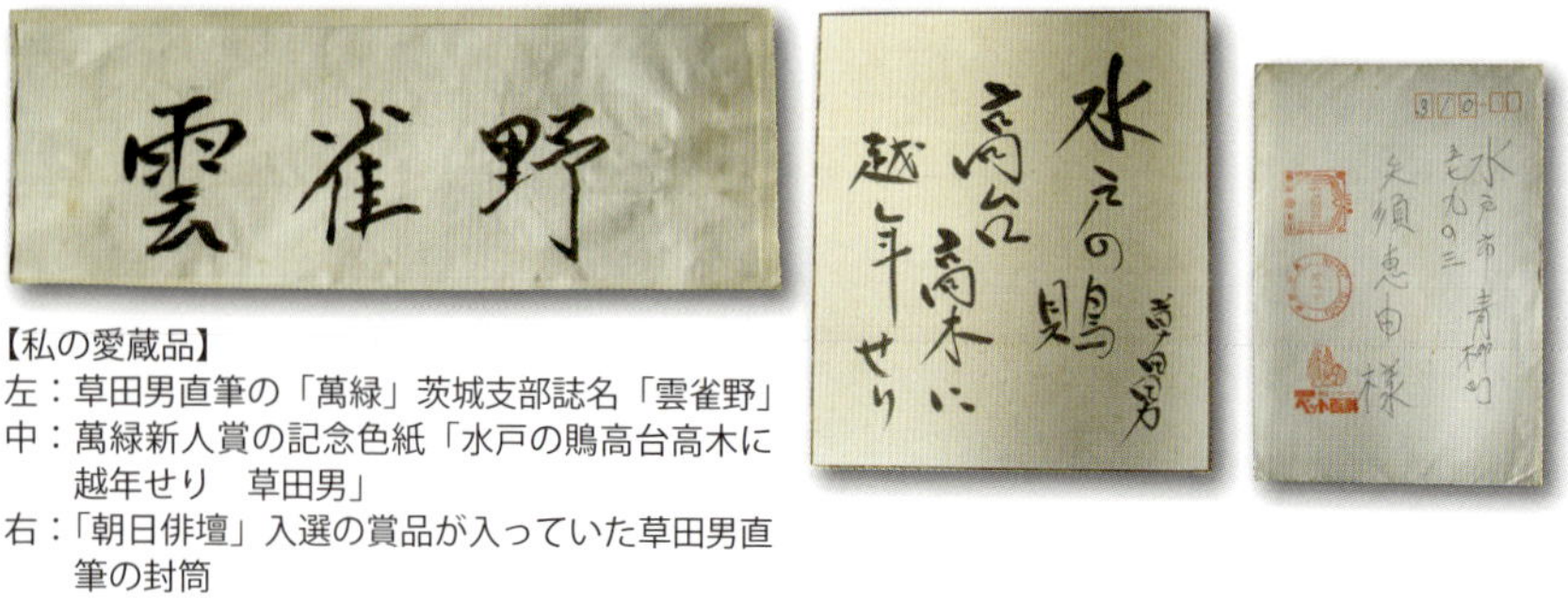

【私の愛蔵品】
左：草田男直筆の「萬緑」茨城支部誌名「雲雀野」
中：萬緑新人賞の記念色紙「水戸の鴨高台高木に越年せり　草田男」
右：「朝日俳壇」入選の賞品が入っていた草田男直筆の封筒

桔梗やこのごろ母のおそろしき

山尾玉藻

真実の宝もの

俳人岡本圭岳、差知子の長女として生まれ育った私は、直接父から作句の指導を受けたことはない。しかし、正業に就かず俳句一筋の人生を貫いた父の背中から、詩精神の何であるかを今も教わり続けている。一方、母からは熱心な指導を受けたが、時にそれが過熱気味となり、若かった私はよく反発をした。

元々、母の私への溺愛ぶりは類まれなもので、私が結婚し家庭を持つようになっても何かと口喧しく干渉した。その頃の私の句に、

凝り鮒ほとほと母に愛されて

母とゐて母を詠はぬ藪からし

があるが、私の捻くれぶりがよく窺える。

平成四年、八十三歳となった母の身を案じ同居することとなった。予想通り母の口出しぶりは健在で、家族までもが翻弄された。しかし、二年ほど経つと母の様子に変化が現れた。時々尋常でないことや在りもしないことを口走り、何でもないことに異常に怯えるようになった。私は老いるということはこういうことなのだろうと覚悟をした。今思うと、その時の私は本当の覚悟がどういうものかが未だ解っていなかった。実際、私はいつも鬱々と思い悩み、混乱し、母の異変を目にするのが怖ろしくて母を直視できないでいた。

桔梗やこのごろ母のおそろしき

その後、母は私をひと時も離したがらぬようになり、句会や吟行は勿論のこと日常の買い物に出かけることさえ止めさせようとした。ある日、急いで帰宅した私に母は幼子のように震えながら縋りつき、二度と自分を独りにしないで欲しいと泣いて訴えた。その時私は心底から母を愛おしく思い、どう変わろうとも母は私の母なのだと胸がつまった。

母うとみをれば桜が満開に

鵙の昼母の陰辺《ほとべ》を拭ひけり

私の作品を非難し眉を顰める人もいたが、私は母と自分を飾らず詠むことに心満ち足りていた。母と私の真実を籠めた「桔梗や」の一句は私の掛替えのない宝ものである。

【私の愛蔵品】
母・差知子の第一句集『花筐』

神輿講

心太二つと言うて坐しにけり

山川幸子

饒舌とは

今から二十年程前、銀座は「立田野」で作った作品である。最初の出来上りは

心太二つと言うて夫婦かな

であった。当時、私は今は亡き石田勝彦先生に師事していた。先生はこの一句に対して饒舌すぎると言われ、目前での推敲を求められた。「心太二つ」と言ったのは私だ。甘い物の好きな夫が、その日私に倣って心太を食べることにしたのは珍しいこと。だが結構おいしそうに啜っていた。あんみつの時代から心太の時代へ。長年連れ添ってきた夫婦の機微になんとなく触れた気がし、下五を夫婦かなと押さえたのだ。出来たーと思った。やったーと思った。だが勝彦先生の一言は「饒舌だぁー」だった。

私が「心太二つ」と言いながら、二人で椅子に坐ったことを思い出していた。先生は目を閉じて、私の推敲を急かすことなく待っておられた。

「夫婦の機微は出ているのだ」と先生は呟かれた。その一言が、ますます私の推敲を鈍らせた気がする。二十分位たったろうか。「二人は坐ったんだろ」と呟かれたのだ。その呟きに私ははたと膝を打ち次のように推敲したのである。

心太二つと言うて坐しにけり

「それでいい、それが省略だ。二人という表現で充分夫婦の機微は出ているのだ。改めて夫婦と言うことはないのだ」と先生は言われ私の肩を叩かれた。その時の温かさは忘れられない。あれから二十年は経つだろう。私が俳句の「今」に躓けば、「饒舌だぞ」という師の声が聞こえてくる。

俳句の魅力は、複雑な対象を極度に単純化して、叙述を節してひと息に表現することにあるのだろう。

先日の日曜日、歩行者天国の銀座を歩いた。立田野に入った。若いカップルがいっぱい。ほとんどが「あんみつ」を食べていた。

【私の愛蔵品】
左：『季題分類　句集時雨』青木月斗選（昭和 24 年同人社発行）
月斗はわが「同人」創始者
右：『子規の回想』（昭和 19 年 6 月 10 日初版）
神田の古書店の隅でボロボロで埃まみれになっていた一書

龍太語る

もう誰もいない地球に望の月

山﨑十生

俳句に於ける質量

掲句は、平成元年に開催された国民文化祭の作品で、俳号を山﨑十死生と名乗っていた頃のものである。「俳句朝日」の平成十八年十月号で宇多喜代子氏が、掲句を「折々の秀句」としてグラビアで採り上げて下さり、鑑賞文の後半部分では「この作者は、長く『山﨑十死生』の名で俳句を発表していました。いつの頃からか、死の字を外し生のみになったのです。〈誰もいない地球〉が見え始めたからではないか、それも一生ならぬ十生を生きるという覚悟です。〈望の月〉の生きた句です」と、書いて下さった。

宇多氏以外での主な鑑賞に、角川書店刊の『名句鑑賞辞典』に於いて倉橋羊村氏、信濃毎日新聞社刊『けさの一句』に於いて村上護氏によるものがある。

私が、結社誌や出版社からの自註句集を拒んだりしているのは、先師の訓えの一つでもある「自句自解即ち自句自戒」という言があるからである。自句を自解することは、自解の部分でしか相手にメッセージが届かないという負の要素があるからである。

俳句愛好者の多くは、書かれている部分を重要視して作品の鑑賞、評価をしているのがおおよそである。しかし、伝達性はあるとしても詩としての次元は低い。俳句は、書かれている部分よりも、書かれていない部分が肝要な詩なのである。そこには、想像力を豊かにし、作品の幅を拡げたり、奥行きを深めるプラスアルファの働きがある。そのプラスアルファが、一句の生命を握っているといっても過言ではない。書かれていないプラスアルファの部分を「俳句に於ける質量」と考えて戴ければ理解し易いかも知れない。質量が高ければ高いほど、詩的宇宙を構築する核エネルギーとしての評価は高いものとなる。

俳句は、いちど自分の手を離れれば「俎の鯉」で、後は料理人の腕次第である。そういう意味で、これからも自句自解という押し売りやお節介を慎み読者に委ねるしかない。

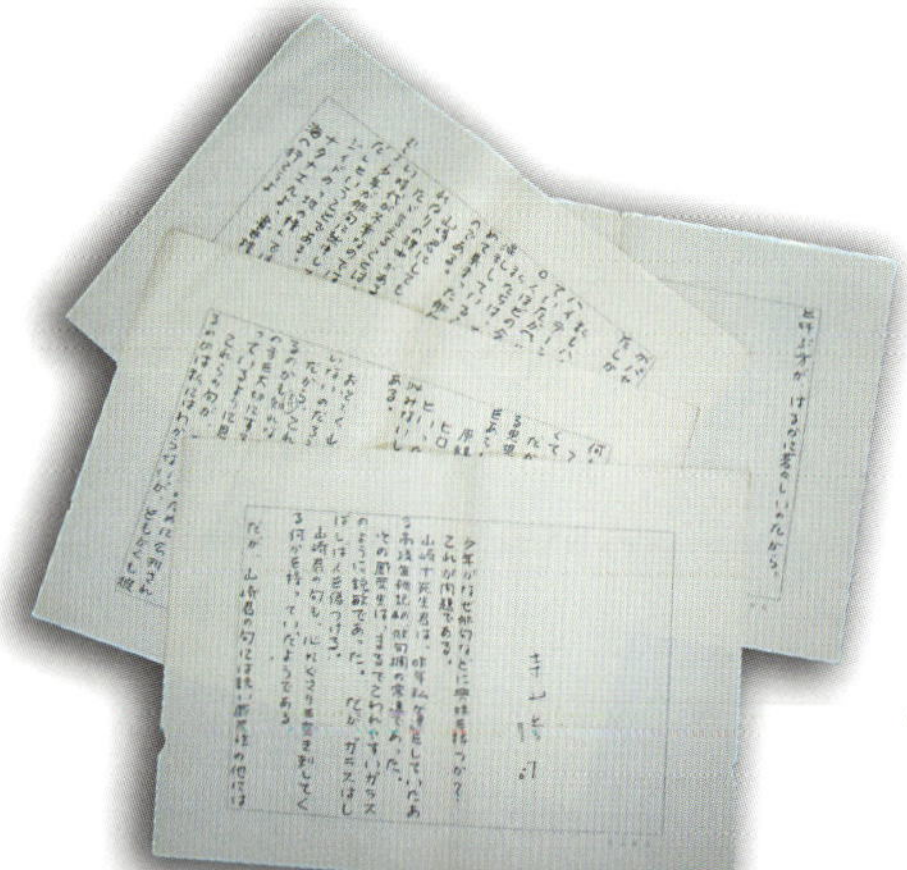

【私の愛蔵品】
寺山修司の生原稿

井戸水にくもる庖丁ほととぎす

山下知津子

正造の言葉

俳句同人誌「麟」の仲間である飯野きよ子さんは、栃木県壬生町在住である。

ある年の夏、その飯野きよ子さん宅の「はなれ」で「麟」の合宿を行った。「はなれ」とは言っても、厨も風呂場もすべて完備している立派な一軒の家である。そこを借りて泊まり込み、句会をし、論議を戦わせた。

一泊した翌朝、何かしら胸に迫るような、印象深い鳥の鳴き声を聞いてはっとした。「ほととぎす！」ときよ子さんが言った。きよ子さんによると、壬生でもほととぎすの声は年に二、三回聞かれるかどうかだという。

その声の余韻の中で、朝食の味噌汁用の茄子を切っていた私は、裏庭にある井戸から引いてきているという水の出る蛇口をひねって庖丁を洗った。驚くほど冷たい水が刃を濡らし、水滴を拭うと冷え切った刃がさあっと曇ったのだった。一瞬、壬生の朝の冷気と霊気が身を過っていったような気がした。

その日の昼、渡良瀬川のほとりにある田中正造を祀った田中霊祠に詣でて、甚だ畏れ多いことながらその軒下、縁先を借りて皆でおむすびを食べ、続いて句会を行った。そこでの句会に、掲句を初めて出したのだった。

田中霊祠は私にとって極めて感慨深い所である。四十代の初め、私は市川三本松教会の故鈴木省吾牧師と出会い、鈴木牧師から洗礼を受けたのだが、鈴木牧師は田中正造を深く敬愛しておられた。鈴木牧師は教会内で聖書を解説するだけの牧師ではなく、さまざまの社会問題に深くコミットし、自身の身体を張って行動する闘う牧師であった。その心中には田中正造が常にいたのだと思う。正造は真の文明とは「山を荒らさず、川を荒らさず、村を破らず、人を殺さざるべし」と説いた。

田中霊祠のある地から渡良瀬川に架かる橋を渡れば旧谷中村。足尾から水俣、さらに福島。正造の言葉は今ますます重く鋭く響く。

あの日、田中霊祠を取り囲む木立の間に突然玉虫が現れ、鮮やかに光りつつ飛び去った。

【私の愛蔵品】
父の書棚にあって高校生の頃から
よく読んでいた聖書

階段に
ご注意
下さい

秋冷の鯉を養う水の紺

山田貴世

ふるさとの味

小京都といわれる佐賀の小城市小城町の奥まった山間の里には「日本の滝百選」に入っている清水の滝があり、少し離れたところに清水観音が祀られ近在の人々に大切にされている。この里は澄んだ空気とみどり美しい大自然の息吹あふれる脊振山系の中の一つ天山の裾野にあり、清く澄み切った水が豊かに流れ出ている。この清冽な水を活用し、鯉料理を専門にしている店が軒を連ねている。それぞれの料理屋には専用の生簀があり、たくさんの鯉がゆったりと飼われていた。正に「鯉を養う水の紺」であった。

私たち夫婦が夫の里である小城の三日月町に帰郷した折には、必ずといって良い程この清水にある鯉料理屋池田屋さんから取り寄せた鯉こくと鯉のあらいが食卓を彩どるのである。

鯉こくは鯉を筒切りにして長時間煮込んだ濃厚なみそ汁である。赤みそを使い、そこにお酒やみりんを加えたもので、これがなかなかで、深みのある濃い味わいなのだ。鯉のあらいは鯉の身をそぎ切りにし、冷水や氷で洗い縮ませたお刺身のことで、わさび醤油や酢みそに唐辛子を添えて食す。氷を敷きつめた大皿に並ぶ鯉のあらいは花びらのようにきれいでお箸をつけるのもためらってしまう程だ。鯉こく、鯉のあらいどちらも絶品である。

義父母、兄弟そろって鯉料理に舌鼓を打ちながら賑やかに膳を囲む。私の実家は下戸ばかりなのに主人の家はみな上戸ときている。お酒が入ると一段と賑やかになり、楽しさが倍化する。いつしか大皿の鯉のあらいも食べ尽くされる。この鯉料理は久しぶりに帰って来た息子夫婦への義父母の暖かいもてなしであったのだ。

優しかった義父母も他界し、現在は弟夫婦が家と仏を守っている。でもこの鯉こく、鯉のあらいのメニューは引き継がれ、兄弟姉妹が集まる時にはかならず膳に上るのだ。

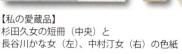

天山からの恵みの水に育まれた鯉の味はふるさとの味であり忘れられない味である。

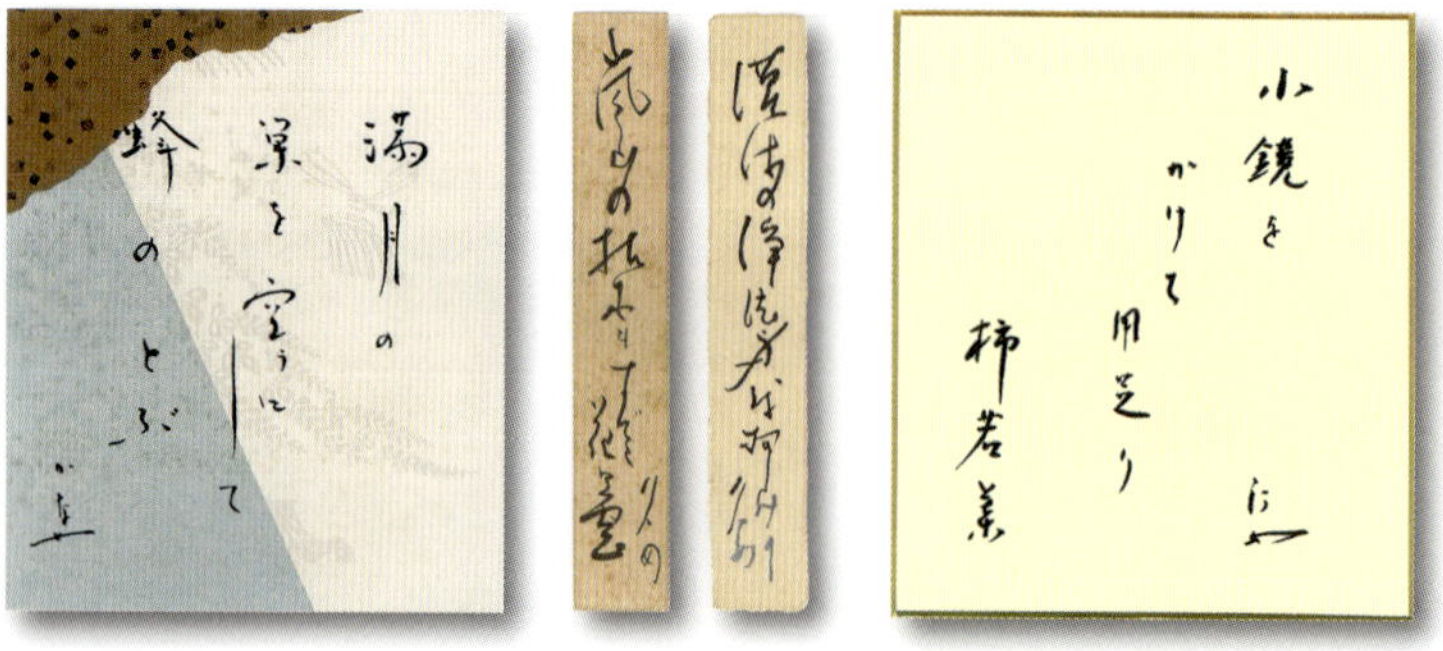

【私の愛蔵品】
杉田久女の短冊（中央）と
長谷川かな女（左）、中村汀女（右）の色紙

澄む水のやうに忘れてしまひけり

山田佳乃

言葉の力

この句が出来た日のこと、平成二十二年の「NHK全国俳句大会」で正木ゆう子氏の特選に選ばれステージに上がった晴れやかな経験や、その後すぐ主宰となり慌ただしく過ぎていった日々まで、様々な思いが脳裏を過る。自分にとっては忘れられない句である。

些細なことから少し人との軋轢に疲れて、落ち込んでいたときのこと。芦屋川のほとりを句会場に向かっていた。厳しい残暑も過ぎてその日は心地好い散歩日和であった。ふっと溜息をついて川の流れを見ていた。青い空と清々しい風。いまでも目に浮かぶが、すべてを流して消し去ってしまうほど清らかに澄んだ水の流れだった。この「水澄む」という季題が心底体感できた瞬間だった。

そのとき、「ああ、こんな風に嫌なことも全部忘れてさらさらと流れる水のような心でいられたら」としみじみと思ったのだった。

そして、この句が口ずさむように生まれたのである。ただ始めは「忘れてしまいたい」というような表現だったかと思う。どうも印象が弱く、胸に響いてこない。まだ自分の中ではもやもやしているけれど、きっぱりと「忘れてしまひけり」と言いきったほうが自分自身も前を向けるように思えた。

澄む水のやうに忘れてしまひけり

こう言いきった瞬間に自分の心の芥が流れ去っていった。それは自分でも驚きだったし、言葉にすることの力、そしてその言葉により心が浄化されたという不思議な体験だった。

作品が生まれる瞬間は様々だけれど、嫌なことも良いことも全部含めて生きていることすべてが俳句の句材となっていく。それならば俳句という文芸はなんと前向きで生きて行く力となることだろう。この句は、それからの日々を俳句に真直ぐに向き合い続けていこうと密かな決意をした一句でもあったのである。

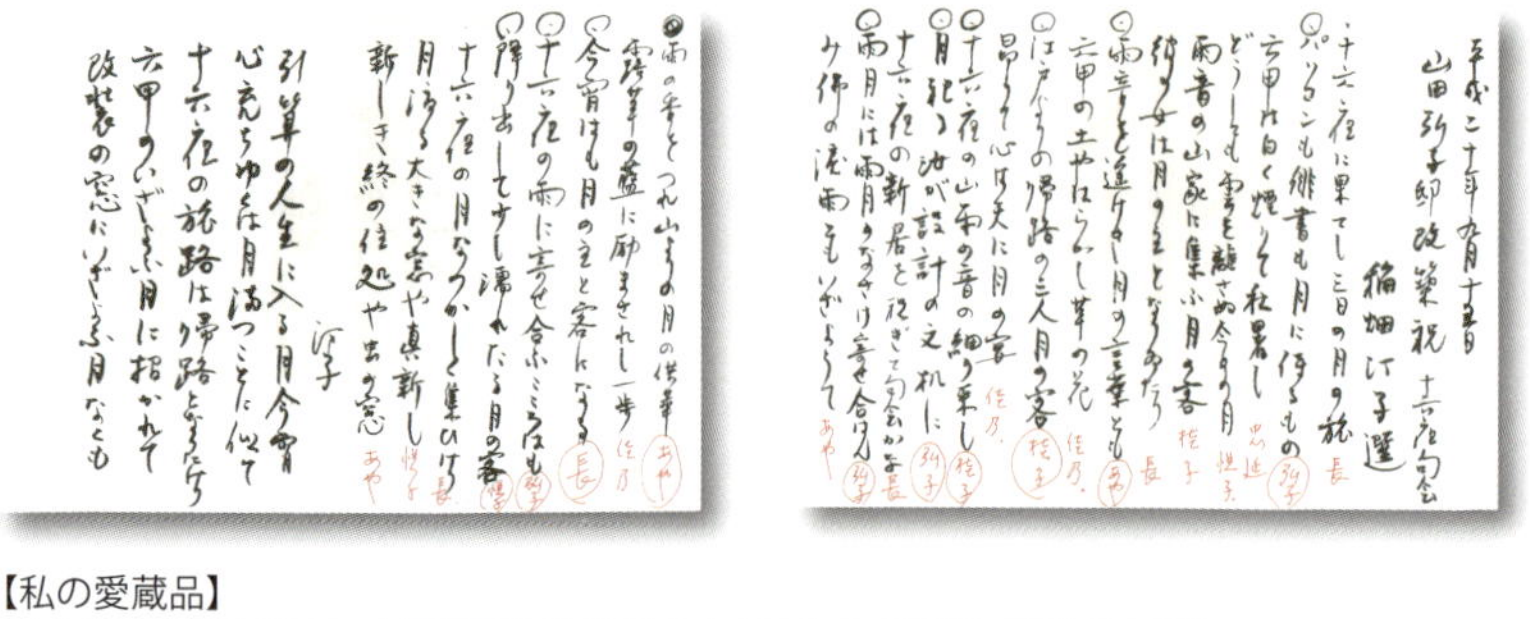

【私の愛蔵品】
平成 20 年 9 月 15 日、山田弘子邸改築祝の十六夜句会の記録（稲畑汀子選）

悪妻に時効などなしけむり茸

山中葛子

肉体が詩

　七十代のこの句ができたときは、切実な実感というものではなく、むしろ天から降ってきたような「悪妻」の言葉を授かった瞬間の晴れやかさといおうか、自己顕示欲のひらめきを得たマジシャンの気分であった。

「悪妻」とも「良妻」ともつかない女の生きざまが、ふと顔を出す潜在意識という言葉は、生々しいマジックのような新鮮さ。まさに肉体が詩であることのこれほどの不思議さはない。

　いわば、金子兜太師「海程」の「創刊のことば」としての、「われわれは俳句という名の日本語の最短定型詩形を愛している。何故愛しているか、と訊ねられれば、それは好きだから、と答えるしかない」の、愛人としての決意そのままのロマンがたまらない。

　そういえば、妻である私は、常にこの愛人を追いかけるための時間を探していたような気がする。職場を持ちながらの子育て中でもそうであった。たとえば、家を早朝に出て、出勤時間前の三十分ほどを「菊屋」という千葉駅前のビルの地下にある喫茶店に通い詰めていたのだ。「菊屋」に向かう地下階段を踏み出すと、自然に日常の身体感覚から非日常へと血が入れ替わるような不思議さ。たった三十分ほどの時間が玉手箱のようだったのだ。

「菊屋」には、九十九里浜の漁師たちを描いた絵画などが飾られてあり、その片隅が私のお決まりの席で、たった一杯のコーヒーこそが俳句恋愛中の味覚であった。

　ところがある朝のこと。男性数人が会議をしている異様な雰囲気を目前にして思わず何事かを予感した。その日をもって「菊屋」は倒産してなくなってしまったのだ。お告げを受けた最後のコーヒーは、地獄に落ちたような失恋の境地で、精神状態は定かでなくなってしまったのだ。そんな遠い日が蘇る。

　さて、掲句にもどれば、時効などあるはずもない「悪妻」の決め手は「けむり茸」の燃焼意外にはない。

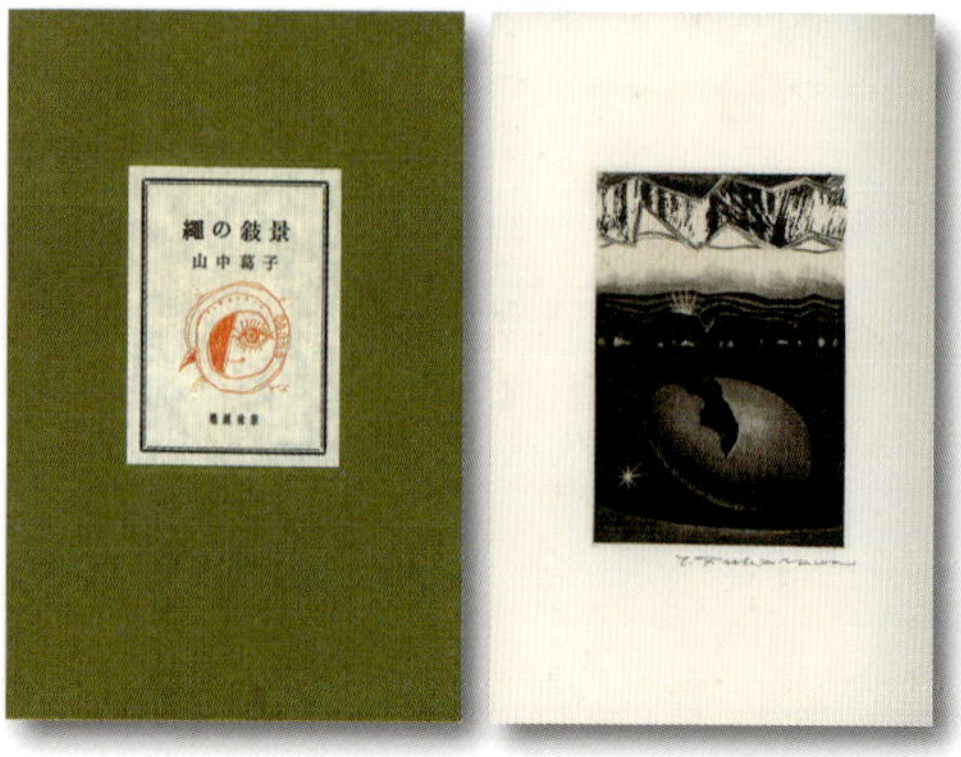

【私の愛蔵品】
第二句集『縄の敍景』とその中に
掲載した深澤幸雄氏の銅版画

小満のみるみる涙湧く子かな

山西雅子

涙の理由

息子はよく泣く子だった。友達と喧嘩をすると涙が溢れる。絵本に少し悲しいシーンがあるだけで大粒の涙が零れる。それは目の縁に大量の涙を溜めた壺が備わっているのではないかと思うほどで、私は心配した。

あるとき、職場でその話を同僚にすると、少し年上の男性がこう言った。

「大丈夫。泣くのはずるいからでも弱いからでもない。よく泣く子は、言いたいことがたくさんあるんだよ。それが言葉にならなくて、もどかしかったり悔しかったりして涙に変わるだけ。気持ちが言葉に出来るようになれば泣かなくなるから」

その人の呪文を唱えるような優しい声を聞いているとなるほどとも思えて、それ以降、息子が泣くことを少し余裕を持って眺められるようになった。今では成人に近い年齢になった子を見ていると、心配しすぎなくて良かったと思う。

この句は、横浜の大倉山公園で作った。親しい友人との吟行会で、「息子さんも連れてきていいよ」と言われた。息子は公園の林を走り回り、友人からおやつを貰った。吟行会では嘱目詠とともに題詠も行うことになっていて、その題が「小満」だった。その日、息子が泣いたわけではない。題を心中で探りながら、傍らでお菓子を食べている息子の相手をするうちに、この句が出来た。

「小満」は二十四節気の一つで新暦五月二十一日ごろ。「万物がしだいに長じて満ちる」という意で、そこに成長してゆく子どもの姿を重ね、「たくさん泣いて大きくなって」と祈りを込めた。この句は、あの日、あの吟行会で題を与えられたことで生まれた。一期一会の不思議を感じるとともに、子連れの吟行を快く許してくれた友人たちに感謝する。

二十四節気の珍しい季語を使っているため、今年度から使われる小学六年生の教科書に載る幸運にも恵まれた。息子が学んでいた教科書と同じ会社のものなので嬉しかった。

【私の愛蔵品】
白髪一雄の初期の油彩
「走る子供」

歳晩や亡き師の忘れもの探す

山本つぼみ

先師の風貌

師八幡城太郎最晩年の句に「落葉焚くわすれきれざる忘れもの」がある。昭和五十九年十二月二十日、脳幹出血で意識不明のまま入院、翌六十年一月四日遷化の急逝であった。掲出句は平成十七年、師逝きて二十年の歳晩の感慨である。

高野山の山陰智也ご老師からお便りを頂いたのは八月末のこと、「先師八幡城太郎氏御逝去から長い年月が経ち、（中略）日野草城先生御在世当時、昭和二十六年に御長男たしか省さんと申されたと思いますが、（中略）その節草城先生よりの御祝の御句として『〇〇〇〇〇ちんぽこ太郎生れけり　草城』という御句が贈られましたが、上五を失念致しまして、少し書物の中で使わせていただきたいと存じまして」と上五の文言のお尋ねであった。

中七、下五は印象深く残っていたが上五が思い出せない。「青芝」五号に十和田操氏が『秋の風習々と歯が痛むなり』この調子の句が草城さんのにはよく出てきますが、私は『習々』なんという、この音をあらわす字感がとても好きです。『チンポコ太郎生れけり』などとともに」と記されているが、肝心の上五の記述がない。青柳寺はじめ、「青芝」主宰の梶原美邦氏、箕面の室生幸太郎氏に電話でお伺いしたが、やはり答えは得られなかった。御老師も伊丹三樹彦氏に電話された由。その旨お返事を出して数日後、青柳寺から、城太郎師次女の后子さんが「たけのこや」と覚えていたとの連絡があった。早速速達で御老師にご連絡をした。お礼状には省さん后子さんによろしく御鳳声をと書かれていた。はっきりした記述を見ないままで、一抹の不安は残っているが――。ちなみに今は青柳寺住職の宣省氏六十三歳、すでに長男宣啓氏を副住職に、古刹を守って檀徒の中心で活躍されている。ますます先師似の風貌が法衣の内から窺われて。

【私の愛蔵品】
豆本『八幡城太郎句集』、「青芝」友の会会員竹下彦一詩集、「青芝」同人稲月螢介散文集ほか

東日本大震災
被災地支援募金付商品
五番町ブレンド
¥650

生きたしやこの孫と屠蘇酌む日まで

山本比呂也

忘れられない一句

この句は「松籟」（愛知県、同人・会員それぞれ約三百名）の平成二十三年三月号の巻頭に選ばれた句である。取り上げて頂いた高橋克郎主宰の選評は次のとおりである。

「比呂也さん、まだお若いと思っていたが六十八歳。健康な比呂也さんだから、まだこれからが充実した人生。掲句を読むと、どうもお孫さんが小さいようだ。男にとって、三代目までしっかり見とどけたいもの。『生きたしや』の感慨、私も同じ。孫と酒酌み交わせたら、最高。わかる」

実は、この三月号が出る一か月以上前の結社恒例の同人会総会の懇親会の席上で、主宰から「生きたしやの句は良かったよ」と言葉を掛けられたのである。それが巻頭句になって驚いたが、それには理由がある。前年の十月号において巻頭を得ており、半年も経たずに巻頭に選ばれるとは思いもよらなかったからである。

その克郎主宰は三月号の発行から二か月後の四月二十日に逝去され、私たち会員は深い悲しみに包まれたものである。私自身は八年間指導を受けたが、進むべき俳句の方向性を示して頂いた主宰であり、同人推挙、審査員や役員に登用して頂き、思いがけない舞台に導いて頂いた主宰であっただけに、ショックは大きかった。その年の年賀状に私は次のように書いた。

「昨年は忘れられない、いや忘れてはならない年となりました。東日本大震災は大変悲惨な出来事でありました。私個人のことでは俳句道における師を喪ったことであります。時間の経過とともに少しずつ立ち直り、結社の隆盛のために微力を尽くしたいと決意を固め、俳句道に精進しています（一部略）」

この年賀状に添えた「生きたしや」の句が記者の目に留まり、翌月の中日新聞に取り上げられたこともあり、私には忘れられない一句となった。時を経て、「松籟」主宰を継承し、この孫とも後十三年で屠蘇が酌める。

【私の愛蔵品】
「野原のさんにん」中神潔（1982 年）
私自身の三人娘に因んで購入したもの

日の丸のそよともできぬあたたかさ

横澤放川

繰返し繰返し

暑い日が続いたこの晩夏に、「件の会」の仲間に連れられてドナルド・キーン・センター柏崎を訪ねてきた。センターを創設したブルボン吉田記念財団理事の吉田眞理さんが丁寧に案内してくださった。

センター内にはキーンさんのニューヨークの書斎が復元展示されている。その書斎の椅子に坐らせてもらいながら、あらためて戦争と憲法ということを思わないではいられなかった。明治の大日本帝国憲法も昭和の日本国憲法も、自分が作れずに賜った憲法であればこそ、百年でも二百年でもこれを守る。その気概がいまだにこの国にはない。

キーンさんは一九四三年、同じ情報将校であったオーティス・ケーリと共に攻撃後のアッツ島に上陸している。日本の青年たちの玉砕、つまり自決の惨状を目の当たりにしているのである。

戦争の終わった年の暮に、そのケーリがキーンさんに宛てた書簡のなかにこんな一節がある。「八年間、国民は何のために死んでいくのかわからなかったから、彼（天皇）のために命を捧げてきたのだ」。

ケーリは日本で生まれ、戦後は同志社大学で教鞭をとり続けてきたひとだ。この書簡を読んでのち、彼のことが忘れ難い印象として残されている。かつてキーンさんに彼のその後の消息を伺ったことがある。キーンさんの眉が俄かに曇ったのを覚えている。最後は可哀相でした、施設でひとりで亡くなりましたとのことだった。

キーンさんも同じ年の暮にこんなことばを書簡に残しているのである。「アメリカ人が、日本人の一途さを利用して、戦争を憎む、新たな道徳に満ちた日本の確立に努めるように触発することはできるだろう。しかし、日本人が正しいとされることをそのまま受け入れるのではなく、自分が正しいと思うからこそ選択するのだ、と落ち着いて判断できるようになるまでには、まだ何年もかかるだろう」。

【私の愛蔵品】
左は萬緑賞、右は萬緑新人賞の副賞

梨交配花粉まみれの疲れかな

吉川禮子

俳句の絆

この句は二十代のとき、ある新聞社主催の全国女流俳句大会で特選となり、全国二位となった。この句に背を押されて本気でホ句の道を歩き始めた。この道は半世紀を越えて今もなお歩み続けている。

振り返れば、私の行く手には俳句の絆の赤い糸が張り巡らされていたように思う。生まれ育った町内に林翏雨氏（「ホトトギス」同人、「春蘭」主宰）、小倉英男氏（「春嶺」主宰）がおられ、小倉氏とは同じ小学校へ通学していた。学校を終えドレスメーカー学校分院に習学すると、学長は俳人、研修生として行った洋装店の店主も虹哉という俳人だった。虹哉氏の在籍していた「山彦」に奨められて入会した。主宰は柏崎夢香先生。「ホトトギス」同人で句謡会会員でもあった。虚子を囲み九人で句も謡も楽しむという趣旨の会である。

私の最後の師と仰いだのは畠山譲二先生である。先生は「春嶺」の編集長を長年務められ、主宰の岸風三樓氏の逝去後、平成五年に「海嶺《かいれい》」を創立された。私も「春嶺」同人であった。譲二先輩のお誘いもあり、創刊同人として参加した。平成二年私は船橋から主人の定年を機に現在の安房鴨川に転居していた。安房鴨川は鈴木真砂女氏の古里でもある。真砂女氏の旧友と知り合い句会を共にし、富安風生氏の「若葉」俳人とも句会を持ち、句の絆は限りなく結ばれて行った。

鴨川に畠山家の菩提寺があり、その境内に先生の句碑を建立する事になった。当時、同人会長であった私は鴨川在住でもあり、句碑建立に奔走し力を尽した。「ねんねこの子の目も沖を見てゐたり」は先生の自信作である。

場所も菩提寺なので、「海嶺」会員のみの句碑除幕式であった。平成十二年五月の御逝去後、歳月は過ぎたが、ここに譲二先生の句碑を紹介した。

【私の愛蔵品】
「山彦」主宰、「ホトトギス」同人
柏崎夢香の掛け軸（一部）
「山寺の盆の月夜となりにけり　夢香」

自己主張しすぎ悔んで蟬になる

吉行和子

思い出の品

　普段は流れに添っていく方が心地よく、多勢で仕事をするわけですから、トラブルは起こさないように気を付けています。

　しかし、時々妙にこだわってしまい、譲れない、という気持でいっぱいになり、心も体も硬直してしまう時があるのです。割と直ぐ解けるのですが……。そんな時、ああ、何故あんなにも頑なに主張してしまったのだろう、と木にしがみついてジージー鳴いている蟬みたいな自分を感じます。

　蟬は短く生きている間、何が楽しいのでしょうね。ただ鳴くだけ、人間に夏だな、と思わせるだけなのでしょうか。蝶々はひらひらと楽しそうだし、蛇だって人を驚かしたり、夢に出て喜ばれたり。京都の由緒あるお寺に奉られているのを見た時は、蟬のために喜んであげましたけれど。

　蟬に迷惑をかけられた事があります。映画のロケーションで、金沢にある無形文化財と指定されている建物の庭を使わせて頂いた時です。場面は冬、周りに人工の雪を降らしぬかりなく冬景色にしたのですが、落し穴がありました。蟬の声です。手分けして追い払っても、セリフを言い出すと、ジージー鳴く声が入ってしまうのです。とうとう諦めて、東京のスタジオで撮り直しになりました。やっとクリアした難しい金沢ことばをもう一度言わなくてはならず、蟬を恨みました。

　写真は「ミツコ」という一人芝居でヨーロッパをまわった時、ドイツ領の小さな市、フルトイムヴァルトで求めたお祭りに出てくる「ドラゴン退治」のミニチュアです。世界で最初に出来た伝説とも言われている物語で、人間の平和な暮しを邪魔するドラゴンをやっつけよう、と市をあげての祭りです。大きなドラゴンが火を吹いて暴れまわるダイナミックなイベントです。舞台をやっていたおかげで、いろんな経験が出来て、楽しい思い出になりました。

【私の愛蔵品】
ドイツのお祭り「ドラゴン退治」のミニチュア

喧嘩して月へ帰ると言ってみる

和田華凜

花鳥風月

私たち俳人は、日々花鳥風月即ち自然を諷詠することが宿命。この宿命を天命と感じたのは、この句が天から降って来た時のことであった。今から四年程前、平成二十五年のとある夜、私はどうしようもない気持ちで空を見上げた。そこには、折しも中秋の名月が美しく輝いていた。その瞬間「月へ帰ると言つてみる」というフレーズが天から降ってきて、それまでの鬱々とした気分はどこへやら、上五にどんな言葉を置くか一心に考え始めた。雲一つ寄せ付けず、神秘的な光を放つ月をただ眺め続け、脳に痺れるような恍惚感が湧き出るような感覚を今でも思い出すことがある。

高浜虚子は俳句を「極楽の文学」と言った。人はどのような状況にあろうと花鳥風月に心を寄せ、その自然のありのままの姿に触れれば、瞬時に極楽の境地に心を置くことができると。また、松尾芭蕉は「不易流行」の世を「かるみ」の精神で生き抜くための拠り所を俳句とした。これらの俳句の本質ともいえる教えを身をもって知った転機の一句である。

またこの句は、一昨年亡くなった父後藤立夫の「諷詠」雑詠巻頭となった句でもある。父が亡くなり、「諷詠」四代目主宰を私が継承し一年半、何かあると月を見上げる私。月にその時々の心が映しだされる。昨年は、主宰の支部巡りで訪れた下関壇ノ浦にて「海底に沈む都の上に月」また今年は野外能での一幕より「能面の月光宿す白さかな」と詠んだ。見る側の立場や心が変わると同じ「月」を詠んでも自ずと切り取る景は変わってくるように思う。

優しい月のような父がいてくれたあの頃、辛いことがあっても「月へ帰ると言つてみる」と甘えて詠んでみせた「娘」であった自分が今はただ懐かしい。どれ程守られていたことかと父であり師である立夫先生への感謝と思い出で胸が熱くなる。

悲喜交々の人生であるが「月へ帰る」その日まで花鳥風月に心を寄せ諷詠し続けたい。

【私の愛蔵品】
祖父・比奈夫と父・立夫から贈られた
『諷詠秀句選』

掲載者略歴

合谷美智子　あいたに・みちこ
1947年（昭和22）東京生まれ。「桜 sakura」主宰。「天為」同人。『一角獣』『精選アンソロジー　新・俳句の杜3』

秋尾　敏　あきお・びん
1950年（昭和25）埼玉県生まれ。「軸」主宰。『悪の種』『ア・ラ・カルト』『納まらぬ』『俳句の底力 下総俳壇に見る俳句の実相』

浅井愼平　あさい・しんぺい
1937年（昭和12）愛知県生まれ。写真家。句集『哀しみを撃て』『夜の雲』『ノスタルジア』『冬の阿修羅』『二十世紀最終汽笛』

朝妻　力　あさづま・りき
1946年（昭和21）新潟県生まれ。「雲の峰」主宰。「春耕」同人。『伊吹嶺』『晩稲田』

浅沼　璞　あさぬま・はく
1957年（昭和32）東京生まれ。「無心」代表。『俳句・連句 REMIX』『西鶴という俳人』『西鶴という鬼才』『「超」連句入門』『可能性としての連句』

天野小石　あまの・こいし
1962年（昭和37）東京生まれ。「天為」「港」同人。『花源』

綾野南志　あやの・なんし
1928年（昭和3）大阪生まれ。「麦」同人。『烏兎匆匆』『一挿話』

石井いさお　いしい・いさお
1941年（昭和16）三重県生まれ。「煌星」主宰。『水の星』『佰』『雪の輪』

石渡　旬　いしわた・しゅん
1935年（昭和10）神奈川県生まれ。「方円」主宰。『蒿雀籠』『松の花』『加賀原一丁目』

伊藤伊那男　いとう・いなお
1949年（昭和24）長野県生まれ。「銀漢」主宰。「春耕」同人。『知命なほ』『銀漢』『銀漢亭こぼれ噺—そして京都』『漂泊の俳人　井上井月』

稲畑廣太郎　いなはた・こうたろう
1957年（昭和32）兵庫県生まれ。「ホトトギス」主宰。『潤』『玉箒』『八分の六』『半分』『廣太郎句集』『曽祖父虚子の一句』

井上弘美　いのうえ・ひろみ
1953年（昭和28）京都生まれ。「汀」主宰。「泉」同人。『汀』『あをぞら』『季語になった 京都千年の歳時』『俳句日記2013　顔見世』

井上康明　いのうえ・やすあき
1952年（昭和27）山梨県生まれ。「郭公」主

宰。「件」同人。『四方』『峡谷』

今井 聖　いまい・せい
1950年（昭和25）新潟県生まれ。「街」主宰。『バーベルに月乗せて』『谷間の家具』『言葉となればもう古し―加藤楸邨論』『部活で俳句』

岩岡中正　いわおか・なかまさ
1948年（昭和23）熊本県生まれ。「阿蘇」主宰。「ホトトギス」同人。『相聞』『夏薊』『春雪』『子規と現代』『虚子と現代』『石牟礼道子の世界』

岩垣子鹿　いわがき・しろく
1929年（昭和4）奈良県生まれ。2010年（平成22）没。元「ホトトギス」「未央」同人。『やまと』『初日』

上田日差子　うえだ・ひざし
1961年（昭和36）静岡県生まれ。「ランブル」主宰。『和音』『忘南』『日差集』

上野貴子　うえの・たかこ
1960年（昭和35）千葉県生まれ。「おしゃべりHAIKUの会」主宰。『上野貴子俳句全集』『はじめての俳句』『はじめての五七五 俳句・川柳』

江崎紀和子　えざき・きわこ
1950年（昭和25）愛媛県生まれ。「櫟」主宰。『月の匂ひ』『風の棚』

榎本好宏　えのもと・よしひろ
1937年（昭和12）東京生まれ。「航」主宰。「件」同人。『南溟北溟』『祭詩』『会景』『懐かしき子供の遊び歳時記』『季語の足音』『季語成り立ち辞典』

遠藤若狭男　えんどう・わかさお
1947年（昭和22）福井県生まれ。「若狭」主宰。『船長』『去来』『旅鞄』『遠藤若狭男句集』『鷹羽狩行研究』『人生百景―松山足羽の世界』

尾池和夫　おいけ・かずお
1940年（昭和15）東京生まれ。「氷室」主宰。『瓢鮎図』『大地』『四季の地球科学』

大井恒行　おおい・つねゆき
1948年（昭和23）山口県生まれ。「豈」同人。『大井恒行句集』『風の銀漢』『秋ノ詩』『教室でみんなと読みたい俳句85』

大木あまり　おおき・あまり
1941年（昭和16）東京生まれ。「星の木」同人。『遊星』『星涼』『火球』『雲の塔』『ベスト100大木あまり』『大木あまり集』

大木さつき　おおき・さつき
1930年（昭和5）長野県生まれ。「浮巣」主宰。「ホトトギス」同人。『自註 大木さつき集』『遥かな日々』『冬麗』

大久保白村　おおくぼ・はくそん
1930年（昭和5）東京生まれ。「ホトトギス」「玉藻」同人。『花の暦は日々新た　忌日俳句篇』『精霊蜻蛉』『中道俳句』『月の兎』『梅二月』『山桜』

大高 翔　おおたか・しょう
1977年（昭和52）徳島県生まれ。「藍花」副主宰。『帰帆』『キリトリセン』『恋俳句レッスン』『夢追い俳句紀行』『17文字の孤独』『漱石さんの俳句』

大竹多可志　おおたけ・たかし
1948年（昭和23）茨城県生まれ。「かびれ」主宰。『芭蕉の背中』『水母の骨』『0秒』『自転車で行く「奥の細道」逆まわり 俳句の生まれる現場』

大谷弘至　おおたに・ひろし
1980年（昭和55）福岡県生まれ。「古志」主宰。『大旦』『小林一茶』

大橋 晄　おおはし・あきら
1937年（昭和12）大阪生まれ。「雨月」主宰。「ホトトギス」同人。『寒の星』

大山雅由　おおやま・まさゆき
1947年（昭和22）茨城県生まれ。2013年（平成25）没。元「隗」主宰。『獏枕』『快楽』

大輪靖宏　おおわ・やすひろ
1936年（昭和11）東京生まれ。「輪」主宰。「上智句会」代表。『海に立つ虹』『大輪靖宏句集』『なぜ芭蕉は至高の俳人なのか』『俳句の基本と応用』

小川軽舟　おがわ・けいしゅう
1961年（昭和36）千葉県生まれ。「鷹」主宰。『呼鈴』『手帖』『近所』『俳句と暮らす』『俳句日記2014　掌をかざす』『俳句は魅了する詩型』

小川晴子　おがわ・はるこ
1946年（昭和21）千葉県生まれ。「今日の花」主宰。『摂津』『花信』

奥坂まや　おくざか・まや
1950年（昭和25）東京生まれ。「鷹」同人。『妣の国』『縄文』『列柱』『鳥獣の一句』『飯島晴子の百句』

奥名春江　おくな・はるえ
1940年（昭和15）神奈川県生まれ。「春野」主宰。『七曜』『潮の香』『沖雲』

小澤克己　おざわ・かつみ
1949年（昭和24）埼玉県生まれ。2010年（平成22）没。元「遠嶺」主宰。『青鷹』『オリオン』『小澤克己句集』『俳句の行方』

小澤 實　おざわ・みのる
1956年（昭和31）長野県生まれ。「澤」主宰。『砧』『立像』『瞬間』『小澤實集』『俳句のはじまる場所 実力俳人への道』『万太郎の一句』

恩田侑布子　おんだ・ゆうこ
1956年（昭和31）静岡県生まれ。「樸」代表。『夢洗ひ』『余白の祭』『空塵秘抄』『振り返る馬』『イワンの馬鹿の恋』

櫂 未知子　かい・みちこ
1960年（昭和35）北海道生まれ。「群青」共同代表。「銀化」同人。『カムイ』『蒙古斑』『貴族』『季語、いただきます』『俳句力』『言葉の歳時記』

角谷昌子　かくたに・まさこ
1954年（昭和29）東京生まれ。「未来図」同人。『地下水脈』『源流』『奔流』『山口誓子の100句を読む』『俳句の水脈を求めて』

加古宗也　かこ・そうや
1945年（昭和20）愛知県生まれ。「若竹」主宰。『茅花流し』『雲雀野』『花の雨』『八ツ面山』『舟水車』『定年からの俳句入門』

梶原美邦　かじわら・よしくに
1944年（昭和19）山梨県生まれ。「青芝」主宰。横浜俳話会会長。『青天』『風の国』

片山由美子　かたやま・ゆみこ
1952年（昭和27）千葉県生まれ。「狩」副主宰。2019年より「香雨」主宰。『香雨』『俳句日記2015　昨日の花 今日の花』『俳句を読むということ』

勝又民樹　かつまた・たみき
1946年（昭和21）群馬県生まれ。「新樹」主宰。『簡』『海』

加藤三辰　かとう・さんしん
1940年（昭和15）秋田県生まれ。「句友」主宰。『木曾山中』『銀嶺』『高尾嶺』

加藤房子　かとう・ふさこ
1934年（昭和9）神奈川県生まれ。「千種」主宰。『天平の鐘』『須臾の夢』

鹿又英一　かのまた・えいいち
1950年（昭和25）神奈川県生まれ。「蛮」主宰。『笑う人』

河内静魚　かわうち・せいぎょ
1950年（昭和25）宮城県生まれ。「毬」主宰。『風月』『夏風』『花鳥』『手毬』『氷湖』『夏夕日』『わが心の俳人伝』

川口　襄　かわぐち・じょう
1940年（昭和15）新潟県生まれ。「爽樹」代表。『蒼茫』『マイウエイ』『王道』

河村正浩　かわむら・まさひろ
1945年（昭和20）山口県生まれ。「山彦」主宰。「四季」「草炎」同人。『春宵』『桐一葉』『茫茫』『青年』

河原地英武　かわらじ・ひでたけ
1959年（昭和34）長野県生まれ。「伊吹嶺」主宰。『火酒』『平成秀句』

菅野孝夫　かんの・たかお
1940年（昭和15）岩手県生まれ。「野火」主宰。『細流の魚』『愚痴の相』

岸本尚毅　きしもと・なおき
1961年（昭和36）岡山県生まれ。「天為」「秀」同人。『感謝』『岸本尚毅ベスト100』『十七音の可能性』『生き方としての俳句』『高浜虚子 俳句の力』

岸本マチ子　きしもと・まちこ
1934年（昭和9）群馬県生まれ。「WA」代表。「海程」同人。『ジャックナイフ』『通りゃんせ』『一角獣』『うりずん』『吉岡禅寺洞の軌跡』

岸本葉子　きしもと・ようこ
1961年（昭和36）神奈川県生まれ。『俳句、やめられません』『俳句で夜遊び、はじめました』『俳句、はじめました 吟行修業の巻』

櫛部天思　くしべ・てんし
1967年（昭和42）愛媛県生まれ。「櫟」副主宰。『天心』

河野　薫　こうの・かおる
1945年（昭和20）新潟県生まれ。「あざみ」代表。『現代俳句の新鋭』『従心』『あざみ日和』『大倉山』

神野紗希　こうの・さき
1983年（昭和58）愛媛県生まれ。『光まみれの蜂』『星の地図』『日めくり子規・漱石』『初心者にやさしい俳句の練習帳』

古賀雪江　こが・ゆきえ
1940年（昭和15）東京生まれ。「雪解」主宰。『雪の礼者』『花鳥の繪』

小杉伸一路　こすぎ・しんいちろ
1947年（昭和22）滋賀県生まれ。「九年母」主宰。『飛翔』『鳥語』

後藤立夫　ごとう・たつお
1943年（昭和18）東京生まれ。2016年（平成28）没。前「諷詠」主宰。『祇園囃子』『祭の色』『見えない風』

酒井土子　さかい・どし
1931年（昭和6）東京生まれ。「若葉」同人。『十年』『神送り』

坂口緑志　さかぐち・りょくし
1948年（昭和23）三重県生まれ。「年輪」代表。

佐々木建成　ささき・けんせい
1937年（昭和12）岡山県生まれ。「天穹」主宰。『髪膚』『青き踏む』

佐藤文香　さとう・あやか
1985年（昭和60）兵庫県生まれ。「里」「鏡」「翻車魚」同人。『君に目があり見開かれ』『天の川銀河発電所』

佐藤博美　さとう・ひろみ
1950年（昭和25）徳島県生まれ。「狩」同人。『佐藤博美句集』『想』『空のかたち』『私』『七夕』

佐藤文子　さとう・ふみこ
1945年（昭和20）三重県生まれ。「信濃俳句通信」主宰。「天籟通信」同人。『風のエチュード』『邂逅』『火の一語』

佐怒賀直美　さぬか・なおみ
1958年（昭和33）茨城県生まれ。「橘」主宰。『髭』『眉』『髪』『心』

佐怒賀正美　さぬか・まさみ
1956年（昭和31）茨城県生まれ。「秋」主宰。「天為」同人。『天樹』『悪食の獏』『椨の木』『青こだま』『光塵』『意中の湖』

しなだしん　しなだ・しん
1962年（昭和37）新潟県生まれ。「青山」編集長。「塔の会」会員。『隼の胸』『夜明』

柴田多鶴子　しばた・たづこ
1947年（昭和22）三重県生まれ。「鳰の子」主宰。『花種』『小筥携え　俳句の旅』『恵方』『苗札』

島津余史衣　しまづ・よしえ
1936年（昭和11）愛知県生まれ。「松籟」同人。『走馬燈』『冬銀河』

清水和代　しみず・かずよ
1960年（昭和35）岐阜県生まれ。「春塘」主宰。『風の律』

鈴鹿　仁　すずか・めぐむ
1929年（昭和4）京都生まれ。「京鹿子」名誉主宰。『神麓』

鈴鹿呂仁　すずか・ろじん
1950年（昭和25）京都生まれ。「京鹿子」主宰。

鈴木しげを　すずき・しげお
1942年（昭和17）東京生まれ。「鶴」主宰。『初時雨』『山法師』『鈴木しげを集』『小満』『踏青』『並欅』

鈴木すぐる　すずき・すぐる
1937年（昭和12）栃木県生まれ。「雨蛙」主宰。「花鳥来」「天為」同人。『名草の芽』『御輿網』

鈴木節子　すずき・せつこ
1932年（昭和7）東京生まれ。「門」主宰。『夏のゆくへ』『秋の草』『冬の坂』『水餅』『春の刻』『自註　鈴木節子集』

鈴木太郎　すずき・たろう
1942年（昭和17）福島県生まれ。「雲取」主宰。『花朝』『秋顆』『冬祭』『雲取』『山朴』『森澄雄の恋の句』『太郎の体験的俳句入門』

すずき巴里　すずき・ぱり
1942年（昭和17）中国生まれ。「ろんど」主宰。『パリ祭』

仙田洋子　せんだ・ようこ
1962年（昭和37）東京生まれ。「天為」同人。『親子で楽しむこども俳句教室』『仙田洋子集』『子の翼』『雲は王冠』『橋のあなたに』

染谷秀雄　そめや・ひでお
1943年（昭和18）東京生まれ。「秀」主宰。『灌流』『誉田』

高﨑公久　たかさき・こうきゅう
1939年（昭和14）福島県生まれ。「鬣」主宰。『青瀧』『青巒』

髙田正子　たかだ・まさこ
1959年（昭和34）岐阜県生まれ。「藍生」所属。『青麗』『花実』『玩具』『子どもの一句』

高野ムツオ　たかの・むつお
1947年（昭和22）宮城県生まれ。「小熊座」主宰。『片翅』『萬の翅』『蟲の王』『雲雀の血』『鳥柱』『陽炎の家』『高野ムツオ集』『時代を生きた名句』

髙橋道子　たかはし・みちこ
1943年（昭和18）千葉県生まれ。「鴫」代表。

高橋睦郎　たかはし・むつお
1937年（昭和12）福岡県生まれ。『十年』『賚』『遊行』『金沢百句・加賀百景』『稽古飲食』『歳時記百話』『季語百話』『百人一句』

髙松文月　たかまつ・ふづき
1946年（昭和21）福島県生まれ。「白鳥」主宰。『白鳥』『楷』

髙柳克弘　たかやなぎ・かつひろ
1980年（昭和55）静岡県生まれ。「鷹」同人。『未踏』『寒林』『凛然たる青春』『芭蕉の一句』『どれがほんと？ 万太郎俳句の虚と実』

武田伸一　たけだ・しんいち
1935年（昭和10）秋田県生まれ。「海原」発行人。「合歓」同人。『出羽諸人』『武田伸一句集』『現代俳句十葉考』

千田百里　ちだ・ももり
1938年（昭和13）埼玉県生まれ。「沖」同人。『巴里発』

津川絵理子　つがわ・えりこ
1968年（昭和43）兵庫県生まれ。「南風」共同主宰。『津川絵理子作品集Ⅰ』『はじまりの樹』『和音』

筑紫磐井　つくし・ばんせい
1950年（昭和25）東京生まれ。「豈」同人。『我が時代』『筑紫磐井集』『花鳥諷詠』『野干』『季語は生きている』『伝統の探求』『飯田龍太の彼方へ』

辻　恵美子　つじ・えみこ
1948年（昭和23）岐阜県生まれ。「栴檀」主宰。「山繭」「晨」同人。『帆翔』『萌葱』『鵜の唄』『泥の好きなつばめ─細見綾子の俳句鑑賞』

辻田克巳　つじた・かつみ
1931年（昭和6）京都生まれ。「幡」主宰。『春のこゑ』『ナルキソス』『稗史』『焦螟』『幡』『昼寝』『頬杖』『オペ記』『明眸』

対馬康子　つしま・やすこ
1953年（昭和28）香川県生まれ。「麦」会長。「天為」最高顧問。『竟鳴』『天之』『純情』『愛国』『対馬康子集』

手拝裕任　てはい・ひろたか
1951年（昭和26）和歌山県生まれ。「岬」主宰。「狩」同人。『道をしへ』『分教場』『さそり座』

寺島ただし　てらしま・ただし
1944年（昭和19）宮城県生まれ。「駒草」同人。『自註現代俳句シリーズ 寺島ただし集』『なにげなく』『浦里』『木枯の雲』

照井 翠　てるい・みどり
1962年（昭和37）岩手県生まれ。「寒雷」「草笛」同人。『龍宮』『雪浄土』『翡翠楼』『水恋宮』『針の峰』

遠山陽子　とおやま・ようこ
1932年（昭和7）東京生まれ。「弦」主宰。「面」同人。『弦楽』『黒鍵』『連音』『高きに登る』『弦響』『評伝 三橋敏雄』

鴇田智哉　ときた・ともや
1969年（昭和44）千葉県生まれ。「オルガン」同人。『凧と円柱』『こゑふたつ』

德田千鶴子　とくだ・ちづこ
1949年（昭和24）東京生まれ。「馬酔木」主宰。『花の翼』

戸恒東人　とつね・はるひと
1945年（昭和20）茨城県生まれ。「春月」主宰。『学舎』『福耳』『白星』『クイズで学ぶ俳句講座』『平成俳句論攷』『誓子―わがこころの帆』

鳥居真里子　とりい・まりこ
1948年（昭和23）東京生まれ。「門」副主宰。「船団」同人。『月の茗荷』『鼬の姉妹』

鳥井保和　とりい・やすかず
1952年（昭和27）和歌山県生まれ。「星雲」主宰。『星戀』『星天』『吃水』『大峯』

永方裕子　ながえ・ひろこ
1937年（昭和12）兵庫県生まれ。「梛」主宰。『洲浜』『麗日』

中尾公彦　なかお・きみひこ
1948年（昭和23）長崎県生まれ。「くぢら」主宰。『永遠の駅』『くぢらの海』

ながさく清江　ながさく・きよえ
1928年（昭和3）静岡県生まれ。「春野」顧問。「晨」同人。『雪の鷺』『蒲公英』『月しろ』『白地』

長島衣伊子　ながしま・えいこ
1950年（昭和25）鳥取県生まれ。「朴の花」主宰。『星まつり』『青』『朴の花』

中西夕紀　なかにし・ゆき
1953年（昭和28）東京生まれ。「都市」主宰。『朝涼』『さねさし』『都市』

中原道夫　なかはら・みちお
1951年（昭和26）新潟県生まれ。「銀化」主宰。『一夜劇』『百卉』『天鼠』『緑廊』『巴芹』『不覺』『歴草』『銀化』『アルデンテ』『顱頂』『蕩児』

長嶺千晶　ながみね・ちあき
1959年（昭和34）東京生まれ。「晶」代表。『長嶺千晶句集』『雁の雫』『白い崖』『つめた貝』『夏館』『晶』

仲村青彦　なかむら・あおひこ
1944年（昭和19）千葉県生まれ。「予感」主宰。『予感』『樹と吾とあひだ』『春驟雨』『仲村青彦集』『輝ける挑戦者たち』

夏井いつき　なつい・いつき
1957年（昭和32）愛媛県生まれ。「いつき組」組長。「藍生」同人。『「月」の歳時記』『伊月集 梟』『伊月集 龍』

名村早智子　なむら・さちこ
1947年（昭和22）三重県生まれ。「玉梓」主

宰。『樹勢』『山祇』『参観日』『シリーズ自句自解Ⅱ ベスト100名村早智子』

行方克巳　なめかた・かつみ
1944年（昭和19）千葉県生まれ。「知音」共同代表。『季題別行方克巳句集』『素数』『地球ひとつぶ』『阿修羅』『祭』『昆虫記』『知音』『無言劇』

西村和子　にしむら・かずこ
1948年（昭和23）神奈川県生まれ。「知音」共同代表。『椅子ひとつ』『鎮魂』『心音』『かりそめならず』『夏帽子』『虚子の京都』『季語で読む枕草子』

二ノ宮一雄　にのみや・かずお
1938年（昭和13）東京生まれ。「架け橋」主宰。『旅路』『武蔵野』『水行』『俳道燦燦―詩の求道者・豊長みのる』『エッセー集 花いちもんめ』

野木桃花　のぎ・とうか
1946年（昭和21）神奈川県生まれ。「あすか」主宰。『けふの日を』『時を歩く』『夏蝶』『君は海を見たか』『野木桃花の世界』『飛鳥』

能村研三　のむら・けんぞう
1949年（昭和24）千葉県生まれ。「沖」主宰。『催花の雷』『肩の稜線』『滑翔』『磁気』『鷹の木』『海神』『騎士』

橋本榮治　はしもと・えいじ
1947年（昭和22）神奈川県生まれ。「枻」代表。「馬醉木」「件」同人。『放神』『逆旅』『麦生』『橋本榮治集』『水原秋櫻子の100句を読む』

長谷川 櫂　はせがわ・かい
1954年（昭和29）熊本県生まれ。「古志」前主宰。『沖縄』『吉野』『柏餅』『長谷川櫂全句集』『虚空』『歌仙永遠の一瞬』『俳句の誕生』『俳句の宇宙』

花谷 清　はなたに・きよし
1947年（昭和22）大阪生まれ。「藍」主宰。『球殻』『森は聖堂』

原 雅子　はら・まさこ
1947年（昭和22）東京生まれ。「梟」同人。『束の間』『日夜』

はりまだいすけ　はりま・だいすけ
1933年（昭和8）兵庫県生まれ。「斧」主宰。『柿の木』『槇の木』『白樫』

東 良子　ひがし・よしこ
1941年（昭和16）神奈川県生まれ。「沖」同人。『首座星』『七夕の湖』『化粧匳』

久行保徳　ひさゆく・やすのり
1946年（昭和21）山口県生まれ。「草炎」主宰。『椅子』

檜山哲彦　ひやま・てつひこ
1952年（昭和27）広島県生まれ。「りいの」主宰。『天響』『壺天』

平田繭子　ひらた・まゆこ
1949年（昭和24）兵庫県生まれ。「風樹」副主宰・編集長。『星韻』『合歓母郷』

深沢暁子　ふかざわ・あきこ
1937年（昭和12）東京生まれ。「深吉野」主宰。『深禱』『吉野』『桜びと』

福井隆子　ふくい・たかこ
1940年（昭和15）北海道生まれ。「対岸」同人。『手毬唄』『新調』『ちぎり絵』『つぎつぎと』

福神規子　ふくじん・のりこ
1951年（昭和26）東京生まれ。「雛」代表。

「若葉」同人。『人は旅人』『薔薇の午後』『雛の箱』

冨士眞奈美　ふじ・まなみ
静岡県生まれ。女優、随筆家。『てのひらに落花 俳句のある人生』『瀧の裏 冨士眞奈美句集』

藤田直子　ふじた・なおこ
1950年（昭和25）東京生まれ。「秋麗」主宰。「未来図」同人。『極楽鳥花』『秋麗』『麗日』

藤本美和子　ふじもと・みわこ
1950年（昭和25）和歌山県生まれ。「泉」主宰。『綾部仁喜の百句』『藤本美和子句集』『天空』『跣足』

坊城俊樹　ぼうじょう・としき
1957（昭和32）東京生まれ。「花鳥」主宰。『坊城俊樹句集』『日月星辰』『あめふらし』『零』『坊城俊樹の空飛ぶ俳句教室』

坊城中子　ぼうじょう・なかこ
1928（昭和3）神奈川県生まれ。「花鳥」名誉主宰。『艪櫂』『俳句の家』

星野高士　ほしの・たかし
1952年（昭和27）神奈川県生まれ。「玉藻」主宰。『残響』『顔』『無尽蔵』『谷戸』『破魔矢』『俳句真髄』『星野立子』『美・色・香』

細谷喨々　ほそや・りょうりょう
1948年（昭和23）山形県生まれ。「一葦」「件」同人。『二日』『桜桃』『生きるために一句』

堀本裕樹　ほりもと・ゆうき
1974年（昭和49）和歌山県生まれ。「蒼海」主宰。『熊野曼陀羅』『芸人と俳人』『俳句の図書室』『富士百句で俳句入門』

本田攝子　ほんだ・せつこ
1933年（昭和8）熊本県生まれ。「獺祭」主宰。『水中花』

正木ゆう子　まさき・ゆうこ
1952年（昭和27）熊本県生まれ。『羽羽』『夏至』『静かな水』『悠—HARUKA』『水晶体』『正木ゆう子集』『現代秀句』

松浦加古　まつうら・かこ
1934年（昭和9）東京生まれ。「蘭」名誉主宰。『這子』『谷神』

松尾隆信　まつお・たかのぶ
1946年（昭和21）兵庫県生まれ。「松の花」主宰。『上田五千石私論』『季語別 松尾隆信句集』『弾み玉』『美雪』『菊白し』『おにをこぜ』『雪渓』

松岡隆子　まつおか・たかこ
1942年（昭和17）山口県生まれ。「栞」代表。『青木の実』『帰省』

松本三千夫　まつもと・みちお
1929年（昭和4）神奈川県生まれ。「末黒野」名誉主宰。

黛 まどか　まゆずみ・まどか
1962年（昭和37）神奈川県生まれ。『てっぺんの星』『忘れ貝』『京都の恋』『B面の夏』『奇跡の四国遍路』『引き算の美学』『星の旅人』

岬 雪夫　みさき・ゆきお
1931年（昭和6）岐阜県生まれ。「天衣」主宰。「狩」同人。『謹白』『無邊』『天花』

満田春日　みつだ・はるひ
1955年（昭和30）神奈川県生まれ。「はるもにあ」主宰。「静かな場所」同人。『雪月』『瞬』

水内慶太　みのうち・けいた
1943年（昭和18）中国生まれ。「月の匣」主宰。「銀化」同人。『月の匣』

宮谷昌代　みやたに・まさよ
1945年（昭和20）三重県生まれ。「天塚」主宰。「狩」同人。『茶の花』『母』

村上喜代子　むらかみ・きよこ
1943年（昭和18）山口県生まれ。「いには」主宰。『村上喜代子句集』『間紙』『八十島』『つくづくし』『雪降れ降れ』『自註現代俳句 村上喜代子集』

本井 英　もとい・えい
1945年（昭和20）埼玉県生まれ。「夏潮」主宰。「珊」同人。『開落去来』『夏潮』『八月』『本井英句集』『虚子散文の世界へ』『高浜虚子』

森 潮　もり・うしお
1949年（昭和24）東京生まれ。「杉」主宰。

森岡正作　もりおか・しょうさく
1949年（昭和24）秋田県生まれ。「出航」主宰。「沖」副主宰。『風騒』『出航』『卒業』

森須 蘭　もりす・らん
1961年（昭和36）神奈川県生まれ。「祭演」主催。「豈」「衣」「頂点」「ロマネコンテ」同人。『蒼空船』『君に会うため』『百句おぼえて俳句名人』

森田純一郎　もりた・じゅんいちろう
1953年（昭和28）大阪生まれ。「かつらぎ」主宰。『マンハッタン』

矢須恵由　やす・やすよし
1939年（昭和14）茨城県生まれ。「ひたち野」主宰。「森の座」同人。『自愛他愛』『天心湖心』

山尾玉藻　やまお・たまも
1944年（昭和19）大阪生まれ。「火星」主宰。『人の香』『かはほり』『鴨鍋のさめて』『唄ひとつ』

山川幸子　やまかわ・ゆきこ
1934年（昭和9）東京生まれ。「同人」主宰。『白靴』

山﨑十生　やまざき・じゅっせい
1947年（昭和22）埼玉県生まれ。「紫」主宰。「豈」同人。『秩父考』『山﨑十生句集』『悠悠自適入門』『大道無門』『花鳥諷詠入門』

山下知津子　やました・ちづこ
1950年（昭和25）神奈川県生まれ。「麟」「件」同人。『髪膚』『文七』

山田貴世　やまだ・たかよ
1941年（昭和16）静岡県生まれ。「波」主宰。『喜神』『湘南』『わだつみ』

山田佳乃　やまだ・よしの
1965年（昭和40）大阪生まれ。「円虹」主宰。「ホトトギス」同人。『春の虹』『波音』

山中葛子　やまなか・かつこ
1937年（昭和12）千葉県生まれ。「海程」同人。『かもめ』『水時計』『球』『青葉天井』『山中葛子句集』『縄の叙景』『魚の流れ』

山西雅子　やまにし・まさこ
1960年（昭和35）大阪生まれ。「舞」主宰。「星の木」同人。『夏越』『沙鷗』『俳句で楽しく文語文法』『花の一句』

山本つぼみ　やまもと・つぼみ
1932年（昭和7）神奈川県生まれ。「阿夫利嶺」主宰。『依知』『峰』『刻』『涅槃西風』『自註現代

俳句シリーズ 山本つぼみ集』『評伝八幡城太郎』

山本比呂也　やまもと・ひろや
1942年（昭和17）愛知県生まれ。「松籟」主宰。

横澤放川　よこざわ・ほうせん
1947年（昭和22）静岡県生まれ。「森の座」代表。「件」同人。『展掌』

吉川禮子　よしかわ・れいこ
1933年（昭和8）千葉県生まれ。『春襲』

吉行和子　よしゆき・かずこ
1935年（昭和10）東京生まれ。女優、エッセイスト。『ひとり語り　女優というものは』『老嬢は今日も上機嫌』『兄・淳之介と私』

和田華凜　わだ・かりん
1968年（昭和43）東京生まれ。「諷詠」主宰。『初日記』

あとがき

本書は、平成二十四年に刊行された『現代の俳人像　戦前・戦中生れ篇』の続編です。月刊『俳句四季』連載企画「今月の華」に平成十九年一月号から平成三十年七月号まで掲載したものの中から今回は、一七三名の方々を収録させていただきました。「今月の華」は、全国でご活躍の俳句作家の写真、一句、愛蔵品にまつわるエッセイで彩られている連載です。写真に関して、初めの頃は、遠地の方にはお写真を借用することも多かったのですが、この十年間は私、西井洋子が撮らせて頂いています。続編収録のうち四名が他界されています。撮影者が明記されているものを除いた中で、一六六名が私の写真です。三年前に先代社長松尾正光から引き継ぎ代表取締役に就任しました。カメラマンと思われてる先生もいらっしゃるようです。正・続編とも言葉に尽くしきれない思い出が詰まっています。資料として価値のあるものと自負しております。

最後になりましたが、一七三名の先生及び関係各位に厚く御礼申し上げます。

株式会社　東京四季出版
代表　西井洋子

続 現代の俳人像

2018年9月20日　発行

発行人
西井洋子
発行所
株式会社東京四季出版
〒189-0013 東京都東村山市栄町2-22-28
電話 042-399-2180／FAX 042-399-2181
haikushiki@tokyoshiki.co.jp
http://www.tokyoshiki.co.jp/
印刷・製本
株式会社シナノ
ISBN978-4-8129-0987-4